衆
樂
樂

新樂府

truthist

[中国音乐考古丛书]

王子初／主编

春秋许公墓青铜编钟研究

陈艳／著

人民音乐出版社·北京

CHUNQIU XUGONGMU QINGTONG BIANZHONG YANJIU

图书在版编目（CIP）数据

春秋许公墓青铜编钟研究 / 陈艳著 . -- 北京 ：人民音
乐出版社，2019.5 （2024.12 重印）
（中国音乐考古丛书 / 王子初主编）
ISBN 978-7-103-05678-3

Ⅰ．①春… Ⅱ．①陈… Ⅲ．①青铜器（考古）－编钟－
研究－中国－春秋时代 Ⅳ．① K875.54

中国版本图书馆 CIP 数据核字（2019）第 074783 号

选题策划：赵易山　刘沐粟
责任编辑：张　斌
责任校对：欧阳茜

人民音乐出版社出版发行
（北京市东城区朝阳门内大街甲 55 号　邮政编码：100010）
Http://www.rymusic.com.cn
E-mail:rmyy@rymusic.com.cn
新华书店北京发行所经销
北京新华印刷有限公司印刷
787×1092 毫米　　16 开　　23.5 印张
2019 年 5 月北京第 1 版　　2024 年 12 月北京第 4 次印刷
定价：88.00 元

"中国音乐考古丛书"总序

"中国音乐考古丛书"由人民音乐出版社出版，当为中国音乐考古学科发展史上又一起值得关注的事件。虽然于此之前，已发表的中国音乐考古学专业的博士学位论文不下一二十部，但是作为丛书出版，则是首次！这是中国音乐考古学高层次专业人才培养成果的一次集中展示，也为学科的建设和发展，贡献出了一份耀眼的力量！

音乐考古学无论在国际还是国内，都是一门较新的学科。1977年，在美国加州大学伯克利分校举办的国际音乐学会会议，首次将音乐学与考古学两个不同学科合而为一。伯克利的亚述专家基尔默（Anne D. Kilmer）将一首用胡里安人语言演唱的青铜时代晚期的赞美诗进行了解读，并转译成西方通用的注释系统而受到关注。在伯克利音乐学家克罗克（Richard L. Crocker）和乐器制作家布朗（Robert Brown）复制出苏美尔人七弦竖琴的同时，基尔默提出的胡里安人赞美诗的演唱版本也被记录下来。受此启发，在一次圆桌会议上，"音乐与考古"的议题被提出来，各国专家受邀讨论古代文化中的音乐遗存问题。这一事件，被看作是国际音乐考古学会建立的缘起。1981年，在韩国汉城（今首尔）举办的国际传统音乐学会（ICTM）的会议期间，成立了国际音乐考古学会。

不过，从严格意义上讲，基尔默对古代诗歌的解读，并非欧亚传统意义上的"考古学"研究。何为现代学科意义上的"考古学"？英国学者D.G.赫果斯（D.G.Hogarth）认为考古学是"研究人类过去物质遗存的科学"；法国学者S.列纳克（S.Reinach）认为考古学是"根据造型或加工的遗物来解明过去的科学"；苏联时期的学者A.B.阿尔茨霍夫斯基（A.B.Apцxcбckцǔ）对考古学的定义为"根据地下的实物史料来研究人类历史上的过去的科学"；日本学者滨田耕作说考古学是"研究过去人类物质遗物的科学"①。这四位较有国际影响的考古学家在"研究人类过去的物质遗存"这一点上，有着明显的一致性。《中国大百科全书·考古学》中有关考古学的定义更为完整："考古学是根据古代人类通过各种活动遗留下来的实物以研究人类古代社会历史的一门科学。"②基尔默对古代诗歌的解读，并非人类物质遗存的研究；而是带有浓重的"美国式"的理解：美国的"考古学"，可以摩尔根对印第安人的研究为标志，属"民族学"范畴。

在中国，真正意义上的音乐考古学研究的出现，有着极其深厚和肥沃的历史文化土壤。它比国际音乐考古学会的成立要早得多，可以追溯到20世纪30年代。但它的前身，更可上溯到北宋以来的"金石学"。如薛尚功的《历代钟鼎彝器款识法帖》③和王厚之的《钟鼎款

---

① 参见蔡凤书、宋百川主编《考古学通论》，山东大学出版社1988年版，第13页。

② 参见夏鼐、王仲殊《考古学》，载《中国大百科全书·考古学》卷，中国大百科全书出版社1986年版，第2页。

③ ［南宋］薛尚功《历代钟鼎彝器款识法帖》，中华书局1986年版。

识》[①]，都注意到了当时出土于湖北安陆的两件楚王熊章钟（又作曾侯之钟）。其中薛氏不仅著录最早，还正确地指出两件编钟上的铭文是用来标示"所中之声律"。当然，薛氏对铭文的具体含意，还一时说不清楚。这个千古之谜随着1978年湖北随县曾侯乙编钟出土，才被真正揭开谜底。[②]

在金石学卵翼下经历了八百余年的漫长岁月，中国音乐考古学诞生了！学者刘复（半农）于1930年至1931年的两年间，发起并主持了对北京故宫和天坛所藏清宫古乐器的测音研究，著成《天坛所藏编钟编磬音律之鉴定》[③]一文，应为中国音乐考古学史上的标志性事件。

刘复在故宫的测音研究历时一年有余。所测的乐器种类较多，单是编钟、编磬两项，达五百多件。他以音叉为定律的标准器，以三张"审音小准"为测音工具，测定了清康熙、乾隆间所造编钟、编磬各一套。他的手法是，先取其各音音高的弦长值，换算成频率数；再算出三准数据的平均数，进而换算成音分数，并将这些数据列表，与国际通行的十二平均律、中国传统的三分损益律做了比较；最后又将测音结果与上述两种律制绘成图像，从而使清宫乐悬的音律混乱情况，让人一目了然。刘复的研究，已经完全摆脱了旧学陋习，引进了现代物理学

① ［宋］王厚之撰《钟鼎款识》，载《宋人著录金文丛刊》，中华书局1985年版，第65页。
② 参见王子初《论宋代安陆出土"曾侯钟"之乐律标铭》，《音乐研究》2015年第3期。
③ 刘复《天坛所藏编钟编磬音律之鉴定》，载《国立北京大学国学季刊》第三卷第二号，出版于中华民国二十一年(1932年)六月。本书作者所据为中国艺术研究院音乐研究所藏抽印本，封面有半农手书"颖兄惠存弟复廿二年三月一日"，墨迹甚草。据手迹及该书出版日期，可订正正文末尾落款"（二十一年十一月十九日北平）"。其中"二十一年"应为"二十年"之误。出版日期及赠书日期无疑应在测音工作本身及刘复著文之后。

的原理和计算方法,引进了诸如英国比较音乐学家埃里斯所创的音分数计算法。在介绍西方自公元前6世纪古希腊学者毕达哥拉斯以来的重要乐律学理论的同时,首次在现代科学的意义上精辟地阐述了中国明代朱载堉的划时代伟大发明,即今天通行世界的十二平均律的数理原理——新法密率。特别是,他考察这些古乐器的目的,不再局限于它们的外观、重量、年代及铭文训诂,而是转向其音乐性能,即他的研究目标转向了音乐艺术本身。这应是中国音乐考古学脱胎于旧学而逐步成形的起端和界碑。[①]

当然,刘复此时的研究对象还比较单一(局限于清宫乐器),研究范围比较狭窄(限于音律),研究手段比较原始(用音准测音),尚未建立起一定数量和质量的专家队伍和学术成果(仅有几个“知音”和为数不多的考察研究论文),更没有形成本学科系统的基本理论和方法,以及进入作为考古学主体的发掘领域。但这些都不足以否定他在中国音乐考古学上的先驱和奠基人的地位,也不能否认中国音乐考古学学科的诞生!

国际音乐考古学会(The International Study Group on Music Archaeology,简称ISGMA),由德国柏林的东方考古研究所(DAI)和柏林民族博物馆民族音乐学部门主持创立,后多次参加国际学术会议。中国学者吴钊、王子初、李幼平等多次出席了会议,并向国际学者展示了中国音乐考古学研究的重要成果。1996年在塞浦路斯举行的利马索尔会议上,音乐考古学会决定脱离国际传统音乐学会,而与音

---

① 参见王子初《中国音乐考古学》,福建教育出版社2003年版,第15页。

乐考古学家结成更紧密的学术团体。国际音乐考古学会第一届会议以后，与德国柏林考古研究所密切合作，出版了《音乐考古学研究》（*Studien zur Musikarchäologie*）系列丛书，发表了国际音乐考古学会的会议报告。2010年9月20—25日，首次由中国天津音乐学院主持，成功地举办了第七届国际音乐考古学会的会议。

　　2012年10月20—25日，经笔者筹划，由东亚音乐考古学会的所在地中国人民大学（苏州校区），联合中国音乐学院共同主办，在苏州、北京两地召开了国际音乐考古学会第八届会议暨东亚音乐考古学会年会的"世界音乐考古大会"。致力于音乐考古学研究的与会国外学者近70人，来自36个国家和地区，他们与中国学者共襄盛举，参加了这一次规模空前的国际盛会。它不仅向世界展示了中国音乐考古的巨大资源优势和八十年来所取得的丰硕成果[①]，也标志着中国在这个学科领域内获得了举足轻重的地位。

　　中国传统的治史方法和理念，连同既有的中国古代音乐史学科的发展趋向，显然已到了一个转折的关口。自叶伯和、顾梅羹直至集大成者杨荫浏，中国古代音乐史学科已有近一个世纪的历程。传统以文献为史料、以"引经据典"为基本的治史方法，这于前辈们是得心应手；就他们的古文献功底而言，我今后辈自难望其项背。仅于此，古代音乐史学科的发展，再着眼于前人的疏遗来发掘新的文献史料，难度可以想见。即是说，运用传统的研究方法，要使整个中国古代音乐史学科获得较大的、甚至突破性的开拓，已有相当的难度。另外，中国现

---

① 参见王子初等著《中国音乐考古80年》，上海音乐学院出版社2012年版。

代考古学学科的百年建设，尤其是近四十年来相关研究的急剧深入，对数代人以文献史料建立起来的古代音乐史，提出了诸多质疑，特别是对它的前半部，产生了巨大的冲击，改写历史的重大考古发现与成果接踵而来！诸如曾侯乙编钟及钟铭的发现，几乎彻底推倒了一部先秦乐律学史；河南舞阳贾湖七音孔骨笛的成批出土，从根本上改写了远古的音乐文明史！至于能够填补古代音乐历史中的某段空白，或是开拓某个研究新领域的考古发现，比比皆是。诚如"中国音乐考古丛书"首次推出的六部著作：1996年之后新疆出土的且末箜篌、鄯善箜篌和近来又发掘出土的大批哈密箜篌，这种即便在其发源地西亚的两河流域、古埃及等地也难以一见的古乐器实物与1960年以来集安高句丽墓音乐壁画的发现，分别直接造就了贺志凌、王希丹的博士学位论文的卓越选题。曾侯乙编钟堪称人类青铜时代最伟大的作品，但它不是突然从天上掉下来的，2002年春，河南省叶县许灵公墓编钟的出土，为曾侯乙编钟的横空出世提供了重要先绪，也为陈艳的博士学位论文提供了宝贵的写作契机。2004年，南京博物院发掘了无锡鸿山越墓，出土的400件礼仪乐器，鲜明地呈现了"中原"和"越族"两个系统乐器在当时的越国贵族宫廷里并存的场面。它无疑与隋郁、马国伟及朱国伟等人的博士学位论文选题息息相关！本辑六部专著，为一部历经数代人、数十年建立起来的中国古代音乐史研究，各自从不同的角度开创了一小片却是发人深省的崭新畛域，中国音乐考古学学科的独特价值跃然纸上。而且，与文献中多见的似是而非的文字描述相比，考古发现都是历史上遗留下来的实物，所携带的是来自当时社会音乐生活的直接信息，其学术意义自不待言。

本次推出的六部著作，均是博士学位论文，有的曾获得中国音乐史学会全国优秀论文评选博士组的一等奖或二等奖。它们的学术价值和影响，已获得了社会的认可。我在辅导他们的论文选题与写作中，多次申述了如下观点：中国传统的治史方法是"引经据典"，而中国传统的经和典，是以中原文献或说汉族文献为主体的。故而传统的中国历史，仅是一部地道的"中原史"或"汉族史"。诚如上述两周时期吴越先民在我国东南一带开疆拓土，为构筑丰富多彩的华夏文明作出了重要的贡献；传统的历史却没有给生活在中国南部的百越民族留下应有的空间，这显然不符合历史事实！同样是中华民族历史的共同创造者，就音乐史来说，我们目睹了鸿山的实证，虽然还只是百越民族社会音乐生活之一角，但联系迄今发现的越民族：浙江一带的于越，江西、湖南一带的杨越，广东的南越，福建的闽越，云南的滇越……丰富的音乐考古成果，我们已经可以勾勒出越人社会音乐生活的大致情貌，应是有理由、也有可能还古代越人在中国音乐史上的一席之地！

中华民族的历史是由各族人民共同创造的！要让中国历史真正体现这样的思想，似乎还任重道远，那么就先让音乐考古学者从中国古代音乐史的研究做起，从百越民族的社会音乐生活研究做起，从无锡鸿山越墓的音乐考古学研究做起！乃至从新疆出土的箜篌、叶县许公墓编钟、集安高句丽音乐壁画墓等音乐考古发现的专题研究做起吧！

2017年8月18日

于郑州大学音乐考古研究院

目录

序

郑州大学音乐学院陈艳教授力作《春秋许公墓青铜编钟研究》即将付梓，嘱我作序，我当然十分高兴。这不仅是由于我们有多年的师生之谊，更重要的是又给了我一次重温春秋许国历史、领略古人礼乐文化的机会。

春秋时代，因鲁史而得名。孔子将鲁隐公元年（公元前722年）到鲁哀公十四年间（公元前481年）的历史修成了一部史书，名曰《春秋》，后人则把这段历史称为"春秋时代"。春秋时代始于"平王东迁"，是中国历史上社会经济急剧变化、政治局面错综复杂、军事斗争层出不穷、学术文化异彩纷呈的变革时代。公元前770年，周平王在内乱与西戎入侵的交织打击下，被迫放弃"镐京"迁都"洛邑"。平王东迁以后，一些诸侯国逐渐发展起来，王室势力却逐步式微，渐渐失去了对诸侯的控制能力，而强大了的诸侯不再对王室唯命是从。周桓王十二年（公元前708年），桓王带军讨伐郑国。《春秋左传》载："桓公五年，王夺郑伯政，郑伯不朝。秋，王以诸侯伐郑，郑伯御之。"郑伯不仅敢于领兵抗拒，而且打败了王师。"射肩之辱"的典故说明了此时王室地位的严重衰微，"天子号令天下"的时代已不复存在。因此，诸侯争霸不断，导致西周建立起来的"礼乐制度"在春秋时期发生了巨大的变革。

西周初年，周公"制礼作乐"，建立了"礼乐制度"，以此来规范和区分贵贱尊卑，维护其政权。"礼乐制度"中的"乐悬制度"则是指编悬礼乐重器"钟、磬"的使用规范与等级划分。《周礼·春官·小胥》载："正乐县之位，王宫县，诸侯轩县，卿大夫判县，士特县，辨其声。""乐悬制度"是西周礼乐制度的重要组成部分，西周统治者赋予钟磬类大型编悬乐器以政治内涵，形成了以钟、磬为代表的严格等级化的乐悬制度。"编钟"在此时被赋予了特殊的含义，其不仅具有"乐器"本身的音乐功能，更兼有"礼器"教化的双重功用。以"乐"来从属"礼"的思想，以"礼"来区分宗法等级的秩序，用"乐"和同共融"礼"的观念，在编钟中都能得到一定程度的体现。因此编钟成为先秦社会政治经济、文化艺术、科学技术变革的代表性产物，成为统治者的政治准则与权贵等级的典章。

随着春秋时代社会的变革和青铜器冶炼铸造技术的不断成熟，在"挟天子以令诸侯"的政治局势下，诸侯争霸，强权为王。"编钟"这一原本只有王室贵族才能享用的礼乐重器开始向下层贵族扩散，用礼阶层逐渐扩大，延至春秋中晚时期便出现了"礼乐崩坏"现象，并直接反映在各诸侯国在"乐悬"上的僭越。这种僭越一方面是霸权对旧有礼制的"对抗"，而另一方面却促进了"乐"的"繁盛"。

春秋初年，见诸经传的大小诸侯国有百余个，但主要的是分布于今山东的齐、鲁，河南的卫、宋、郑、陈、蔡、许，山西的晋，北京的燕，陕西的秦，河南、安徽南部与湖北、湖南的楚，江苏中南部的吴与浙江一带的越。较大的诸侯国凭借实力,用战争来扩充领土,迫使弱小国家听从号令。大国兼并,互相争夺,形成了春秋霸权的局面。

陈艳著作中研究的许国,即是春秋时期典型的诸侯小国。许属姜姓,是炎帝、四岳的后代,属中原古族之一。据《世本》记载:"许、州、向、申,姜姓也,炎帝后。"《汉书·地理志》记载:"许,故国,姜姓,四岳后,文叔所封,二十四世为楚所灭。"由此可见,许国是周王室在淮河流域分封的一个重要诸侯国。西周初年,周王朝在灭商之后,出于巩固政权的需要,先后"分封诸侯",把姜姓后人文叔及其率领的氏族部落分封到许地。从此,文叔在许地圈土建国,设吏授官,形成统治一方的"诸侯邦国"。

许国在春秋时期的政治、军事和社会生活中扮演着重要角色。在地理位置上,许国属于"中原之中",其北邻郑国,南邻楚国,西有秦、晋,东有曹、宋、蔡。在春秋时期诸侯争霸的大背景下,如此"居中"而又邦小力单的许国,成了晋、郑、楚等列强的争夺对象,经常遭到侵略。春秋早期,郑国率先兴起形成小霸,许国恰好位于郑国之南,郑国势力范围的扩张必然殃及弱小的许国,许国在所难免成为郑国欲以吞并的主要目标。从现存文献可知,在郑的威逼下,许国曾不断迁都,从文叔受封许地直至春秋中晚期,辗转迁徙六次,最终逃脱不了被楚灭国的命运。叶县发现的这座春秋大墓的墓主人与许国国君有关,在考古发掘出土的众多青铜器物中,有6件是带有铭文的"戈",其中有"许公宁之用戈",标明了墓主的身份。据史籍记载,在许国历史中,许灵公姜宁是许国第十五世国君,在位时间是公元前591年至公元前547年,执政44年。在许国历史长河中,许灵公是许国最有作为的国君,同时也是最高的军事首领。

在古文献中，由于对许国的记载相对较少，使得学界对许国历史的认识有很大的局限性，而许公墓的发现给人们提供了一个重新认识春秋时期的许国及其政治文化面貌的机会。2002年春，在今河南省平顶山市叶县旧县许南公路西侧，发现了一座春秋时期的墓葬，该墓被盗扰严重，但在墓葬未被盗及的东北角处，工作人员发现了青铜编钟、石编磬、跽坐铜俑、青铜鼎等，共清理出土青铜器物304件，其中青铜礼器有27件，青铜乐器有56件。在总计638件器物中，有62件为国家一级文物，特别是出土的一套完整的37件多元组合青铜编钟，其价值非凡，为东周考古、周代诸侯国历史研究和音乐考古等领域提供了十分难得的第一手研究材料。

陈艳教授力作《春秋许公墓青铜编钟研究》即是依据叶县考古发现的许灵公墓新材料，对该墓出土的编钟进行了全面系统的研究。通览全书，可以发现其有三个特点：一是运用了多学科相结合的研究方法，涉及历史文献、考古学、音乐学与音乐考古学的相关研究领域，对许公墓编钟进行了全方位的考察、分析与研究。二是依托作者自身具备的音乐考古学的研究优势，紧密结合历史学与考古学研究成果，对青铜编钟进行深入研究，研究视角新颖、独特。三是研究成果多有创新，如采用多学科、多角度、新视野研究的范式来评述许公墓青铜编钟的艺术价值、科学价值和历史价值；对许公墓编钟的形制、纹饰、编列、音列、音梁、组合形式与文化属性等进行深层次研究。

《春秋许公墓青铜编钟研究》是第一部系统研究许公墓出土编钟的学术专著，也是一部具有典范性的音乐考古成果。相信此书的问世，不仅对先秦文献中记载的缺失或伪误能够起到补证、实证作用，而且对揭示两周时期礼乐文化的发展、礼乐制度的演变与两周时期人们对音乐的认知能力，尤其是对探讨中原商周音乐文化与江汉荆楚音乐文化的碰撞、交融的重大影响之历史面貌，都具有重要的历史意义。此外，该书对于复原许国历史面貌，全面探讨中国青铜编钟发展历史和深化中国古代音乐文化研究，以及对弘扬民族优秀传统文化、增强民族自豪感和加强精神文明建设等方面，都具有重要的学术价值和应用价值。

是为序。

李　民

2018 年 12 月

于郑州大学盛和苑

绪论

在中国历史发展长河中，一般认为春秋时代起讫年代为公元前770年至公元前476年。这一时期，周王室逐渐衰微，诸侯间战乱连绵，争霸不断。史载周公"制礼作乐"，周初的统治者在其统治范围内实施了全面的"礼乐制度"。其中，编钟、编磬等金石礼乐器是礼乐制度的重要组成部分，也是乐悬制度的基本用器。西周的乐悬制度，到春秋时期发生了重要的嬗变现象。许公墓出土编钟，即是这一历史时期遗留下来的重要标本之一。

许国是周王室在淮河流域分封的一个重要诸侯国，在春秋时期政治、军事和社会生活中扮演着重要角色，其与南方楚国的联系尤其密切。近年来，河南平顶山叶县旧县春秋许公墓的发现，为研究许国历史、春秋时期青铜编钟的演变与发展，以及中原文化与楚文化的融合进程，乃至中华民族文化在这一历史时期的发展，都提供了重要的实证材料。

一、叶县许公墓编钟的出土

2002年春，在河南省平顶山市叶县旧县乡常庄村北地，许南公路西侧的澧河南岸，发现了一座没有封土的古墓。经考古勘查发现，该古墓被盗严重，在一个很大的盗洞内发现了数十件未及盗走的铜器残片，后经平顶山市叶县文化局、公安局研究并报河南省文物局批准，对古墓开展抢救发掘工作。由于古墓被盗，多数随葬物品已丢失，墓中清理遗留文物约638件。幸运的是，其中较为完整的青铜礼乐器未被破坏，计有73件乐器及饰件，包括青铜编钟、编磬和磬架饰件、撞钟杖首、建鼓座等。特别是一套多达37件的多元组合青铜编钟，由甬钟、纽钟与两种形制的镈钟组合而成，其形制组合独特，价值非凡。在已知先秦时期青铜编钟文物史料中从未见到，属于首例。该套青铜编钟的规模仅次于曾侯乙编钟[①]，但其显示的年代要比曾侯乙编钟早出100年左右。这批乐器的出土堪称是中国音乐考古学上又一重大发现，对研究我国春秋时代多元化组合青铜编钟的演进历史具有极高的学术价值，该套编钟所体现的艺术、科学与历史价值，对于认识春秋时代礼乐制度变迁与科技文化的发展有着不可估量的重要意义。

河南省位于华夏腹地，历史悠久，是夏、商、周三代文明的发祥地，也是历朝历代统治者逐鹿中原的必争之地。位于河南省叶县旧县乡的澧河与烧车河汇合点的叶城，是春秋时代楚国北方屏障的县邑，属于楚国重臣令尹兼司马叶公沈诸梁的封地，故称叶城。叶城的具体地理位置，在现今的澧河以南烧车河以东、叶县南部旧县东侧大约几十平方千米的范围内。这一区域散布着大量春秋战国至两汉时期的墓葬。

---

① 曾侯乙编钟为战国早期文物，1978年发掘于湖北随县（今随州市），65件青铜编钟音域跨越五个半八度，十二个半音齐备，编钟上的错金铭文改写了我国先秦音乐史，被中外学者誉为稀世珍宝。

1986年之后,陆续在此地发掘出土了10余座春秋战国时期的贵族墓葬。据与已有出土文物相印证,绝大多数属于楚国与许国的贵族墓葬。[1]

许国是春秋时代一个备受欺凌的弱小诸侯国,古文献记载较少,但由于其周宗始封的世族身份与所处的地理位置,彰显着它在春秋时期不寻常的政治地位。关于许国的始封地望与频繁的迁徙历程,曾引起许多专家学者的关注与探究,例如郭沫若《两周金文辞大系图录及考释》[2]、徐少华《许国铜器及其历史地理研究》[3]、陈昌远《许国始封地望及其迁徙的历史地理问题》[4]、何光岳《许国的形成和迁徙》[5]、许同莘《许国史地考证》[6]等,都曾针对许国的始封地望、迁徙历程、青铜器、历史地理等诸多问题进行了翔实的研究。

叶县旧县四号春秋墓的地理位置正是春秋古许国的首次迁徙地——叶城。据考古发现,在叶县旧县四号春秋墓出土的638件随葬器物中,带有铭文的器物仅有铜戈一种,共16件,其中6件上均有“许公”字样的铭文,标本M4:109的铜戈上有“许公宁之用戈”的铭文。在该墓中残留的随葬重要器物,是升鼎和一套种类齐全的青铜礼乐器编钟,尤其是青铜编钟的规模与形制组合是春秋时代极为罕见的典型

---

① 平顶山市文物管理局、叶县文化局《河南叶县旧县四号春秋墓发掘简报》,《文物》2007年第9期。

② 郭沫若《两周金文辞大系图录及考释》,科学出版社1999年版,第45页。

③ 徐少华《许国铜器及其历史地理研究》,《江汉考古》1994年第3期。

④ 陈昌远《许国始封地望及其迁徙的历史地理问题》,《中国历史地理论丛》1993年第4期。

⑤ 何光岳《许国的形成和迁徙》,《许昌师专学报》1984年第1期。

⑥ 许同莘《许国史地考证》,《东方杂志》1943年第41卷第18号。

类型。该墓出土有规模庞大的青铜礼器,包括鼎、簋、簠、方壶等,以及戈、矛、戟等兵器、车马器,连同许多玉礼器,充分体现出该墓葬的规格等级极高,其墓主的身份地位应为诸侯。经中国社会科学院考古学专家李学勤先生认定:该墓为春秋时期许国第十五世国君许灵公宁的墓葬。

许灵公,名宁,是春秋时期许国第十五世国君。据《春秋左传》载:鲁成公十五年(公元前576年)"许灵公畏逼于郑,请迁于楚。辛丑,楚公子申迁许于叶。"许国因为畏惧春秋早期小霸郑国的侵扰,请迁楚国以为庇护,举国迁徙至楚国的叶地。许公墓编钟则是出土于许国国君许灵公宁墓中的一套大型编钟随葬品,编钟规模庞大、形制齐全、组合独特,堪称春秋礼乐重器之首。编钟的出土,对于了解弱小的许国在诸侯争霸、战火纷飞的春秋时代,面对政治、经济、军事、文化等强势国家的冲击,如何生存、自保,又不被完全同化,具有重要的研究价值。许公墓编钟在一定程度上映射出春秋时代"礼崩乐坏"的现象,针对许公墓青铜编钟的研究超出了其自身的价值,实质上是对春秋时期历史文化、艺术与科技发展进行全方位的探讨与研究。

春秋时代是中国历史发展的大变革时代。这种变革,充分表现在社会政治、经济、文化、科技等方面,同样体现在许公墓编钟所蕴含的艺术、科技与历史文化价值之中。许公墓出土的编钟是西周以来实施的等级森严的礼乐制度最为突出的产物,也是春秋时代"礼崩乐坏"巨变最为典型的物证。

礼乐制度是周王朝巩固统治的重要工具和手段。春秋中晚期所呈现出的"礼崩乐坏"现象,直接反映在当时各诸侯国"乐悬"上的僭越。这种僭越并非是对礼制的彻底破坏，而是旧有礼制应时而变。造成这种僭越的另一原因，则是随着春秋时代社会政治、经济、科技的进步，青铜器冶炼铸造技术更加成熟，青铜礼器这一原本只有王室贵族才能享用的重器，开始向下层贵族扩散，用礼乐器的阶层逐渐扩大。

本书尝试对春秋许公墓青铜编钟开展全方位、多角度、多层次的分析和探索，在此基础上，以期更加深入地认知春秋时期社会政治、经济、文化、科技、艺术等方面的真实面貌。

二、研究价值与研究方法

先秦文化史与先秦音乐史的考证与研究，均离不开先秦礼乐重器——编钟。编钟在先秦的礼乐制度中被赋予了特殊含义，其不仅具有"礼器"与"乐器"的双重功能，还是先秦社会政治经济、文化艺术、科学技术变革的产物。对许公墓编钟的研究，以期探讨其所处年代与政治地理位置等方面的典型性，能够为研究从西周晚期至春秋时期社会政治、经济、艺术与科学等领域的历史变革，提供有价值的参考；能够对中原文化与"蛮夷"文化（楚文化）碰撞与交融的形态提供直接的证据；还可以进一步认识其所彰显的春秋时代礼乐制度由盛转衰的演变轨迹。更为直接的是，许公墓编钟的形制与组合，代表着我国多元化组合编钟发展史上的一个重要转折过程，是促成战国时期出现大型多元组合编钟的顶峰之作——曾侯乙编钟横空出世的雏形。作为目前我国春秋时期大型组合编钟中唯一规模最大、数量最多、形制最全的多元化组合编钟，对其深入的研究，可以重新认识春秋时代的社会历史文化、科技艺术发展、礼乐社会变迁,也将起到重要的实证作用。

叶县许公墓编钟的出土,对研究中国青铜编钟的发展历程有着独特的意义。

1.对许公墓编钟的研究,在某种意义上可以填补先秦文献记载的缺失或伪误现象,起到文物与文献相互印证的史料作用。许国所处的特殊地理位置与该套编钟的特殊组合现象彰显着鲜明的时代信息,具有重要的史学价值。

2.对许公墓编钟的形制、纹饰、编列、音列、音梁、组合和文化属性等多角度的研究,拓宽先秦乐钟研究范围与思路。对许公墓甬钟、纽钟和镈钟的音列结构组合研究,充分揭示两周时期音乐文化发展与礼乐器青铜编钟发展所遵循的规律,以及两周时代人们对音乐的认知能力。从该套编钟编列、音列与音梁结构诸多方面的研究,可以了解春秋时期青铜编钟铸造技术的演化进程,显示出春秋礼乐文化发展过程中的承袭、裂变与突破现象。许公墓编钟所呈现出的音律、音阶结构现象的研究,对春秋编钟乐律的形成与演变发展,具有不可替代的艺术价值。

3.两周时期是青铜编钟发展的迅猛时期,在其过程中也蕴含着中国古代音乐文化发展的规律。从中可一窥其对社会政治、经济文化与科学技术领域中的影响。目前,有关许公墓青铜编钟研究已经取得了一些成果,但还有许多问题需要进一步深入研究。在学术论文、著作或发掘报告中,对于如此庞大的一组先秦礼乐重器所涉及的诸多问题,亟待获得更为深入合理的解答,需要系统、综合、深入的探讨研究,以确认其在先秦多元组合编钟发展进程中的地位与价值。

4.从目前所掌握的一些资料看,许公墓编钟的文化属性介于中原文化与楚文化之间,尤其是体现出了中原商周文化与楚文化的碰撞与融合。毋庸置疑,许国政治军事软弱,四处迁徙,本是文化上的"侏儒";但从许公墓多元组合编钟中,却又透露出其礼乐文化方面的深厚积淀。对许公墓出土编钟的研究,无疑是找到了一个对商周文化与楚文化交流的极佳切入点。其不仅可以印证先秦历史文献对许国国情的记载,更能进一步定位许国文化属性意义,佐证青铜编钟在中国古代社会政治与文化领域中的双重身份,以及对后世中国文化发展所产生的重大影响。

近年来,由于考古材料的不断发现,尤其是出土编钟的不断增多,学界亟待对叶县许公墓编钟进行多学科交叉的综合性研究。

1.研究思路方面,本书将借助历史学、先秦史学、音乐史学等学科领域中的文献资料,从春秋时期历史文化与许国历史演变的轨迹,以及许公墓出土相关文物入手,剖析春秋时代周宗礼乐制度与许国文化信息,论证西周礼乐制度视域下,周王室由号令天下至王权衰微的"礼崩乐坏"现象的过程,以及与许国历史形成与发展的内在联系,从历史学角度对许国与许公墓编钟的历史文化进行全方位探微。

从音乐学、音乐考古学的角度,对许公墓编钟的形制、编列、音列、组合及其文化价值、艺术价值、科学价值展开全方位的研究。将整个研究建立在西周晚期至春秋晚期这一特定的中国青铜编钟迅猛发展阶段,并与该阶段大部分业内已认定的科学出土发掘的编钟进行比较研究,找出许公墓编钟自身所体现的价值与意义。从编钟具有的"礼器"功能所反映在形制、组合、外观、纹饰上的特征,研究其所涵盖"礼制"文化的价值与内涵;从编钟具有的"乐器"功能所反映在编列、音列、音律、音阶等方面的现象,探究其"乐器"本身所蕴含的艺术价值与作用,进而挖掘许公墓编钟所承载的历史文化价值、艺术科学价值,以及先秦礼乐文化对后世道德观念、社会风尚、艺术与科学领域深远影响的史学价值。

2.研究方法方面,广泛搜集相关历史资料、文献资料与考古材料;通过实地考察获取第一手实物资料;在参考前人研究成果的基础上,运用历史文献与实物考古材料相结合的研究方法,借助历史学、考古学、铭刻学、音乐学、音乐考古学等不同学科的相关知识与研究方法,对春秋许公墓编钟进行多学科、多角度、多层次、全方位的综合性研究。

本书从许国始封至国都的频繁迁徙,从许国国力由盛转衰至国家灭亡,剖析了许国在春秋时期强国林立、争霸不断的环境下兴衰存亡的历程。笔者对许公墓编钟的形态、编列与铸造技术发展等方面探究,试图寻求"礼乐崩坏"的表象所勾勒出"乐"文化繁兴的演变过程,从而对中国青铜编钟文化达到战国时期具有里程碑意义的辉煌鼎盛时期的原因,作出合理的解释。通过对春秋时期诸侯争霸与兼并现象的描述,分析春秋时代南北文化交汇所呈现出的多元化文化交融现象,以期考究许公墓编钟在先秦历史、音乐文化、科学,以及先秦青铜编钟铸造技术等领域中的文化价值和技术突破。

在研究过程中,笔者将利用音乐考古学自身学科交叉的优势,借助先秦史学与音乐考古学的诠释,对先秦典籍中记述的史学材料进行文献学剖析。同时借鉴历史学、文献学、乐律学、铭刻学等相关概念，将许公墓编钟置于整个中国青铜编钟发展史中进行音乐考古学研究，探究差异，彰显特性，并从微观入手，研究他人不曾涉及的细微领域。本书看似对许公墓编钟进行个案研究，实际上是对整个春秋时期礼乐文化与青铜编钟发展过程进行整体把握与梳理研究，最终通过寻求许公墓编钟的特征，求证许公墓编钟在中国青铜编钟发展史中所独有的意义、价值与作用。

三、编钟研究溯源

乐钟始于先秦，记载散见于古代若干文献。《山海经·海内经》载："炎帝之孙伯陵，伯陵同吴权之妻阿女缘妇，缘妇孕三年，是生鼓、延、殳。始为侯（指射侯），鼓、延是始为钟，为乐风。"[①]《吕氏春秋·古乐篇》载："黄帝命乐工伶伦铸十二钟。"《世本》载："垂（或倕）作钟。"《礼记》载："尧之共工。"这些传说性的记载，表明乐钟的起源很早，应该追溯到史前文明的某一时期。原始社会晚期业已存在乐钟，此时钟应该不是铜钟，而是最初始状态的钟——"陶钟"，但其腔体横截面都呈现非正圆的形状，接近以后乐钟的主要特点。

中国的青铜钟类乐器应始于夏，当时已存在扁圆形铜铃，属于钟的雏形，并不具备真正意义上的乐钟。偃师二里头文化（公元前1900年至公元前1500年）二期出土考古界所见最早的一件青铜铃，通高8.2

---

① 袁珂《山海经校注》，上海古籍出版社1980年版，第464页。

厘米,在形制上已规范化,呈现合瓦形体,具有青铜乐钟的基本特征[①]。在中国殷商时期,流行的大量成编组的青铜乐钟——编铙,则已是没有疑问的事实。

1. 先秦时期

乐钟在西周王朝进一步成为十分重要的乐器,庙堂祭祀、丧葬婚冠、军事纷争、外交礼节、宾客宴请等场合,乐钟均居于突出的地位。《诗经·小雅·楚茨》载:"礼仪既备,钟鼓既戒,孝孙徂位。工祝致告,神具醉止。皇尸载起,鼓钟送尸,神保聿归。诸宰君妇,废彻不迟。诸父兄弟,备言燕私。乐具入奏,以绥后禄。"这描述的是西周时期贵族在丰收后祭祀乐歌的情境。至东周时期,祭祀、燕宾的情景,一般铸造在钟体上以留子孙后代纪念,"铸其龢钟,台(以)恤其祭祀盟祀,台(以)乐大夫,台(以)宴士庶子。"(《郑公华钟》)在军事上,"凡师有钟鼓曰伐,无曰侵,轻曰袭。""钟"的军事意义显而易见。在西周,编钟当然有着乐器的功能。"夫音,乐之舆也;而钟,音之器也。"西周乐制是伴随着编钟制度的出现而形成的,以编钟制度为中心的西周礼乐制度的"乐悬制",在西周晚期才得以确立。西周的用钟制度与用鼎制度一起,构成了整个社会衡量爵位大小、等级高低的重要国制。

陕西长安普渡村长凶墓出土的三件一组的甬钟,是目前公认最早的青铜编甬钟,年代约为西周穆王(公元前10世纪中叶)时期。至西周中晚期,编钟已由三枚(或五枚)发展为八枚组成一套组合,还出现

---

① 蒋定穗《中国古代编钟论纲》,《中国音乐》1995年第1期。

了纽钟和镈钟，如陕西扶风齐家村窖藏出土的柞钟和中义钟即为八件一组的编钟。

《周礼·考工记》是先秦时期一部极为重要的科技专著，《考工记·凫氏》云"凫氏为钟"。前蜀韦庄《〈又玄集〉序》载："击凫氏之钟，霜清日观；淬雷公之剑，影动星津。""凫氏"对钟的发声问题做了定性的分析，"薄厚之所震动，清浊之所由出，侈弇之所由兴。钟已厚则石，已薄则播，侈则柞，弇则郁，长甬则震。""凫氏"节"钟大而短，则其声疾而短闻；钟小而长，则其声舒而远闻。"此外，《考工记》还详细记载了甬钟的各部位名称。① 杜石然在《中国科学技术史稿》一书中认为："这些从长期制作乐器的过程中总结出来的声学问题的定性描述，远远超出了为乐器规定某种尺寸等的技术规范的意义，它业已为人们自觉地对钟鼓功能或厚薄做适当调整，使之达到预想的要求，提供了理论上的依据。"② 尽管在《考工记》"凫氏"节中未能发现双音钟现象和双音钟技术，却系统归纳了青铜乐钟技术的理论，打破了先秦时期铸工家族式口口相传的面授习俗。

《考工记》"凫氏为钟"对编钟的规范音响和调音等问题作了总结性的论述，层次分明、逻辑严谨，系统叙述了编钟制钟规范与音响情形，它比欧洲几乎同样内容的论述要早约1500年。③《考工记》是人们研究先秦制钟技术和音响学水平可资借鉴的珍贵史料。

---

① 闻人军《〈考工记〉中声学知识的数理诠释》，《浙江大学学报（理学版）》1982年第4期。

② 杜石然《中国科学技术史稿》（上册），科学出版社1982年版，第113页。

③ 戴念祖《中国编钟的过去和现在的研究》，《中国科技史杂志》1984年第1期。

两周时期是青铜编钟发展的鼎盛时期,但其传世研究文献匮乏。

2. 两汉至民国时期

两汉时期,周王朝制定的礼乐制度彻底瓦解,先秦编钟那种壮丽奢侈与繁华也荡然无存,青铜编钟的制作如双音钟技术倏然遗失。汉代在前人关于青铜乐钟的基础上,制作出其他各类钟乐器。东汉许慎在《说文解字》卷十四中设有金部,诠释了镯、铃、钲、铙、铎、镈、镛、钟、鑮等字①。从文字上诠释了此时人们对青铜乐钟的认识。

汉代之后,政权更迭,历朝历代当政者追求周礼,试图恢复周礼,也相应铸造了大量的编钟。例如南北朝时期南梁武帝演奏雅乐所用的钟磬,计504件,达36架。宋代复古之风更甚,宋徽宗时期专门设置掌管音乐的机构"大晟府",其中设立铸钟的机构"铸泻务",铸造"景阳锺"和"大晟编钟"12套,约300多件。现在,散见于文献记载与流传于世可查的有30余件,其形制与当时应天府(今河南省商丘市)出土的春秋时期宋国的宋公戍钟极为相似。宋代对青铜乐钟的研究进入了一个崭新的阶段,其间出现了许多关于乐钟的文献。例如刘敞编纂《先秦古器记》,属于中国古代第一部金石学文献;吕大临编纂《考

---

① 《说文解字》卷十四载:"镯:钲也。从金蜀声。军法:司马执镯。直角切。""铃:令丁也。从金从令,令亦声。郎丁切。""钲:铙也。似铃,柄中,上下通。从金正声。诸盈切。""铙:小钲也。军法:卒长执铙。从金尧声。女交切。""铎:大铃也。军法:五人为伍,五伍为两,两司马执铎。从金睪声。徒洛切。""镈:大钟,淳于之属,所以应钟磬也。堵以二,金乐则鼓镈应之。从金薄声。匹各切。""镛:大钟谓之镛。从金庸声。余封切。""钟:乐钟也,秋分之音,物种成。从金童声。古者垂作钟。职茸切。""鑮:鑮鳞也。钟上横木上金华也。一曰田器。从金尃声。《诗》曰:'庤乃钱鑮'。補各切。"

古图》;王黼等编纂《宣和博古图》等。这些文献大多数是关于器物的考证,兼有音乐理论的研究。

宋代礼乐制度的重建和金石学、训诂学等学科的发展,促进了人们对青铜编钟的探索。宋代人们认识到制作编钟的铜锡合金比例对音色具有较大的影响,在《宋史》《宋朝事实类苑》中记载"铜锡不精,声韵失美""减其铜齐,而声稍清"①等,宋代人们掀起研究与铸造青铜编钟的浪潮,但是对青铜编钟冶炼与铸造技术并没有完全掌握。宋朝之后,青铜编钟又一次淡出人们的视野,至清代金石学研究的兴盛,古器物学研究应运而生②,人们的研究仍侧重于对青铜乐器的铭文、形制等探微,缺少从音乐学、音乐考古学的角度对青铜编钟的系统研究。

清代宫廷所用编钟为16件一组,悬于两层钟架上,每层各悬8件。形制与先秦编钟差别较大,下口为正圆形。16件钟的纹饰、大小相同,以钟体体壁厚薄的不同来改变音高。清代编钟已失去了先秦乐钟卓越的音乐功能,仅注重宫廷典礼仪式的陈设和象征意义。

民国时期,青铜器的研究开始呈现出多种不同的风格,许多专家、学者的研究视野不再局限于铭辞的考释、著录,而是拓展到运用铭文研究历史文化。尤其近代考古学的引入,文献整理与科学考古发现的结合,青铜器研究范围扩展,青铜乐钟的研究更加科学、全面,较为系

---

① 《宋史》卷一百二十六,志第七十九,乐一;《宋朝事实类苑》卷十九。
② "古器物学"主要著作有程瑶田的《凫氏为钟章句图说》,乾隆年间"御纂"的《西清古鉴》四十卷、《西清续鉴》二卷、《宁寿鉴古》十六卷,曹载奎的《槐米山房吉金图》,吴云的《两罍轩彝器图释》,潘祖荫的《攀古楼彝器款识》,阮元的《积古斋钟鼎彝器款式》,以及刘新垣的《古文审》《奇觚室吉金文述》等著作。

统的学术著作和论文相继出现。随着近代考古学的发展,对于青铜乐钟的研究已不再局限于文献资料,更多的是把文献与考古有机结合起来。例如王国维《观堂集林》[1]、罗振玉《三代吉金文存》、吴大澂《愙斋集古录》、方濬益《缀遗斋彝器款识考释》、郭沫若《两周金文辞大系》[2]、唐兰《古乐器小记》[3]、于省吾《双剑誃吉金图录》以及容庚《商周彝器通考》[4]等。其中以王国维、郭沫若、容庚、唐兰等成绩斐然。再加上一些具有深厚音乐学背景专家加入青铜编钟的研究,例如刘半农于1930至1933年先后组织并主持了故宫和天坛所藏清宫古乐器及河南、南京、上海等地编钟的测音工作,杨荫浏在1941年左右对部分出土编钟的关注等。编钟的研究突破了单纯历史学的范围,出现了与考古学、音乐史学融合的"音乐考古学"研究的趋势。

3. 1949年以后

从1949年至20世纪70年代,人们对青铜乐器研究还未有太多的关注。仅有陈梦家在1954年《考古学报》发表《殷代铜器三篇》[5]一文中探讨西周编钟的演变,对于西周青铜器断代研究意义重大。黄翔鹏于1978年在《音乐论丛》发表《新石器和青铜时代的已知音响资料与

---

① 王国维《观堂集林》,中华书局1959年版。
② 郭沫若《两周金文辞大系图录考释》,科学出版社1957年版。《两周金文辞大系》曾于1934—1935年增订为《图录》和《考释》,1957年合为《两周金文辞大系图录考释》。
③ 唐兰《古乐器小记》,《燕京学报》1933年第14期。
④ 容庚《商周彝器通考》,上海人民出版社2008年版。
⑤ 陈梦家《殷代铜器三篇》,《考古学报》1954年第1期。

我国音阶发展史问题》（上、下）[①]一文，发现先秦编钟的双音现象，对编钟音列的研究具有重要的意义。

自20世纪70年代后期起，国内的学术研究渐渐复苏，随着考古材料与历史文献的不断整理出版，新的考古材料不断产生，特别是1978年湖北随县曾侯乙编钟的出土，顺势而立的"音乐考古"学科的建设，为中国先秦音乐史与青铜乐钟的研究注入了新的血液，使青铜乐钟的研究进入了一个高潮阶段。其中黄翔鹏先生在曾侯乙墓出土文物，尤其在曾侯乙编钟的研究方面，取得了卓越的成就。他早在1977年3月至5月间，去甘肃、陕西、山西、河南四省进行专门的音乐考古调查。在这次音乐考古调查中，黄翔鹏发现了先秦编钟的双音性能，这是中国20世纪音乐考古学上的重大发现之一。黄翔鹏的《曾侯乙钟磬铭文的乐学体系初探》《均钟考》等10余篇学术论文，对曾侯乙墓出土的音乐文物进行了全面和深入的研究，他的许多观点在国内外学术界产生了广泛的影响。特别是在全面揭示了曾侯乙钟磬铭文乐律学基本理论奥秘的文章，为中国先秦音乐史研究揭开了全新的篇章，奠定了中国音乐考古学在20世纪70年代后期突飞猛进的坚实基础。

王子初是20世纪末以来中国音乐考古学研究的主要学者，中国音乐考古学的基础工程《中国音乐文物大系》的主要负责人。在主持编撰《中国音乐文物大系》的过程中，他对全国各地的音乐文物做了深入的研究，发表了多篇颇有影响的学术论文，出版了《音乐考古》

---

① 黄翔鹏《新石器和青铜时代的已知音响资料与我国音阶发展史问题》（上、下），音乐出版社1978年版。

《中国音乐考古学》等专著和论文集《残钟录》等。其中《中国音乐文物大系·湖北卷》等19个分卷相继面世，该著作收录集成全国各地出土及传世的音乐文物，资料齐全、数据翔实，青铜乐钟为其重要内容。王子初在《纽钟》（上、下）[1]中认为大约在西周晚期、春秋早期始见纽钟。当时中小贵族阶层逐渐流行使用编钟，演奏旋律呈现多元化发展态势，编纽钟应运而生。至今，春秋战国时期编纽钟大量出土，均为成编铸造，形制基本一致，一般9件成套，其正、侧鼓音构成较为完整的音阶，均能演奏比较复杂多变的旋律。《新郑东周祭祀遗址1、4号坑编钟的音乐学研究》[2]一文介绍了1号坑、4号坑两套编钟，重点在于对其音响性能的分析，作者认为1、4号坑编钟所处年代属于春秋中期，该科学发现填补了中国青铜编钟发展史上的一段空白，在中国音乐考古学上意义重大。

随着考古发掘的青铜编钟数量不断增加，特别是曾侯乙编钟的考古发现，20世纪80年代以后，在音乐学研究领域中注重青铜编钟研究的学术队伍日益壮大，相关研究成果层出不穷，成绩斐然，列举如下。

冯光生在《曾侯乙编钟若干问题浅论》[3]与《周代编钟的双音技术及钟的双应用》[4]中认为双音钟技术在西周中晚期业已成熟，并注重

---

① 王子初《纽钟》（上、下），《乐器》2003年第11、12期。
② 王子初《新郑东周祭祀遗址1、4号坑编钟的音乐学研究》，《文物》2005年第10期。
③ 冯光生《曾侯乙编钟若干问题浅论》，《"中国古代科学文化国际交流"论文集》1988年版，第78—80页。
④ 冯光生《周代编钟的双音技术及钟的双应用》，《中国音乐学》2002年第1期。

从双音钟的界定、双音技术的形成和应用范围等诸多问题进行探讨。例如双音技术的应用难点在于低频甬钟，并以曾侯乙编钟的双音技术为例。这些研究利于科学客观地评价和使用古编钟的音响资料。

李纯一在《中国上古出土乐器综论》[①]一书中应用考古地层学、类型学的方法，对考古发现汉代之前的大部分乐器数量品种逐一剖析。此外，冯光生的《曾侯乙编钟若干问题浅论》[②]、秦序的《先秦编钟"双音"规律的发展与研究》[③]、洛秦的《对于曾侯乙编钟文化属性的疑义——"曾音乐文化"可能系"商—宋文化"说》[④]等，都对先秦青铜乐钟的乐律、音乐性能与文化属性等做了专题性研究。

方建军《商周乐器文化结构与社会功能研究》[⑤]一书主要运用出土乐器与相关考古材料，辅以古代文献记载，对商周音乐文化的多元结构及社会功能进行综合研究。指出商周音乐文化主要发生和发展于黄河和长江流域地区，具有多地域、多民族共同创造的属性，构建了商周音乐文化的多元结构体系。其中，中原音乐文化处于核心地位和主导作用，其他不同区域的音乐文化都具有相对独立发展的特性，与中原音乐文化交融互补。方建军、郑中在《洛庄汉墓14号陪葬坑编磬

---

① 李纯一《中国上古出土乐器综论》，文物出版社1996年版，第121页。

② 冯光生《曾侯乙编钟若干问题浅论》，《黄钟》1988年第4期。

③ 秦序《先秦编钟"双音"规律的发展与研究》，《中国音乐学》1990年第3期。

④ 洛秦《对于曾侯乙编钟文化属性的疑义——"曾音乐文化"可能系"商—宋文化"说》，《中国音乐学》1998年第3期。

⑤ 方建军《商周乐器文化结构与社会功能研究》，上海音乐学院出版社2006年版，第89页。

的组合、编次和音阶》①一文中认为，经过洛庄汉墓14号陪葬坑出土的6套107件编磬测音分析，可以看出编磬的音乐性能稳定。方建军在《秦子镈及同出钟磬研究》②中，通过对2006年大堡子山秦公陵园乐器坑出土的编磬、编钟、秦子镈等测音分析，得知镈钟调高相同，合奏较佳，推测西周晚期8件组合编钟音列结构也可分合使用。在《子犯编钟音列组合新说》③中论及春秋早期晋国子犯编钟概况。

孔义龙在其博士学位论文《两周编钟音列研究》④与《西周早中期甬钟音列及其数理特征》⑤中均认为：西周时期甬钟正鼓音列呈现为三种态势，其音高具有共同的特性，即音越高，相邻两钟正鼓音间的音程越大，音越低，相邻两钟正鼓音间的音程越小，表现出上大底小的发展趋势，与现代意义上的自然谐音列的音程特性相反的等差数列形态。毋庸置疑，各组甬钟的音高和音程特性取决于弦长的等差数列，各组甬钟音列中底部音程的差异，说明三种底部音程的存在是与三种等差数列相对应的，即在不同的等份前提下产生了不同的音程系列。孔义龙《20世纪编钟音列研究述评》⑥一文属于编钟音列综述性文章，能够清晰展现20世纪30年代至今两周编钟音列的整体概况，有利于探究先秦音乐文化。孔义龙《论春秋编镈与纽钟正鼓音列"4+10"的

① 方建军、郑中《洛庄汉墓14号陪葬坑编磬的组合、编次和音阶》，《中国音乐学》2007年第4期。

② 方建军《秦子镈及同出钟磬研究》，《中国音乐学》2010年第4期。

③ 方建军《子犯编钟音列组合新说》，《交响》2011年第1期。

④ 孔义龙《两周编钟音列研究》，中国艺术研究院2005年博士论文，第78页。

⑤ 孔义龙《西周早中期甬钟音列及其数理特征》，《中国音乐学》2005年第3期。

⑥ 孔义龙《20世纪编钟音列研究述评》，《交响》2006年第4期。

接合形态》①一文指出，春秋中期镈钟与纽钟的正鼓音列之间出现了"4件镈钟与10件纽钟"组合，属于郑国编钟的典型组合模式。孔义龙在《两周之际编钟正鼓音列的转制及其成因》②文中指出两周之际，编钟正鼓音列呈现两种形态并存的状态，即西周一弦等分制取音法延续的8件组设置和伴随纽钟的出现并以传统正五声为正鼓音列设置基础的新模式的9件组设置，彰显着为纽钟取音的五弦准的出现。孔义龙在《试论春秋编镈与纽钟正鼓音列"8+9"的接合形态》③中指出，始于春秋中期镈钟与甬钟、纽钟三者之间由礼乐形式上的搭配转化为音乐演奏上的组合，音域拓宽，音色丰富，在某种意义上强化了演奏与旋宫转调的功能。至春秋晚期则呈现诸多的8件组镈钟与9件组纽钟或甬钟的组合。纵观镈钟的发展历程，春秋早期以4件组镈钟与纽钟的组合主要盛行于以郑国为核心的中原区域，春秋中期至战国早期流行8件镈钟与9件纽钟或甬钟的组合。

王清雷在其硕士学位论文《从山东音乐考古发现看周代乐悬制度的演变》④中结合文献史料，以目前山东地区音乐考古发现所见的钟磬乐悬为基础，对周代乐悬制度进行研究，指出乐悬制度是西周礼

<hr>

① 孔义龙《论春秋编镈与纽钟正鼓音列"4+10"的接合形态》，《星海音乐学院学报》2007年第4期。

② 孔义龙《两周之际编钟正鼓音列的转制及其成因》，《黄钟（武汉音乐学院学报)》2008年第1期。

③ 孔义龙《试论春秋编镈与纽钟正鼓音列"8+9"的接合形态》，《星海音乐学院学报》2008年第3期。

④ 王清雷《从山东音乐考古发现看周代乐悬制度的演变》，中国艺术研究院2002年硕士论文，第123页。

乐制度的重要组成部分，西周王朝的钟磬类大型编悬乐器彰显着奴隶主政治制度，逐渐构成以钟磬为代表、等级森严的乐悬制度。具体内容包括乐悬的用器制度、乐悬的摆列制度和乐悬的音阶制度。王清雷在其博士学位论文《西周乐悬制度的音乐考古学研究》中，从音乐考古学的角度，对西周乐悬制度做了较为系统的考察与研究，指出至商代末期，以可悬之钟与可悬之磬为特征的乐悬制度已成雏形。西周早期，以钟磬为代表的严格等级化的乐悬制度初步确立，并在西周中期得到进一步的发展，至西周晚期臻于成熟，借以探索西周乐悬制度的真实历史面貌。

冯卓慧在其博士学位论文《商周镈研究》[1]中通过对目前所知的430多件镈的系统研究，基本厘清了盛行于商周时期青铜编镈的起源、发展、兴盛以及衰亡的历史轨迹。文中将每一阶段镈之墓葬信息以及镈的形制、纹饰、音响性能、音列构成与组合形式进行横向的剖析与纵向的比较，从历时性与共时性角度对镈进行全方位的考察。在梳理先秦时期镈的发展脉络基础上，明确了镈演变发展的谱系结构，促进了商周时期礼乐文明与音乐文化关系的研究。

王友华在其博士学位论文《先秦大型组合编钟研究》[2]中认为大型组合编钟历经孕育、诞生、成长、成熟、辉煌与衰落的发展过程，礼乐制度始终渗透其中，涵盖了诸多的乐律、礼乐制度、乐悬制度等史料，彰显着"礼""乐"在大型组合编钟兴衰中的历史作用。

---

① 冯卓慧《商周镈研究》，中国艺术研究院2008年博士论文，第67页。
② 王友华《先秦大型组合编钟研究》，中国艺术研究院2009年博士论文，第112页。

考古界也有不少有关编钟的重要论文发表。如高西省的《晋侯苏编钟的形制特征及来源问题》①《商周时代南北甬钟之关系及南北文化交流之探讨》②，文中指出江南商代晚期的大铙是甬钟的前身，随后经过汉水流域进入汉中盆地，然后被西周承袭，加以改造变为甬钟。以此，作者认定汉水流域应该起到商周时期长江中上游与关中地区文化交融的桥梁作用，这对重新认识中国早期南北文化的传播与融汇具有一定参考价值。高西省在《西周早期甬钟比较研究》③中指出，甬钟在商周时期主要分布在浙江和关中地区，还认定西周早期在北方地区出现甬钟，源于江南铙。

美国著名国际汉学家罗泰·冯·福尔肯豪森（Lothar von Alexander Falkenhausen）对中国青铜乐钟也有深入的研究。他在博士学位论文《中国青铜时代的礼乐：一种考古学的观察》④中从考古的制高点，探讨青铜时代音乐制作的知识性、艺术性和技术特点。他在该论文基础上修订而成的著作《悬挂着的音乐：中国青铜时代文化中的编钟》⑤中，对殷商和西周时期的青铜乐钟进行了综合研究，涉及青铜乐钟的类型、形制演变、音列结构以及青铜乐钟与先秦礼乐和先秦社会政治

① 高西省《晋侯苏编钟的形制特征及来源问题》，《文博》2010年第8期。

② 高西省《商周时代南北甬钟之关系及南北文化交流之探讨》，《东南文化》1991年第6期。

③ 高西省《西周早期甬钟比较研究》，《文博》1995年第1期。

④ Lothar von Falkenhausen. *Ritual music in Bronze Age China: An archaeological perspective*. Ann Arbor-MI:University Microfilms, 1988, p.178.

⑤ Lothar von Falkenhausen. *Suspended Music: Chime-Bells in the Culture of Bronze Age China*. Berkeley:University of California,1994,p.481.

的关系等。罗泰·冯·福尔肯豪森指出：青铜乐钟是先秦时期社会等级和权威的核心象征，实际上彰显着意识形态上层结构与表现这种结构的仪式表演之间的一种紧密的联系，也即是先秦时期经过青铜乐钟漫长演变过程逐渐发展起来，促使中国古代宇宙观和音乐理论互相关联的理论。这种依托青铜编钟的资料收集和杰出的文字训诂，引发对于中国青铜时代政治结构的诠释和对于中国音乐思想史的独特思考，值得我们借鉴。

4. 许公墓编钟的研究

尽管学界对我国青铜编钟的研究取得了重大成果，成绩斐然，但由于许公墓编钟的出土时间较晚（2002年4月），因而造成在诸多学者的研究成果中均未能涉及许公墓编钟研究的领域。目前，关于许公墓编钟的研究主要成果仅有王子初《河南叶县旧县4号墓编钟印象》[①]一文，其对叶县编钟做了较为系统的分析，提出了"全套编钟包含有两种不同的编镈组合之现象为前所未见，4件组编镈的形式，是春秋中期中原地区，特别是郑国一带的重要规范""叶县编钟的文化属性为'中原为体，楚风为用'"等观点。王子初在《河南叶县旧县四号春秋墓出土的两组编镈》[②]中认为，大型乐钟编组早在距曾侯乙编钟百余年前的春秋中晚期就已经产生，即体现在叶县四号春秋墓出土的两组

[①]　王子初《河南叶县旧县4号墓编钟印象》，载《湖南省博物馆馆刊》第五辑，岳麓书社2009年版，第184—206页。

[②]　王子初《河南叶县旧县四号春秋墓出土的两组编镈》，《文物》2007年第12期。

编镈上。在王子初与邵晓洁合作的另一篇文章《叶县旧县4号墓编钟的音律分析》①中，根据叶县旧县四号墓编钟的音列及其编组的特征，论证其编钟的主体文化属性,彰显着曾影响了该时期中国历史进程的中原文化与楚文化交融的社会现实。

平顶山市文物管理局与叶县文化局组织人员联合撰写的《河南叶县旧县四号春秋墓发掘简报》②一文,涉及乐器中编钟出土情况的概述。孔义龙的《河南叶县旧县4号墓编钟考察记》③与冯卓慧博士论文《商周镈研究》中关于许公墓编镈的章节，以及王友华博士论文《先秦大型组合编钟研究》关于许公墓编钟形制组合的章节，还有李元芝《试论河南叶县许公编钟的年代》（未发表）等，均对许公墓编钟的组合现象、镈钟形制的论述和年代的考证提出了一些有意义的见解。截至目前，除以上少量对许公墓编钟的研究文章以外，仍未见有对春秋许公墓青铜编钟进行全方位、系统性的专题研究。

毋庸讳言，虽然学界对青铜乐钟的研究成果丰硕，但也存在一些不足或缺憾。如在学科领域中缺乏多学科之间横向融通协作的研究成果，大多为历史学、音乐学、考古学等学科的单向研究。成果中多见从历史学角度对编钟进行礼乐文化制度下"礼"的研究；从音乐学角度对音律分析、音列论证、音高测量等方面对"乐"的研究，而乏见从历史学、考古学、音乐学、音乐考古学、铸造材料等多学科交叉渗透所

---

① 王子初、邵晓洁《叶县旧县4号墓编钟的音律分析》,《音乐研究》2008年第4期。

② 平顶山市文物管理局、叶县文化局《河南叶县旧县四号春秋墓发掘简报》,《文物》2007年第7期。

③ 孔义龙《河南叶县旧县4号墓编钟考察记》,《人民音乐》2007年第2期。

建立起的多视角、多语境、全方位的综合性研究。在文献解读、断代考释、材料分析与印证等方面，往往莫衷一是，致使出现对先秦礼乐重器"编钟"的研究方法单一、学科单薄的现象。历史学界对编钟的研究多重"礼"而轻"乐"；音乐学界则多重"乐"而淡"器"，淡化了史学与考古学根本性存在的状态。因此，进行多学科、多手段、多视角、全方位的立体性交叉学科的整合研究，势在必行。

第一章
许国历史与许公墓

　　春秋时期的叶城旧址所在地即叶县故县城，位于今河南省叶县城西南约15千米处，现称之为旧县。该城周长近10千米，与陈、蔡、不羹并称为楚国的北方四国。叶地的战略位置十分重要，其南有楚国的方城故城，为楚国进入中原地域的必经之路；其东侧为卷城、舞阳、陈、蔡；其北侧有昆阳、襄城、犨邑、不羹，为楚国长期精心经营的军事重地。据《史记》等记载，叶地应为楚国的地方行政区域之一，即"方城之外"。

　　从出土文物显示，旧县是一座商周时期的古城，进入春秋后楚国为北进中原，在叶地建立了地方政权。由于此地处当时的南北交通要道，又是长期的都会驻地，在古城周围，分布着大量的春秋战国时期楚、许等国的贵族墓葬，据目前探查，具有大型封土的古墓冢尚有20余座。

图1-1　M4位置示意图①

2002年初春，许公墓的出土引人注目。尽管墓葬被盗严重，但仍出土金、铜、铁及玉器等文物638件。其中包括大型铜鼎、编钟、跽坐铜俑等国家一级文物62件，有的更是全国孤品。根据出土器物的铭文内容可以认定，该墓为许国国君——许公宁（公元前591年至前547年）之墓，与古代文献记载相吻合。发掘简报称之为"河南叶县旧县四号春秋墓"（M4），亦称"许公墓"。

许国是个史书上记载很少的周代诸侯国，现代人对其更是鲜有所闻。许公墓位于楚界，在墓中出土器物中却出现两种不同地域风格的文化现象，在多半器物上显现出典型的楚文化风格，也有器物具备明

---

① 平顶山市文物管理局、叶县文化局《河南叶县旧县四号春秋墓发掘简报》，《文物》2007年第9期。

显的中原文化特征。特别是在5组编钟、镈上,即体现出明显的中原地域文化特征,又兼备楚文化风尚,这种现象在同一时期的墓葬中十分罕见。然而,从仅存少量先秦文献记载中显示,春秋许灵公时曾将许国国都自许地迁于楚国叶邑,与文献记载相吻合。这对我们重新认识古代许国历史面貌,以及春秋时期中原地区礼乐文化与楚国文化间的交流与融合现象,提供了新的实物例证。无论对研究许国历史还是古代青铜乐器与音律的演变,都有着十分重要的学术价值。

第一节　许国历史沿革

一、许国始封与迁徙

许属姜姓,是炎帝、四岳的后代,属中原古族之一。据《世本》记载:"许、州、向、申,姜姓也,炎帝后。"[1]《国语·周语》记载:"齐、许、申、吕由大姜",韦昭解:"四国皆姜姓也,四岳之后。"可见,许确为炎帝、四岳之后。《汉书·地理志》记载:"许,故国,姜姓,四岳后,文叔所封,二十四世为楚所灭。"宋代刘恕《通鉴外纪》也称:"武王封文叔于许,以奉太岳之祀。"清代陈厚耀在《春秋世族谱》中记载:"许国,姜姓,与齐同祖,尧四岳伯夷之后也。周武王封其苗裔文叔于许,以为太岳胤,今颍川许昌是也。"由此可知,公元前11世纪(即西周初年),周

---

[1] 见《水经·阴沟水注》引。

武王在灭殷商之后，出于巩固周王朝政权的需要，先后"封建亲戚"和功臣谋士"以藩屏周"。在初封诸侯国时，周武王把姜姓后人文叔及其率领的氏族部落分封到许地。从此，文叔在许地圈土建国，设吏授官，形成统治一方的"诸侯邦国"。

关于古许国的地理位置，据《括地志》记载："许故城，在许州许昌县南三十里，本汉许县，故许国也。"可见，古许国的始封地即是汉代的许县。郭沫若认为："今河南许昌县附近，即许旧地。"[①]杨伯峻认为："许，旧在许昌市。"[②]胡悦谦认为："许初封于今许昌市。"[③]何光岳认为："杜注：'叶，南阳叶县也。'即今叶县东30里。""许由是最早定居于许昌的部落。"[④]陈昌远在《许国始封地望及其迁徙的历史地理问题》一文中提道：以地望推测，应该在今天许昌市城东张潘乡的古城村一带，距离许昌市城东20千米，古城即是古许国的始封地。[⑤]古城遗址在今许昌市城东城堡的西部，周围7.5千米，城基本为方形，地势平坦，土地肥沃。城池可划分为皇城与外城，皇城位于外城东南隅，北门到南门外，城墙长度约1.5千米，西门到东门外，城墙长度为2千米。现在仅存在一座高2米左右的土台。外城周围面积约为7.5千米，在这一区域散布着诸多城池遗迹与碎砖瓦粒，可以此评判古城村为早期许国故城以及曹魏时所建都的许。[⑥]

综上所述，今天的许昌市为汉颍阴的治所，并非古许国的始封地。

---

① 郭沫若《两周金文辞大系图录及考释》，科学出版社1958年版，第56页。

② 杨伯峻《春秋左传注》，中华书局1981年版，第123页。

③ 胡悦谦《安徽省宿县出土两件铜乐器》，《文物》1964年第7期。

④ 何光岳《许国的形成和迁徙》，《许昌师专学报(社会科学版)》1984年第1期。

⑤ 陈昌远《许国始封地望及其迁徙的历史地理问题》，《中国历史地理论丛》1993年第4期。

⑥ 陈昌远《许国始封地望及其迁徙的历史地理问题》，《中国历史地理论丛》1993年第4期。

周初古许国的始封地应在今许昌市城东20千米处的张潘乡古城村,即汉代的许县,古许国的始封地。

许国的势力范围,以都城为中心向四周辐射,包括今许昌县及临颍县北、鄢陵县西南地域。如图1-2所示。

春秋时期郑、楚等诸侯国日益强盛,许国处于夹缝之间经常遭到强国侵略。其北邻郑国、南邻楚国、西有秦晋、东有曹宋,虽处于"中原之中"的地理优势,但由于其国小力单,反而成了众豪强国的盘中之餐,对其虎视眈眈。春秋早期,郑庄公依仗其姬周宗亲的优势,率先兴起形成春秋霸权。许国恰好位于郑国南部边境,郑国势力范围的扩张殃及弱小的许国,许在所难免成为郑国欲吞并的主要目标。

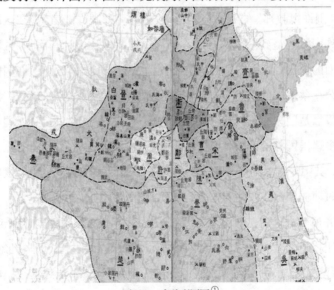

图1-2　春秋列国图[①]

①　谭其骧《中国历史地图集》,中国地图出版社1982年版。

郑国联合齐国与鲁国于隐公十一年（公元前712年）征伐许国，随后军队攻入许都，郑庄公将许国划分为两部分，"使许大夫百里奉许叔以居许东偏"，另"使（郑大夫）公孙获处许西偏"[①]，弹丸之地的许都被一分为二，分化许国，严格监督许民，许国终沦为郑国附庸。公元前696年，郑庄公驾崩，郑国发生内乱，齐国与宋国联合借机讨伐郑国，郑国放宽了对许国的监视，许国许叔趁机复国。齐桓公称霸之后，许国得到齐国庇护，即依附于齐，在齐国帮助下，许国与郑国得以短暂和平相处，并于公元前656年一起积极地参与齐桓公主持的召陵之盟。公元前654年之后，郑国三心二意，背弃齐国，追随楚国，引起齐国极大愤慨，于是齐桓公统率许多诸侯国军队围攻郑国。而楚国则趁机采取"围许以救郑"的策略，迫使诸侯之师释郑救许。虽然，在这次战争中许国没有遭到重大的打击，但许国清醒地认识到其面临的挑战，即北面的郑国、南边的蔡国均为楚国盟友。在形势所逼下，许国国君许僖公在蔡穆侯的引见下，转向楚国屈辱求和，获取楚国的宽容，但并没有投靠楚国，楚国一时不再骚扰许国。之后很长时间内，许国与周边诸多诸侯国相安无事，但许国不甘寂寞，踊跃参与诸侯国的盟会和征伐，其中许国参与各种盟会达九次之多。许国的频繁倒戈，表明了春秋时期弱小诸侯国生存态度与强大诸侯国的强权影响力。

齐桓公去世后，齐国国力下降，许国背弃齐国依附楚国，参与"伐郑""围宋"。城濮之战后，晋国称霸，许国未立即附晋，仍坚挺楚国。"许从楚最坚，虽晋文霸业方盛，而温会、翟泉盟，皆不能致其来。即以

---

① 《左传·隐公十一年》，《十三经注疏》，中华书局1979年版，第1806页。

诸侯围之,犹然弗服,盖深信楚之可恃也。"[1]于是,公元前627年,许遭遇两次侵伐,晋国统帅诸侯之师征伐许国。"晋、陈、郑伐许,讨其贰于楚也。"此时,许国又表现出两面性,一度依附晋国。楚庄王充任楚国国君,势力强盛,许国又弃晋附楚,其后一直成为楚国的附庸国。《左传》记载:"成公三年,许恃楚而不事郑,郑子良伐许",次年冬"郑公孙申帅师疆许田",被许国击败,接着郑悼公再一次讨伐许国,"取鉏任、泠敦之田"。成公五年,郑悼公出访楚国,起诉许国,郑悼公未能获取楚国的支持,于是"请成于晋",造成郑国与许国之间的矛盾进一步激化。鲁成公八年(公元前583年),郑国与晋国联合征讨蔡国、沈国,军队路过许国东门,乘其不备,发起攻击,"大获"。《左传》记载:成公十四年,"八月,郑子罕伐许,败焉。"杜预注"为许所败"[2]。郑国不甘失败,郑成公亲自挂帅,讨伐许国,攻击到许都外城,许国请和,以割地赔偿郑国,得以保全国都。鲁成公十五年(公元前576年)"许灵公畏逼于郑,请迁于楚。辛丑,楚公子申迁许于叶。"[3]从此,许之故地终为郑所有,至成公十八年(公元前573年),许国被迫举国迁往楚国的叶邑。叶地,即成为许国和叶邑的共同治所。许国从此寄身于楚境,仰楚人鼻息以求生存。

许国迁徙地域为叶,即今天叶县南十五公里的旧县[4],隶属楚国,战略位置险要,是楚国北部屏障要地。鄢陵之战,晋国打败楚国,造成

① 刘文淇《春秋左传旧注疏证》,科学出版社1959年版,第246页。
② 《左传·成公十四年》,《十三经注疏》,中华书局1979年版,第1913页。
③ 《左传·成公十五年》,《十三经注疏》,中华书局1979年版,第1920页。
④ 详见《大清一统志》(卷211),南阳府古迹"叶县故城"条。

楚国整体国力削弱。鲁襄公三年（公元前570年），晋国借口许国听从楚国，不参加鸡泽会盟，以此名义出师讨伐许国，攻击至楚国的叶地。襄公十六年（公元前557年），许国迫于严峻形势，国君许灵公转投晋国，请求迁徙至晋国境地，正如杜预注："许欲叛楚"。由于许大夫对迁徙晋国之举极力反对，最终未能成功。但因一度依附晋国，却又没有迁徙到晋国辖区，晋国为此不满，于是，晋、郑之师再度伐许，"夏，六月，次于械林。庚寅，伐许，次于函氏。"有关"械林、函氏"，杜预注"皆许地"，对于具体何地未能清晰表明。清代顾栋高推测，"械林、函氏"应在今天叶县北和东北区域，应属于楚国方城外以叶为中心的区域所辖城邑。鲁襄公二十六年（公元前550年），"许灵公如楚，请伐郑，曰：'师不兴，孤不归矣！'八月，卒于楚。"[①]楚为之伐郑，而后葬许灵公。

鲁昭公四年（公元前538年），楚灵王消灭诸侯小国赖国，迫使"迁赖于鄢，楚子欲迁许于赖，使斗韦龟与公子弃疾城之而还"。赖国又称厉国，春秋战国时代的一个诸侯国，公元前581年亡国，地理位置应在今天河南省息县东北区域[②]，楚灵王打算把许国迁移到淮河流域上游北岸赖国故地，其目的在于收回叶及附近要地，以强化方城内外区域的控制和防御能力，在一定程度上缓解许国遭受晋国与郑国欺凌。但是，由于"东国水，不可以城，彭生罢赖之师"诸多因素，许国迁徙至赖国计划落空。鲁昭公九年（公元前501年），"楚公子弃疾迁许于夷，

---

① 《左传·襄公二十六年》，中华书局1979年版。
② 徐少华《古厉国历史地理及其相关问题》，《江汉论坛》1987年3期。

实城父"，夷即陈邑，鲁僖公二十三年（公元前637年）被楚国所消灭，其故城在今天的安徽省亳州市东南三十五公里的城父集，地理位置处于楚宋之间。楚国把许国迁移至夷后，一则"取州来淮北之田以益之"，也就是把淮北区域即今天凤台至城父的土地划归给许国，以养其民；二则加强对许国的监管，防止许国叛逃。

许国迁入楚境后又曾连年不断迁徙。据《左传》记载：昭公十三年（公元前529年），"楚之灭蔡也，灵王迁许、胡、沈、道、房、申于荆焉，平王即位，既封陈、蔡，皆复之。"鲁昭公十一年（公元前531年），楚国消灭蔡国之际，许国即从叶地迁往夷地时间不到两年，这时又被楚灵王将其与弱小诸侯国强行一起迁往荆地。关于"荆"，杜预注"荆，楚本号，后改为楚。"楚灵王所迁六国均为附庸国，楚国把这些诸侯国迁于荆地的目的在于强化淮河流域上游区域的楚化进程和战略防御。许国停留楚国内地不出两年的时间，又回迁至楚国方城之外的叶邑旧地。好景不长，由于叶地战略位置重要，楚国时刻担心许国与郑国多年结下的宿怨被激化，招致郑国联合其他诸侯国如晋国，侵扰许国，殃及楚国的战略安全，于是，综合各种因素，鲁昭公十八年（公元前524年）"楚子使王子胜迁许于析，实白羽。"析，楚邑，《左传》僖公二十五年（公元前635年）"秦人过析隈"，杜预注"析，楚邑，一名白羽，今南乡析县。"即在今天河南省西峡县东北一公里的莲花寺岗①，地理位置处于楚国与秦国交通枢纽地位。由此可见，在较短的时间内，许国历

---

① 徐少华《〈水经注·丹水篇〉错简考订——兼论古析县、丹水县的地望》，《中国历史地理论丛》1988年第4期。

经磨难，接二连三、反反复复地往返迁移，势必造成许国综合国力大幅度下降，又由于属于楚国附属国，其政治、经济、科技、文化受制于楚国，不断被楚化。鲁定公四年（公元前506年），"许迁于容城"。杨伯峻《春秋左传注》以"容城在今河南鲁山县南稍东约三十里"，并考察定公六年（公元前504年）郑国消灭许国的史实，推测应该是河南省叶县西、鲁山东南的地区。可见，许国在析地滞留了十八年，然后又被强迁回叶邑，获取较长时间的居留权。但是，容城北距郑国城邑的"旧许"较近，为此，郑国存在更多机会趁"楚败"之机，南下灭许国以除隐患。定公六年（公元前504年），《经》《传》并载许国被郑国所灭，然而哀公元年（公元前494年），《经》中记载许男参与楚师围蔡国，哀公十三年（公元前481年），"夏，许男成卒"，随后"葬许元公"，杜预注"定六年（公元前504年），郑灭许，此复见者，盖楚封之。"许国的最终灭亡，时间难以确定。《韩非子·饰邪》记载："许恃荆而不听魏，荆攻宋而魏灭许。"认为许国被魏国所灭。清朝周寿昌、王先谦以及近代许国萃等都同意该说①，而《汉书·地理志》颍川郡"许"县班固原注"二十四世为楚所灭"。《左传》隐公十一年（公元前712年），孔颖达《疏》引杜预《世族谱》载："自文叔至庄公十一世始见《春秋》，元公子结元年，获麟之岁，当战国初，楚灭之。"因许国极其微弱，于史不载，其最后灭国确切时间已不可考。

由此可见，许国从周初文叔受封，至春秋中晚时期许灵公回迁叶地，其迁徙活动时间长达五个半世纪；从许灵公迁叶寄身于楚境，辗转

---

① 《汉书·补注·地理志》颍川郡"许"县；许国萃《许国史地考证》。

迁徙凡六次，直到战国时期许国反复延续近百年，最终逃脱不了被楚国所灭的命运。[1]

如图1-3所示。

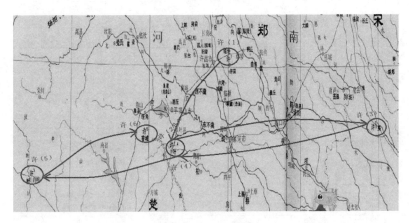

图1-3　许国迁徙图[2]

许国的年代世袭，根据《汉书·地理志》记载"二十四世为楚所灭"。然而在文献当中能查到的仅有19位。按杜预《世族谱》所列世序，文叔至许庄公为十一世，春秋初至许元公为九世，则公元前482年元公卒之后，许国君统又延续了四世，超过百年。据此，许之灭亡应当在战国中期前段的楚肃王期间。

从此，绵延七百余年的许国彻底退出了历史舞台。见表1-1所示。

---

① 徐少华《许国铜器及其历史地理研究》，《江汉考古》1994年第3期。

② 谭其骧《中国历史地图集》，中国地图出版社1982年版。

表1-1　许国君主世系年代表

序号	谥号	名	夫人	出身、关系	在位时间	资料来源
1	许信公	文叔	韩氏	伯夷后裔	公元前1046年—？（待考）	《春秋左传注》
2	许霍公	德男	纶嘉、熊氏（继）			
3	许兴公	伯封	肇兴、舒氏（继）			
4	许义公	孝男	衡氏			
5	许慎公	靖男		许德公子		《增订春秋世族源流图考》《春秋世族辑略》
6	许简公	康男		许伯封子		《增订春秋世族源流图考》《春秋世族辑略》
7	许武公	雄	姜氏	许武公子		《增订春秋世族源流图考》《春秋世族辑略》
8	许文公	惠男				《竹书纪年》
9	许隐公	襄				《竹书纪年》
10	许宣公	郑				《春秋人谱》《春秋左传注》
11	许庄公		张氏		？—公元前698年	《春秋左传注》《新译左传读本》，隐公十一年（公元前712年）许庄公奔卫。
12	许穆公	叔字新臣	何氏、卫氏（继）	许庄公之弟	公元前697年—前656年	《春秋左传注》，僖公四年（公元前656年）葬许穆公。
13	许僖公	业	吕氏	许穆公子	公元前655年—前621年	《春秋左传注》，僖公六年（公元前654年）蔡穆侯将许僖公以见楚子于武城（《左传》）。
14	许昭公	锡我	徐氏	许僖公子	公元前620年—前592年	《春秋左传注》，宣公十七年（公元前592年）葬许昭公。

序号	谥号	名	夫人	出身、关系	在位时间	资料来源
15	许灵公	宁	叶氏	许昭公子	公元前591年—前547年	《春秋左传注》，成公二年（公元前589年）许灵公为右。成公十五年（公元前576年）许灵公愬郑伯于楚，许灵公畏逼于郑，请迁于楚。辛丑，楚公子申迁许于叶（《左传》）。襄二十六年许灵公如楚请伐郑，既而卒于楚，楚为之伐郑，而后葬许灵公（《春秋大事表》）。
16	许悼公	买	鲁氏	许灵公子	公元前546年—前523年	《春秋左传注》，昭公十九年（公元前523年）葬许悼公。
17	许哀公	斯	朱氏	许悼公子	公元前522年—前504年	《春秋左传注》，定公六年（504年）郑游速帅师灭许，以许男斯归。六年春，郑灭许，因楚败也。
18	许元公	成	李氏	许悼公孙	公元前503年—前482年	《春秋左传注》，哀公十三年（公元前482年）葬许元公。
19	许男公	结		许元公子	公元前481—？	《增订春秋世族源流图考》《春秋世族辑略》

注：此表根据《春秋左传注》（杨伯峻）、《春秋人谱》（程发轫）及《增订春秋世族源流图考》《古本竹书纪年》《春秋世族辑略》等文献注释本，并参考王道生、李立新《许国世系》一文整理出此许国世系表。《汉书·地理志》载："许国二十四世为楚所灭。"公元前481年楚灭许后，许可能曾又复国，最终灭国的具体时间已不可考。

综上所述，许国迁徙的原因相当复杂。许姓与其他姜姓的申、吕、齐等属于嫡系世族，得以分封庇护周王室周围，也是周初分封的诸侯国之一。据文献考察，许国初始封中原地域，由于郑国威逼，走上了迁徙征途。四处寻找依靠对象，居无定所，最终依附强盛的楚国，成为楚国的附庸国。许国回迁叶地，获取暂时喘气机会，一方面在一定程度上起到了巩固楚国边防的作用；另一方面，在叶地，许国经过精心开发治理，社会经济逐渐繁荣。而楚国出于政治与军事目的，迫使许国放弃短暂的平静生活，驱使许国由叶迁夷。并把州来、淮北地区治理权力交付许国。但居住时间很短，在夷地仅隔一年，楚国又把许国迁移到荆楚，即今湖北省境中部。后来，楚国内部发生动乱，随后继位的楚平王为了缓和国内矛盾以及笼络诸多附属国，满足诸多附属国思乡之情，允许附属国各自回迁原籍，这样许国又居于叶地。不久，由于叶地的特殊位置，楚国不信任许国忠心无二，迫使许国举国迁徙析地。许国在整个六次迁徙历程中，大多数围绕楚国的周边境地流离奔波，均在方城之外，而楚国目的在于利用许国开发边疆，在战略上起到巩固楚国边防的重要作用。

二、许灵公

许国的都城先后被迁徙至河南叶县、安徽亳州、湖北随州、河南西峡、河南鲁山等地区。经过频繁折腾，许国国力消耗殆尽，人穷志短，依仗他国寻求生存空间。尤其，许国宿敌郑国，仍恐许国东山再起，于是在公元前504年，郑国大将游速率军再一次讨伐许国，此时的许国已经无力抵抗，国君许斯被俘，许国遭遇灭国之祸，即《左传》记载"郑灭许"。此后不久，许国后裔曾在楚国的帮助下重新立国，并且持续了100余年，直至公元前375年，据《汉书·地理志》记载"许，二十四世被楚所灭。"①

　　许灵公（？—公元前547年），名宁，许国第十五世国君，在位时间为公元前591年至前547年，执政44年。其前任为许昭公，名锡我，在位时间为公元前621年至前592年，执政30年。其后任为许悼公，或许禅公，名买，在位时间为公元前546年至前523年，执政24年。据史籍记载，许灵公姜宁是许昭公姜锡我之子，许昭公于鲁宣公十七年（公元前592年）卒，许灵公继位。于公元前547年逝世，谥号为"灵公"。在许国历史长河中，最有作为的国君即是许灵公。他既是许国的国君，同时也是许国最高的军事首领。②

　　据史籍记载，许公宁为许昭公之长子，许昭公于鲁宣公十七年（公元前592年去世后由许公宁继位）。《左传·成公二年》（公元前589年）记载：晋伐宋，楚令尹子重救齐，"五卒尽行，名御戎，蔡景公为左，许灵公为右，二君，皆强冠之"。③可见，许公宁在继位时年纪尚小。许公宁即位后，因为与郑国关系紧张，几乎连年遭受郑国侵扰，至成公十八年（公元前576年），迫于郑国的压力为寻谋出路举国迁往楚国的叶，寄人篱下充当楚国附庸国。许迁叶之后，由于楚国和晋国互争霸主，造成战争不断，相互讨伐，而许国所在叶地是楚国的北方屏障，诸侯国在征伐楚国未能取得战果时，总是讨伐许国以泄私愤。许国则面临两难境地，襄公十六年（公元前557年），许公宁曾经打算依附晋国，

---

① 《诗·鄘风·载驰》，《十三经注疏》（阮元校刻本），中华书局1979年影印，第320页。

② 王子初《河南叶县出土编钟印象》，《湖南省博物馆馆刊》2008年刊，第123页。

③ 《左传·成公二年》，《十三经注疏》，中华书局1979年版，第1915页。

把国民迁徙至晋国，遭到诸多大臣的强烈反对，方案未能实施。但许国却因此遭到包括郑国在内的盟国的进攻，许国多次要求楚国兴师征伐郑国而未果。襄公二十六年（公元前547年），许公宁亲自到楚国请求讨伐郑国，并对楚康王说："师不兴，孤不归矣。"八月，最终病逝于楚国。楚康王深为感动地说："不伐郑，何以求诸侯？"于十月出兵伐郑，而后厚葬灵公。至此，许灵公在艰难、流离、迁徙的困惑与挣扎中，结束了由他执政的44年历程，以客死他乡的结局结束了他南北征战的戎马一生。

第二节　许公墓及其编钟

一、许公墓

许公墓位于今河南省平顶山市叶县旧县常庄村北地的许南公路西侧200米处，距离澧河南岸边旧县1号楚墓的西侧约200米左右，距春秋时期叶邑故城东北角大约500米处。[①]该古墓编号为叶县旧县四号春秋墓，即为许公墓。如图1-4所示。

1. 墓葬结构

许公墓为抢救性发掘，清理工作时间在2002年3月26日至4月14

---

① 河南省文物研究所、平顶山市文管会办公室、叶县文化馆《河南省叶县旧县1号墓的清理》，《华夏考古》1988年第3期。

图1-4　河南叶县旧县四号春秋墓[①]

日间进行。该墓葬呈长方形土坑竖穴墓,其墓口南半部开口,距离地表约为0.4米。墓葬北壁由于常年遭受澧河冲刷,上部填土口暴露无遗,出现在河岸内的斜坡面上。由于山体滑坡造成其墓室西壁南段豁口,墓口明显大于墓底,壁坡呈现垂直状,墓底呈现北高南低的斜坡状。

墓葬的具体情况,据勘测数据见发掘报告载:"墓口南北长8.7米,墓底长8.5米,东西宽6.2米,墓底宽6米,距地表深4.5米。墓底一周的熟土二层台,稍加夯打,但不见夯窝。二层台高0.6米,台面宽度不一,其中北侧0.7米,南侧0.4米,东侧0.5米,西侧0.3米,由褐色黏土与黄色沙土混合而成的墓内填土,软硬适中,但大多数被盗扰。"[②]

墓葬棺椁属于木质单棺单椁,由于年代久远,早已腐朽,仅遗留褐色痕迹。再加墓葬被盗扰,墓内棺椁大部分被毁,墓底大部分已被扰

---

① 平顶山市文物管理局、叶县文化局《河南叶县旧县四号春秋墓发掘简报》,《文物》2007年第9期。

② 平顶山市文物管理局、叶县文化局《河南叶县旧县乡四号春秋墓发掘报告》,《文物》2007年第9期。

乱,损坏严重,仅依稀隐约可辨。木椁板因腐朽而塌陷,测得木椁室与椁板的数字为:"木椁室南北长7.4米,残高0.6米,东西宽5.2米,木椁壁板厚0.1米,椁底板的宽度为0.2米。"①

从墓葬的整体情况考察,棺椁放置于椁室内的北部,棺底部分衬着厚实的朱砂,木棺呈现长方形,但木棺的南端仅存残缺。测得数据为:"残长1.86米,残高 0.02米,宽0.78米。棺内人骨架已腐朽不存。但是,从玉块、玛瑙珠和玉佩组合项饰的陈放位置,可以断定,墓主人头朝北方向。"②

如图1-5所示。

图1-5 棺内器物出土情况

该墓的葬式为贵族墓葬,葬具为木质单棺单椁,棺椁与尸体腐烂,呈黑褐色痕迹。椁底板则由东向西放置,木板平铺,椁东西壁板与南

---

① 平顶山市文物管理局、叶县文化局《河南叶县旧县四号春秋墓发掘简报》,《文物》2007年第7期。

② 平顶山市文物管理局、叶县文化局《河南叶县旧县四号春秋墓发掘简报》,《文物》2007年第7期。

北挡板由木板或方木相围垒砌，而椁盖板也是由东向西放置的木板平铺而成，椁室内由于年代久远或被盗扰已塌陷。根据褐色痕迹以及玛瑙珠、玉玦和玉佩搭配装饰考察，可以推断墓主人身份为诸侯。

这座古墓的南、西、北三个方向有尽四分之三面积的区域被盗，其中绝大部分随葬器物已被盗走，但在未被盗及的墓葬东部边缘，工作人员发现了大量的青铜器编钟、跽坐铜俑、青铜鼎等。共清理出土残留青铜器物304件，其中青铜礼器有27件，青铜乐器有56件。在总计638件器物中有62件为国家一级文物。

2. 随葬器物的分布与随葬品

⑴分布情况

根据发掘简报M4底部器物图的标示，可了解墓葬摆放的基本情况。

木棺置于椁室北半部，便于椁室南半部预期留出宽阔的空间，估计是为了方便放置不同用途的各种器物，特意分成多个隔厢。

据出土现场来看，在棺椁之间与棺内放置着随葬器物置。在棺椁之间以放置铜器为主，其中，椁室东侧放置乐器，有铜编钟、铜编镈、石编磬、磬架、铜饰件、铜跽坐人俑与鼓座等。

在西侧放置有铜礼器，有鼎、簋、簠、方壶、方甗、浴缶、鉴等。在南侧放置有铜兵器与铜车马器，有戈、矛、镞、镦、钺形戟、六戈戟等。另外，在椁室西侧还出土有多层相叠压较厚的红色与黑色漆皮，在残片上绘有形状不明的图案，这说明在铜礼器的附近还放置有较多的漆木器，由于木胎已经腐朽，仅剩漆皮存在。

如图1-6所示。

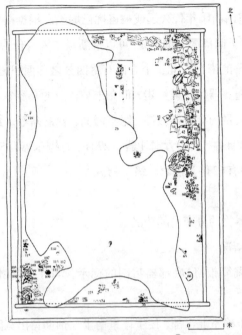

北

0 1米

图1-6 M4底部随葬器物①

注:1~4、49~60为铜跽坐人俑;5、7~11、16、17为镈;6、136为铜兽形磬架饰;12~15、21~24、31为铜纽钟;18、20、25~27、29、30、33~40、42~46为铜甬钟;19、119~120、122~133为石磬;28、41为铜连座组;32、48、112、113、115、134、135、138~145为铜铃;47为铜建鼓座;61为薄残片;62、65为铜鐏;63、64为铜勺;66为铜鼎;67~71、80~86为铜矛;72为铜升鼎饰件;73、75为铜凿;74为铜饭匕;76为铜镐;77、88~92、97~101、109、110为铜戈;78~114为铜柱状帽;137为铜钟撞;79为钺形铜戟;87为六戈形铜戟;93、95、102、105、116、117为铜马衔;94、96、103、104为铜马镳;106为铜人面带扣;107、108为铜辖;Ⅲ为铜方壶盖饰;118为铜簠;121为骨棒(其中器物31压在26之下,器物83~86压在80之下,器物104、105分别压在101、102之下)。

———————

① 平顶山市文物管理局与叶县文化局《河南叶县旧县四号春秋墓发掘简报》,《文物》2007年第7期。

棺内主要放置玉器。在墓主人头顶部放置一组玉佩联珠组合发饰与玉柄形器玉笄,面部放置一件缀玉幎目,耳部置两对玉玦,口内置多件片状琀玉,颈部置两组玉佩玛瑙珠组合项饰。胸部放置一组由多件云纹玉璜组成的四璜联珠组玉佩,下腹部放置有玉璧与玉璜。双手部位各置一组料珠、玛瑙珠组合腕饰与一件作为手握玉的玉璜或玉玦,脚端放置有一组玉璜联珠组合型踏玉(右侧被盗)。另外,在头部及其下方还放置有兽面纹佩、璲、戈形饰、镟形饰、鱼形饰、刀形饰等小型或微型玉饰,推测可能是发饰或者是肩部与胸部缀在衣服上的小件佩饰。如图1-7所示。

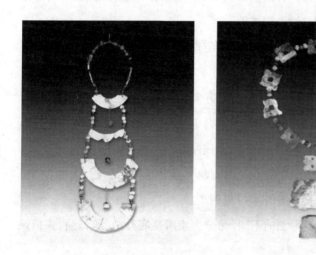

图1-7　四璜连珠组合玉佩饰(左)与夔龙纹玉佩连珠组合项饰(右)

（2）随葬器物

该墓的638件随葬物品编为221个编号。以质地不同分为铜、铁、金、玉、石、玛瑙、料、玻璃、骨、木器等十大类。依用途不同分为礼器、殓玉、马器、工具、乐器、兵器、用具、佩玉、车器、棺饰等。其中铜器占多数,玉器数量居于第二,铁器、石器不多见,骨器只有一件。

在304件青铜器物中,依其用途的不同分为礼器、乐器、兵器、仪仗器、工具、车器、马器、棺饰、其他等九类。墓中礼器大多数已被盗,乐器侥幸保存下来,数量较多,兵器次之,车器、马器、棺饰、工具相对较少。其中有礼器27件,包括鼎、簋、簠、方壶、浴缶、鉴、勺、匕等,是用于祭祀与生活器物。青铜乐器56件,包括编钟、编磬、建鼓座、兽形磬架饰件、踞坐人佣、钟撞帽首等。

本书将以青铜礼器、青铜乐器与青铜兵器(戈)为主要分述部分。

①青铜礼器

青铜礼器27件,有鼎、簋、簠、方壶、方甒、浴缶、鉴、勺、匕等九种,另外还有透雕式器耳饰件、附龙形升鼎饰件、鸟形方壶盖饰件、卧鸟形器盖饰件、方壶耳部衔环等铜礼器残件等。

依其用途分为:炊食器(鼎、方甒)、盛食器具(簋、簠、饭匕)、酒器(方壶、勺)、盛水器(浴缶、鉴)等四类。

鼎6件。依其形制的不同,可分为束腰平底升鼎、箍口鼎、束口鼎三种。

方甒1件。出土于盗洞,出土时鬲腹破碎,左侧口沿残损。已修复。

簠2件,成对。被盗后流失民间,后为安徽省公安厅查获,现存安徽省博物馆。该簠属于方座有盖双耳簠,上有隆盖,盖顶中部有花瓣式捉手，周边有四个两两相对称的龙首形装饰性扉棱。錾形双耳顶部饰一龙头，龙的双角呈梯形向上耸起，并有长鼻向上昂起，如象鼻，但上面有针刺状装饰物。平折沿，弧腹下收，腹部前后各有一个扁体扉棱。平底。圈足下紧联一个下边有口的空腔型方座，方座四壁均饰以镂孔蟠螭纹。

簠1件。位于椁室西中部，十余碎片，已经过科学修复。簠是由两个纹样、形制相同，呈现长方形圈足盘相向扣合构成。口部为长方形，直口，方唇；腹壁折叠成为两段，上段壁较直，下段斜壁下收；一对兽首耳置于腹壁两侧；四蹼足，平底。其中四蹼足可以作为捉手使用，与器身稍有不同的是，盖口四边外侧共贴附有六个兽首形卡扣。一组蟠螭纹带，其上下边缘皆装饰一行回形纹，蹼足表面被饰波曲纹状蟠虺纹装饰于腹壁的直壁、斜壁。通高21.3厘米，器口长31厘米，宽23.5厘米。

方壶1件。又被称为双龙耳四爬兽方壶，被盗后流散于民间，后被安徽省公安厅查获，现存安徽省博物馆。上有长方形深子口盖，盖面向上隆起，顶部有方圈足式镂孔形捉手。敞口，细长颈，颈两侧一对龙形耳，垂腹，下腹四棱部位各有一个爬兽形扁扉棱，平底，长方形圈足下口外撇。据案犯交代，该壶颈部的一个穿洞系其盗掘时用钢钎所致。通高92厘米。

鉴1件。出土于盗洞。破碎为十数块，现已修复。失盖。直口，窄斜折沿，方唇，沿下内束（或称为束口），弧腹下收，腹两侧有一对兽首錾形耳，前后各附有一个立式圆形环，浅圜底，三矮蹄足。自口沿向下至腹部依次饰三组蟠虺纹带与一周变形蝉纹带，第一二组之间饰一周绚索凸弦纹，第二、三组之间隔一周条状素面带。兽首形双耳如兽张口吐出长舌向下内弯曲状，头部有一对装饰华丽的双角，凸目阔眉，卷鼻。腹上所设圆环钮正面饰一道绚索凸弦纹与一行重环纹，足根部饰变形兽纹。通高36.5厘米、口径38～38.5厘米、腹深20厘米、足高5厘米。

透雕式器耳饰件2件。出土于盗洞。可能是水器匜的鋬首，或者是盛器盉的耳首饰件。主体呈龙首形，上部前倾，尾部上卷，附以卷云纹。顶部正中为一蛇首，两侧各有6根铜梗向四周分开。梗上为交错的立体蟠蛇纹和卷云纹条。每个铜梗又向内叉开，和里边一组铜梗的卷曲纹体相连，而后又连接在中间一梗柱上。主体中间及部分连接柱已裂缝。据冶金专家华觉明、谭德睿先生鉴定为失蜡法工艺铸造。残高5.8厘米、宽4.8厘米。古代失蜡法铸造技术，首先把黄蜡、松香、油脂等材料依照一定标准进行若干比例配制，按即将铸造器物的形状，制成蜡模[①]。

立鸟形方壶盖饰件1件。据其形制推测，可能是方壶盖顶上的捉手。出土于椁室西南角。整体作鸟振翅腾飞状。长颈弯曲，嘴厚而扁长，头顶隆起，凸目圆睁，双翅张开欲飞，尾部上翘，双腿弯曲，双爪锋利蜷曲。全身共饰两种纹样，其中背部与两翅均饰以平行线纹，其余部分饰联羽纹。双足并立如一椭圆形柱，其下有断裂痕，当是与壶盖相连接处。鸟身通高8.8厘米、长9厘米。

如图1-8所示。

---

① 田长浒《中国铸造技术史·古代卷》，航空工业出版社1995年版，第23页。

图1-8 透雕式器耳饰件（左）与立鸟形方壶盖饰（右）

卧鸟形器盖饰件1件。就其形制而言,似是某种铜礼器上的饰件。整体作卧鸟振翅状。短身,曲颈上扬,凸目圆睁,勾喙粗壮,双耳外张,双角斜上高耸,胸部鼓胀,展翅向上,齐尾上翘。腹部下有一椭圆形錾口,内有铅质焊料,焊料表面有一凹坑,显然应是与器物上预先铸成的凸榫相焊接的结合部位。鸟颈及背部饰联羽纹,翅下饰曲线和直线纹,鸟身通高3.7厘米、长3.7厘米。以及其他礼器饰件等27件青铜礼器。

②青铜乐器

该墓共出土乐器73件,有编钟、石编磬、建鼓座、兽形磬架饰件、踞坐人俑、钟撞帽首等七种。（其中,石编磬属石质类乐器,简称"磬",是一种板制体鸣击奏乐器,在中国古代音乐中占有重要的地位。编磬在本书中不做论述。）

许公墓出土青铜乐器56件,其中编钟37件。分为甬钟、纽钟、镈钟三种类型。[①]

甬钟20件。分为甲、乙两组,每组10件。每组甬钟形制相同,大

---

① 青铜编钟的图片在后文专述章节中,此处不再插图。

小相次，钟体厚实，保存完好。圆柱状甬，甬上有旋，旋上附幹，平舞，钟腔呈合瓦形，两铣向下渐阔，于部上拱如弧形。于口有三棱状内唇，内腔平整。甬钟甬部饰蝉纹，旋纽部饰重环纹，舞部饰夔龙纹，篆部饰S形斜角云纹，正鼓部饰两组相背对称的C形夔龙纹。正背两面中部分饰4组36颗螺旋形枚，枚的周边与篆带之间界以凸线纹。

纽钟9件。形制、纹样相同，大小依次递减。钟腔呈合瓦形。平舞，中心置小方环纽。两铣斜直下阔，于部上拱如弧。正背面均设4组36个螺旋形枚，枚的周边界以饰绚索纹的凸线形边框。纽正背面饰细雷纹，舞部与正鼓部均饰蟠螭纹，篆部饰斜角夔龙纹。

镈钟8件。依其形制的不同分为无脊镈钟和四翼扉棱有脊镈钟两种。

无脊镈钟4件，为合瓦体有枚无脊编镈。形制相同，大小相次。钟体呈合瓦形，正视略呈正梯形，断面呈椭圆形。平舞，其上有蟠龙形复式纽，铣部向下渐阔，在口处略微平齐。正背面依次装饰相对称的四组36颗螺旋形枚，枚间篆部装饰着蟠螭纹，在枚的周围、篆带区域皆以凸阳线式装饰边框。纽的龙身上刻着细致的雷纹。在口内存在着三棱状内唇，四侧鼓内均存在清晰的音梁设置。正背面侧鼓部还保留着四个浇冒口，周身存在着四个泥芯撑遗孔。

四翼扉棱有脊镈钟4件，为椭圆体无枚有脊编镈。形制相同，大小相次。其形状呈现近椭圆形长体，正视接近正梯形，前后左右分别存在一道扁体扉棱。上部呈现平舞，其上装饰着蟠龙形扁体繁纽，纽的两端依次与镈两侧的扉棱相结合。钟体中部略微向外膨胀露出，下部接近口处稍微收敛，在口部达成平齐。在口内存在着调音锉磨的痕迹，腔内存在着一道纵向圆鼓式音梁与内唇相连接。舞部装饰两组双双相背的盘龙纹，正背面皆装饰着浮雕式蟠龙纹，蟠龙纹上下边缘分别存在一周由菱形锥体凸饰与C形云纹相间隔构成的纹样带，龙体均呈现凹槽形。

　　建鼓座1件。出土于墓室东侧中部。残损较为严重，现已复原。建鼓底座呈圆形，表面布满相互缠绕的呈盘曲状的圆雕长龙。精致、豪华、繁复，彰显贵族风范。底座直径80厘米，坐高约20厘米。建鼓，是先秦时期的一种鼓类打击乐器，其形状是将一木制杆置于座底，上部穿鼓而过，鼓面位于两侧，木杆穿透鼓帮向上。建鼓的出土量甚少，一般是在先秦高规格墓葬中才有出土。目前，在全国范围内仅有几例，许公墓建鼓座即属其一。

　　如图1-19所示。

图1-19　许公墓建鼓座

51

兽形磬架饰件2件。成对，与石磬等一并放置，器腔内还残留朽木屑，推测应是插置于木质磬架两端的铜质装饰物。就其与木磬架相接处的情况来看，恰如两兽相向而卧、口衔磬架横木向上抬起之形。此兽张口，口部接近圆形，凸目圆睁，口旁出现一对獠牙，双角呈现卷曲，身躯缩短并且向下弯曲，前腿犹如浮雕状紧紧粘贴在其脖颈的后面，后腿呈现螺旋形缠绕于向下叉开的双管表面。此双管为椭圆形，可能套在栽置于地下的上端具有并列双榫的木桩式立柱上，这两根立柱与上述的横木共同构成悬挂石编磬的乐器架。兽的背部有一立式圆环形钮，尾巴上卷成一圆环形钮。推测此双钮可能是为捆缚线绳以固定拉紧磬架于他处，兽身、腿与尾部均饰以卷云纹，兽的前额部位有一个线形镂孔，应是铸造时放置垫片所遗留。兽首两侧各有一个相称的小圆形孔，应是固定铜饰件于木质磬架上的销钉预留孔。兽首后腿所在的管形銎孔后面各有一个近方形或不规则形穿孔，无疑也是起固定作用的。

踑坐人俑16件。发现其与诸多乐器并存一起，估计安装在磬架上面用于悬挂每件石磬时使用。形制相同，大小相次，均呈现一跪坐男人双手相扣合，用力紧拉一圆形铜环的姿态。俑腹中空，用以插置悬挂石磬的木榫头。此俑人裸体，体魄健壮，有菌状双角平贴于头部，双耳外张，面部宽阔且微上仰，二目圆睁，粗眉，颧骨较高，张嘴露齿，细平行线阴纹以为头发，额顶横向范线明显。经古代冶金研究专家华觉明、谭德睿先生鉴定为失蜡法工艺铸造。

如图1-10所示。

图1-10 铜踞坐人俑（左）与兽形磬架饰（右）

钟撞帽首1件。在椁室东北角发现，并与铜钟、石磬一并存放。呈现圆柱状銎帽，顶部略显穹窿形，銎口设置四个三角形齿。表面存在两两相对的圆形或近圆形穿孔，应是为穿插销钉而设的洞孔。

③青铜兵器"戈"

许公墓出土兵器、仪仗器共37件，有戈、矛、镞、鐏、镂孔曲刃形矛、钺形戟、六戈戟等7种。其中，前4种为实用兵器及其饰件，但安装于戈、矛、镞下方的木秘或苇秆均已腐朽，只剩下铜质部分；鐏是安装于戈、矛等兵器的木秘下端的铜饰件，是在陈放兵器时为能够插入地下立置于临时地方而特以铸造的。后3种为仪仗用兵器，安装于其下方的木秘已经腐朽，仅剩主体铜质部分。就其功能而言，一般用于舞蹈庆典、出师远征、誓师大会等由大批士兵参加的军礼场合。除此之外，盗洞内还出土有铜剑残片等。

在青铜兵器中，本书以青铜兵器"戈"为主要分述部分。

汉代许慎《说文解字》载："戈，平头戟也。从弋、一，横之象形。"① "戈"为象形字,甲骨文字呈现出一种长柄兵器的形象。本义为兵器,是古代的一种横刃兵器用青铜或铁制成,装有长柄。《书·顾命》载"执戈上刃。"②《说文解字》载:"戈者,柲也,长六尺六寸,其刃横出,可勾可击,与矛专刺、殳专击者不同,亦与戟之兼刺与勾者异。"《考工记·冶氏》③载:"戈广二寸。"《楚辞·屈原·国殇》④载:"操吴戈兮被犀甲,车错毂兮短兵接。"

中国古代的"戈"用青铜制成,盛行于商至战国时期,秦以后逐渐消失。从其形状上看,"戈"的突出部分称"援",援上下皆刃,用以横击和钩杀,钩割或啄刺敌人。因此,古代又称勾兵或啄兵。

如图1-11所示。

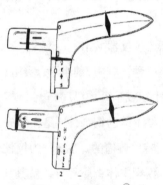

图1-11　许公墓铜戈⑤

---

① [汉]许慎撰 、[宋]徐铉校《说文解字》,上海古籍出版社2007年版,第123页。
② 王宝琳《尚书》,上海古籍出版社2003年版,第34页。
③ 闻人军《考工记》,中国国际广播出版社2011年版,第67页。
④ 编委会编《楚辞要籍选刊》,北京燕山出版社2009年,第78页。
⑤ 平顶山市文物管理局、叶县文化局《河南叶县旧县四号春秋墓发掘简报》,《文物》2007年7期。

许公墓出土铜戈，共16件。其中有10件无铭铜戈，6件有铭铜戈。依其所铸铭文或援部长短的不同，可分为许公车戈、许公走戈、许公宁用戈、许公残戈、长援戈、中援戈、短援戈等七种。形制大体相同，皆为长援上扬，上下边缘皆有锐刃；柳叶形锋端下抑，锋刃锐利；援部正背面有弧线棱形脊；垂胡三穿；直内中部有一长条形穿。

许公车戈3件。依其形制均属于长援戈，因其所铸铭文故名。其中援本上的穿孔为半圆形，其余均为长条形。直内较长，中部有一长条形穿孔；正背面均饰一组顾首勾喙、尾部上卷且向前伸展的、巨爪前伸上卷的凤鸟纹。其一面的胡部自上而下有铭文五字："（無上皿下）（许）公止（之）車（车）戈"。

许公走（徒）戈1件。断为三截，栏下端已残。依其形制均属于长援戈，因胡部有铭文，故名。标本M4:110，胡部自上而下有一行铭文："（無上皿下）（许）公之告（造）走戈"。通长22.8厘米、栏残长8.5厘米、内长7.8厘米、宽3厘米、厚0.3厘米。

许公宁戈1件。援部末段残断。依其形制均属于长援戈，因胡部有铭文，故名。标本M4:109，胡部自上而下有铭文六字："（無上皿下）（许）公宁之用戈"。残长15.8厘米、栏长9.3厘米、内长7.5厘米、宽3.3厘米、厚0.4厘米。

许公残戈1件。器身与内部共断裂为三截，内端与胡部皆残。依其形制均属于长援戈，因胡部残留有铭文，故名。标本M4:98，由于胡部残断，其上铭文仅余"（無上皿下）（许）公"二字。残长20厘米。

如图1-12所示。

图1-12　许公墓铜戈铭文拓片 [1]

　　长援戈2件。长援上扬，上下边缘皆有利刃；柳叶形锋端下抑，锋刃锐利；援部正背面有弧线形棱形脊；中胡三穿，皆呈条形穿孔；直内较长，中部有一长条形穿，且正背面均饰一组顾首勾喙、尾部上卷、巨爪前伸上卷的凤鸟纹。标本M4:99，援、锋刃部皆有残损豁口。通长22.4厘米、栏长9.2厘米、内长7.8厘米、宽3厘米、厚0.4厘米。

　　中援戈2件。其形制与长援戈完全一致，只是援较短。标本M4:88，锋、援、胡皆稍残损。通长19.2厘米、栏长8.5厘米、内长5.8厘米、宽2.8厘米、厚0.4厘米。

　　短援戈6件。其形制与长援戈基本一致，但体形较小，援部较短，短胡三穿。这些戈的形制、大小均基本相同。除一件稍微完整、一

---

　　① 平顶山市文物管理局、叶县文化局《河南叶县旧县4号春秋墓发掘简报》，《文物》2007年第7期。其中左1为许公之车戈(M4:92)，中2为许公之造走戈(M4:97)，右3为许公宁之用戈(M4:109)。

件断裂为两截外，其余援、锋刃部皆有多处残损的小豁口。标本M4：91，完整。通长17厘米、栏长7.8厘米、内长6厘米、宽2.6厘米、厚0.3厘米。

（3）铭文与年代

1）铭文简释

在许公墓出土铜戈16件中有6件带有铭文的"戈"。也是该墓出土器物中仅有铭文的一种器物。

依其铭文内容，大致可分为许公车戈、许公走（徒）戈、许公宁用戈、许公残戈等4种。铜戈铭文如下：

①标本M4：77为"许公之车戈"。

②标本M4：92为"许公之车戈"。

③标本M4：110为"许公之车戈"。

④标本M4：97为"许公之造走戈"。

⑤标本M4：98为残存铭文"许公"。

⑥标本M4：109为"许公宁之用戈"。

所谓车戈，是指古代车战所用之戈。古代作战，三人一车，一名御者，一名射手，一名持戈的武士。

所谓走戈，是指战场上的步兵用戈。因为走、徒二字读音相近，可相通，所以铭文"走戈"应读为"徒戈"。徒，指战场上的步兵。在作战开始之初往往跟在车兵之后，向前进攻。

标本M4：109的"许公宁之用戈"，直书许公之名"宁"，自然应是许公宁本人所用之戈。这与前面所言"车戈""走（徒）戈"显然不同。

据文献记载，许公宁乃许国国君，在其继位的公元前591年至公元前547年间，率领其国人南征北战，左右逢源，该戈应是许灵公的专用之器。

如图1-13所示。

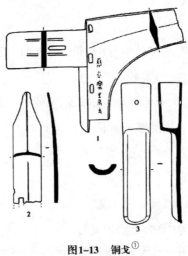

图1-13　铜戈[①]

"戈"是一种用于战场和搏杀时的利器，在许公墓中出土的16件戈中，仅有一件是带有主人名字铭文"许公宁之用戈"。由此，一能证明该墓的年代与墓主人的身份，二能确定其即是国君又是军中统帅。

综上所述，许公之戈可分为车兵所用、步兵所用与国君所用三种，无疑表明许公宁是多兵种联合作战部队的统帅。由于两周时期诸

---

① 平顶山市文物管理局、叶县文化局《河南叶县旧县四号春秋墓发掘简报》，《文物》2007年第7期。1.许公宁戈(M4:109) 2.书刀(M4：0198) 3.凿(M4:73)(1/2)。

侯国的统治机构大都为军政合一体制，许公宁不仅是许国的行政首脑——国君，同时也兼任许国的最高军事首领之职，所以，他具有统帅士兵的资格与其作为许国国君的身份正相吻合。

2）墓葬年代

该墓随葬器物中最为醒目的是平底束腰升鼎和一套由甬钟、纽钟、无脊镈、有脊镈一应俱全的青铜乐器。其中的升鼎与淅川下寺墓地M2所出的王子午升鼎相比，无论是形制还是纹样都十分相似，只不过是腰部内束较轻微，垂腹更明显，所饰垂鳞纹更接近春秋早期的特征，而且上无鼎盖。就器物形制的演变规律来讲，其制作年代应略晚于下限为公元前605年的克黄升鼎，而稍早于王子午升鼎。

据文献记载，王子午死于公元前552年，而许公宁死于公元前547年，淅川下寺M2的墓主人一般认为是死于公元前548年的楚令尹蓬子冯。因此，许公宁墓的年代与该墓所出的器物特征恰相吻合。可证，许公墓的墓葬年代应为春秋中期。

二、许公墓编钟

1.编钟与组合量词

编钟为古代打击乐器，是悬挂在木架之上的一组音高低不同的铜钟，用木槌敲打奏乐。文献记载，编钟始见于《周礼》："磬师掌教击磬，击编钟。"疏云："此钟磬亦编之十六枚在一簴。"[①]即成编列使用的乐

---

① ［清］阮元校刻《十三经注疏》，中华书局2003年版，第800页。

钟。论著中描述编钟,经常使用一套、一组、单件、成编、组合等词语,没有形成统一规范标准,不少专家学者对这些词的理解不尽相同。本文中将以一套、一组、成编作为表述编钟的量词。

关于组合编钟,是指由一种类型或几种不同类型的乐钟编列构成的一套编钟,其中,各类型的乐钟编列相对独立,即可独立成编又可密切联系,共同构成一个有机整体。王子初先生首次提出"大型组合编钟"这一概念[①],但在本文的论述中则用"多元化组合编钟"概念。以多元化组合编钟的概念来叙述大型组合编钟。

在多元组合的意义中包含一元组合、二元组合与多元组合。即一元组合编钟指一种类型的乐钟组合;二元组合编钟是两种类型的乐钟组合;三种或三种以上类型的乐钟组合称为多元组合编钟。

2. 许公墓编钟

许公墓全套编钟共37件,可分为甬钟、纽钟、镈钟三种类型组成,应为多元组合的编钟。

如图1-14所示。

---

① 王子初在《中国音乐考古学》一书中首次提出"大型编钟"这一概念,随后在《中国青铜乐钟的音乐学断代》一文中提出"大型组合编钟"这一概念。

图1-14 许公墓全套编钟图

纽钟9件。纽钟形制、纹样相同,大小依次递减。位于编钟组合的最上层。纽钟腔呈合瓦形。平舞,中心置小方环纽。两铣斜直下阔,于部上拱如弧。正背面均设4组36个螺旋形枚,枚的周边界以饰绚索纹的凸线形边框。纽正背面饰细雷纹,舞部与正鼓部均饰蟠螭纹,篆部饰斜角夔龙纹。

甬钟20件,分为甲、乙两组,每组10件。每组甬钟形制相同,大小相次递减。位于组合的中间部分。甬钟钟体厚实,保存完好。圆柱状甬,甬上有旋,旋上附幹,平舞,钟腔呈合瓦形,两铣向下渐阔,于部上拱如弧形。于口有三棱状内唇,内腔平整。甬钟甬部饰蝉纹,旋部饰重环纹,舞部饰夔龙纹,篆部饰S形斜角云纹,正鼓部饰两组相背对称的C形夔龙纹。正背两面中部分饰4组36颗螺旋形枚,枚的周边与篆带之间界以凸线纹。

镈钟8件，分为无脊镈钟4件与四翼扉棱有脊镈钟4件两种类型。位于组合的最下层。4件无脊镈钟，形制相同，大小相次递减。置有中脊与扉棱，形成四翼镈钟的形态。4件无脊镈钟，形制相同，大小相次递减。镈体四周置4组36个螺形枚。

第三节　小结

西周早期，周王室分遣王师戍守申、甫(吕)、许，以防御外来势力的侵扰，说明诸国所处的战略位置以及与周王朝的特殊关系。春秋早期，周王室渐弱，列强兴盛，郑庄公凭借其姬周宗亲和抗政王室的特殊条件，国力日益强盛，渐成霸主地位，位于郑国南邻的许国首先受到郑国的侵扰。随后，由于许国特殊地理位置以及小国国贫民弱，经常遭遇周边强大诸侯国的侵凌，不得已而踏上迁徙征途。许从周初文叔受封，至春秋中晚之际灵公迁叶，作为周室封国在"旧许"之活动达五个半世纪左右；从灵公迁叶寄身于楚境，辗转迁徙达六次之多，到战国时最终为楚所灭，又经历了一百余年的时间。许公墓出土器物显示，作为商周王朝的"礼乐"重器，编钟所表现出来的礼器品格与文献所记载的周代用乐制度相同。

许公墓出土编号为叶县旧县4号春秋墓，许公墓中出土规模庞大的乐器组合，加上同时出土的鼎、簋、簠青铜礼器，戈、矛、戟等兵器，马衔、车辖等车马器，体现了该墓高级贵族的规格，其墓主应属于诸侯国君的身份。在出土的兵器上刻有"许公""许公宁"或"许公之车戈"

等铭文，证实该墓的墓主应为春秋中期许国的国君许公宁，即许灵公（公元前591年至公元前547年在位）。

许公墓编钟共37件，包括纽钟一组9件，甬钟两组共20件，两种形制的镈钟共8件，构成一套完整的37件多元组合青铜编钟，价值非凡。该套编钟规模仅次于曾侯乙编钟，但其所具年代则早出曾侯乙编钟百余年。其形制组合独具特色，在迄今已知先秦青铜编钟史料中极为罕见，是中国音乐考古史上又一重大发现，具有中国青铜乐钟史上不可忽视的里程碑式价值，对勾勒我国先秦多元化组合青铜编钟的演变发展脉络具有重要的学术价值和历史意义。

春秋时期，伴随着周天子权利的丧失，周王朝集权步入分裂与暮落的境地，彰显着礼乐制度的僭越与崩溃。这就造成春秋时期的用乐制度在大范围内发生了巨大的改变。春秋晚期，"礼乐征伐自天子出"的格局正逐步被打破，礼制的解体势必激发"乐"的繁兴，而乐的繁兴又进一步刺激了"礼"的崩溃。因此，春秋时期礼乐重器"编钟"的兴起与发展，构成该时期用乐制度的扩张与泛滥。"许公墓编钟"则成为诠释春秋时期历史文化、政治经济、社会发展的有力佐证，尤其是春秋时期礼乐制度的演变对整个青铜编钟发展史产生了深远影响。许国与许公墓编钟在此历史长河中，扮演了极为重要的角色。

第二章
甬钟研究

甬钟，是周代最重要的礼乐器之一，是青铜乐钟家族中起源最早的乐钟。甬钟于西周初期定型并使用，从此便在周代礼乐制度的建立与实施中扮演了极为重要的角色。甬钟兴于商周至战国末期，历时约1400余年，时间跨度大约从公元前17世纪到公元前3世纪。

第一节　释"甬钟"

商周考古通常分期为商、西周、东周三个时期，东周又分为春秋、战国两期。商、周之更迭是中国历史上朝代更替中文化变革较为剧烈的时期，也是青铜器铸造与使用最为繁盛的时期。钟鼎之器是青铜器的主角，青铜编钟更是不可或缺的青铜礼乐重器之一，作为青铜编钟的主要角色，甬钟正是在这一历史变革中孕育而生的。

据资料表明，古代文献中凡有关讨论乐钟的形制及其他问题时，均以甬钟为范，《周礼·考工记》"凫氏为钟"一节中记载的正是甬钟。

《周礼·考工记》"凫氏为钟"是世界上最早论述铸钟技术的文献，文中不但介绍了钟的各部位名称、钟体比例，而且还对其形制与音响的关系，以及调音锉磨技术等重要问题进行了详述。《考工记》"凫氏"节说："两栾谓之铣，铣间谓之于，于上谓之鼓，鼓上谓之钲，钲上谓之舞，舞上谓之甬，甬上谓之衡，钟县谓之旋，旋虫谓之干，钟带谓之篆，篆间谓之枚，枚谓之景，于上之攠谓之隧。"[①] 在青铜类乐钟中，甬钟的形制最为复杂、铸造技术也最为高超。从西周中期到春秋中期，甬钟形制逐渐完善，纹饰与铸造工艺逐步改进。"凫氏"节中还对钟的发声问题做了定性分析，说："薄厚之所震动，清浊之所由出，侈弇之所由兴，有说。钟已厚则石，已薄则播，侈则柞，弇则郁，长甬则震。"[②] 关于青铜乐钟的声学科学问题，闻人军曾在其《〈考工记〉中声学知识的数理诠释》[③]一文中，用数理声学的研究方法证明"凫氏"节对编钟特性的分析符合现代声学原理。所以，《周礼·考工记》"凫氏为钟"不仅记载了甬钟的铸造技术与声学原理，而且就今日而言，仍不失为一部青铜铸钟学科领域中具有重要科学价值的文献。

关于甬钟的来源，学界对此的探讨已近半个世纪之久，纵观学界

---

① 闻人军《考工记译注》，上海古籍出版社2008年版，第15页。

② 闻人军《考工记译注》，上海古籍出版社2008年版，第17页。

③ 闻人军《〈考工记〉中声学知识的数理诠释》，《浙江师范大学（理学版）》1982年第4期。

的研究成果，基本形成三种观点，即：甬钟北来说①、甬钟南来说②、甬钟源于南北交流说③。在这些观点中，无论是南来说、北来说，或是南北交流说，最终都有一个共识，即甬钟的形成基于多元复合的因素。它承南方大铙之宏大形制，拓北方编铙之优良性能，融合南北铜铙之多重功用于一身④，而成为周人制礼作乐的重要标志性器物。甬钟在周代的礼乐制度中突显其非同一般的功效，首先是其礼器功能身份在周

---

① 北来说是三种观点中最早被提出的，主此说者以李纯一、方建军为代表。他们认为，北方出土的商代小铙与西周早期甬钟在时代上大体衔接，在地域、形制、组合、音列结构等方面都具备一定的前后承袭关系，西周早期甬钟当起源于我国北方商代晚期小铙。（参见：李纯一《关于殷钟的研究》，《考古学报》1957年第3期；方建军《西周早期甬钟及甬钟起源探讨》《考古与文物》1992年第1期；方建军《陕西出土西周和春秋时期甬钟的初步考察》，《交响》1989年第3期；马承源《商周青铜双音钟》，《考古学报》1981年第1期。）

② 甬钟南来说的最早提出者是高至喜，他在《中国南方出土商周铜铙概论》中指出："从目前出土资料看，陕西出土的西周早期末段的甬钟在本地区找不到它的渊源。殷人的小型铜铙，似乎没有被周人继承下来而基本上绝迹了……北方所出早期甬钟却与南方的同期的甬钟的形制、花纹完全一致，说明了它们之间必有的密切关系。而南方的甬钟是从南方的大铙直接发展演变而来，序列清楚，没有缺环。"（参见：高至喜《中国南方出土商周铜铙概论》，长沙岳麓书社1999年版，第45页。）南来说的观点得到了较多学者的支持，如曹淑琴、殷玮璋、高西省、彭适凡、罗泰、施劲松、曹玮、梁柱、王子初等。（参见王子初《中国音乐考古学》，福建教育出版社2003年版，第23页。）

③ 罗泰在专著 *Suspended Music: Chime-bells in the Culture of Bronze Age China* 中国乐钟历史部分"起源与早期发展"章节中提出：甬钟是由北方编铙到南方大铙，再到甬钟的器物单线条发展路线（Lothar von Falkenhausen. *Suspended Music: Chime-bells in the Culture of Bronze Age China*. University of California Press, 1993, pp.129–157）。中国台湾学者朱文玮、吕琪昌在《先秦乐钟之研究》一书中分析了南来说与北来说"潜在的缺失"，首次提出甬钟南北交流说，认为甬钟的产生应是北方商铙和南方大铙交流下的产物。（参见朱文玮、吕琪昌《先秦乐钟之研究》，台北南天书局1994年版，第123页。）

④ 邵晓洁《楚钟研究》，人民音乐出版社2010年版，第68页。

人心目中的地位，但更重要的是其乐器功能在沟通人与神和教化人心方面显示出的重要价值。

第二节　许公墓甬钟

许公墓甬钟，于2002年4月出土于河南省平顶山叶县旧县四号春秋墓。出土时甬钟位于墓葬椁室的东北侧，分为两组并排码放在椁室北端东壁边，与纽钟和镈钟并行[①]。

20件甬钟外部形制大致相同，结构基本一致。根据形制分为甲、乙两组，每组10件。如图2-1所示。

图2-1　许公墓（乙组）甬钟[②]

① 见本书图1-6"M4底部随葬器物图"。
② 甬钟图片来源于《中国音乐文物大系·江西 续河南卷》，大象出版社2009年版。

一、许公墓甬钟形制

　　形制是研究青铜编钟重要因素之一。许公墓甬钟的形制表现在钟腔呈合瓦形,两铣向下渐阔,于口上凹如弧形。甬部呈圆柱状甬,甬上有旋,旋上附干,未见封衡。平舞,于口有凸起的三角状内唇,内腔平整。甬钟圆柱状甬上部饰蝉纹,旋饰重环纹,舞部饰夔龙纹,篆部饰S形斜角云纹,正鼓部饰两组相背对称的顾首龙纹。正、背两面中部饰4组36颗螺旋形枚,枚的周边与篆带之间界饰以凸线纹,钲中素面,甬钟钟体两面纹饰相同。如图2-2所示。

图2-2　许公墓甬钟局部图[①]

　　经细察,在20件甬钟的个别钟上纹饰并不完全一致,如出现有线条单双不一、图案方向不同等不规则现象。如M4:30号甬钟枚篆细部

---

　　① 甬钟图片局部图片由郑东赴叶县县衙摄影。

与M4:27号枚篆细部的纹饰线条将双线简略为单线；在M4:26号甬钟篆间夔龙头部的朝向与其他钟上的朝向相反。这些纹饰的差异有的应与钟体的大小有关，较小的钟体则纹饰简化，但也不排除制作时的粗糙与疏忽。

1. 甲组甬钟形制

甲组甬钟，10件。形制一致，形态优雅，纹饰优美，铸造精良。按照出土编号由大到小分别为：M4:36（甲1），M4:26（甲2），M4:42（甲3），M4:20（甲4），M4:39（甲5），M4:37（甲6），M4:33（甲7），M4:30（甲8），M4:25（甲9），M4:27（甲10）。

具体形制分析如下：

（1）M4·36（甲1）号：保存基本完好，通体绿锈覆盖，钟体厚实，造型优美。在甬钟篆间的S形纹饰与其他甬钟相同纹饰相比少一条线，但这一现象应与钟体的大小无关，因该件甬钟是甲组最大的一件。此种现象的解释应与工匠有关，属于明显的疏忽。在该钟内腔，未见明显铸模芯撑遗孔。

（2）M4·26（甲2）号：保存基本完好，通体绿锈覆盖，间有蓝色斑块。在甬钟篆间夔龙头部的方向与其他甬钟上夔龙纹饰头部方向相反。在钟腔内上部有两个对称的铸孔，呈长方形，内大外小，舞底中心有圆形内凹。

（3）M4·42（甲3）号：保存基本完好，两正鼓、两铣角及两侧鼓内有调音锉磨缺口，留存有大部分三棱状内唇，音质较好。

（4）M4·20（甲4）号：甬钟保存基本完好，于口内唇有8个典型位置的锉磨缺口,位于两正鼓、两铣角和四侧鼓8个部位。音质好。

（5）M4·39（甲5）号:保存基本完好,于口的三棱状内唇完整,其上未做任何调音修磨。内腔也无音梁设置。耳测正、侧鼓音音程关系为大二度,音质尚好。

（6）M4·37（甲6）号:保存基本完好,篆带纹饰清晰,上、下两层均饰有双线三角龙纹,舞部饰有4条相背的夔龙纹。锉磨部位明显,锉磨幅度较大。

（7）M4·33（甲7）号:保存基本完好,舞面一端有砂眼。钲部篆带纹饰有简化,在篆带的上层饰单线三角龙纹,下层饰双线三角龙纹。内腔未设音梁,音质好。

（8）M4·30（甲8）号:保存基本完好,篆间的纹饰线条出现简化现象,正鼓部的顾龙纹较粗糙。钲部锉磨严重,正鼓部隧长达10厘米。音质较好。

（9）M4·25（甲9）号:保存基本完好,一铣角有磕缺,偶有砂眼,间有铁红锈。腔面纹饰简化,粗糙,音质尚好。

（10）M4·27（甲10）号:保存完好,腔面纹饰简化,粗糙,音质尚好。

甲组甬钟形制数据,见表2-1所示。

表2-1 许公墓甬钟（甲组）形制数据表^①（单位：千克、厘米）

序号	甲1	甲2	甲3	甲4	甲5	甲6	甲7	甲8	甲9	甲10
编号	M4-36	M4-26	M4-42	M4-20	M4-39	M4-37	M4-33	M4-30	M4-25	M4-27
通高	55.7	52.5	48.4	46.1	42.0	39.3	35.4	32.0	30.1	26.4
甬长	18.8	17.6	16.7	15.5	14.1	14.4	13.0	11.3	11.2	9.1
甬上径	4.9	5.0	4.6	4.5	4.0	4.1	3.4	3.3	3.4	2.7
甬下径	6.7	6.8	6.5	5.9	5.7	5.7	4.9	4.2	4.2	3.5
舞广	17.7	16.8	15.1	13.7	12.8	11.8	10.55	9.3	9.1	8.5
舞修	23.6	23.1	21.8	20.0	18.8	16.9	15.0	13.2	12.5	11.4
铣长	37.2	34.7	31.7	30.3	27.9	25.1	22.6	20.9	18.7	17.3
中长	29.8	28.3	26.7	25.2	23.5	21.4	19.2	16.8	15.7	15.1
上周长	67	61	57	52.5	49	44	40	35.5	36	31.5
下周长	81	78	68	62.5	57.5	52	46	41	40	35
鼓间	22.9	21.4	19.0	16.5	15.3	13.8	12.1	11.0	10.1	9.1
铣间	29.6	28.6	26.0	24.5	23.1	20.0	18.1	15.8	14.4	13.8
正鼓厚	0.8	0.85	0.7	1.35	2.1	1.25	1.3	0.9	1.3	1.7
侧鼓厚	2.5	1.9	2.0	1.85	2.3	1.65	1.9	1.0	1.9	2.0
重量	22.3	19.1	16.8	15.2	12.35	11.35	7.9	6.35	5.9	4.9
枚形	螺形枚	螺形枚	螺形枚	螺形枚	螺形枚	螺形枚	螺形枚	螺形枚	螺形枚	螺形枚

---

① 部分数据参考《中国音乐文物大系·江西 续河南卷》，大象出版社2009年版，第232页。

2.乙组甬钟形制

乙组甬钟,10件。形制一致,形态优雅,纹饰优美,铸造精良,乙组甬钟按照出土编号由大到小分别为:M4:18(乙1)M4:29(乙2),M4:34(乙3),M4:44(乙4),M4:45(乙5),M4:46(乙6),M4:43(乙7),M4:38(乙8),M4:40(乙9),M4:35(乙10)。

具体形制分析如下:

(1)M4·18(乙1)号:腔面有绿锈,胎质保存较好。钟斡上饰重环纹,内腔平整。

(2)M4·29(乙2)号:保存基本完好,于部微有锉磨。音质不佳。

(3)M4·34(乙3)号:保存基本完好,在8个典型位置上形成深度弧缺,音质尚好。

(4)M4·44(乙4)号:保存基本完好,钟斡上饰有重环纹。音质好。

(5)M4·45(乙5)号:保存基本完好,音质较好。

(6)M4·46(乙6)号:保存完好,钟斡上饰有重环纹。耳测正、侧鼓音音程关系为小三度,音质很好。

(7)M4·43(乙7)号:保存基本完好,内唇留存部分呈"犬牙"状。有音梁,音质很好。

(8)M4·38(乙8)号:保存基本完好,编钟腔面纹饰略粗糙。耳测正、侧鼓音音程关系为纯四度,音质尚好。

(9)M4·40(乙9)号:保存完好,内唇上可见较浅的缺口,其余内唇大部留存。音质好。

(10)M4·35(乙10)号:保存基本完好,甬钟的舞部一侧有磕缺,可见砂眼。篆间纹饰有简化倾向。内唇完好,未见调音锉磨。音质一般。

乙组甬钟形制数据，见表2-2所示。

表2-2　许公墓甬钟（乙组）形制数据[①]表（单位：千克、厘米）

序号	乙1	乙2	乙3	乙4	乙5	乙6	乙7	乙8	乙9	乙10
编号	M4-18	M4-29	M4-34	M4-44	M4-45	M4-46	M4-43	M4-38	M4-40	M4-35
通高	55.6	52.5	48.1	42.0	46.2	39.2	35.6	32.0	30.3	26.0
甬长	18.9	17.9	6.5	14.4	15.7	13.9	13.0	11.2	11.4	9.1
甬上径	5.0	4.9	4.7	4.0	4.5	4.2	3.8	3.3	3.3	2.7
甬下径	6.8	6.9	6.5	5.55	6.0	5.1	4.6	4.3	4.2	3.5
舞广	17.5	16.2	15.1	12.9	13.9	11.8	10.8	9.2	9.1	8.6
舞修	24.0	23.0	21.6	18.6	20.2	17.0	14.9	13.2	12.4	11.4
中长	29.75	28.4	27.0	23.3	25.0	21.4	19.1	17.1	15.7	14.7
上周长	67	63	59	55	51	47	42	37	36	33.5
下周长	82	77	70.5	64.5	60	54	48	43	40	37.5
铣长	37.1	35.1	31.7	27.8	30.7	25.2	22.7	20.9	18.6	17.2
鼓间	22.8	21.1	18.7	15.2	16.2	14.0	12.0	11.0	10.1	9.2
铣间	29.7	28.5	26.0	22.7	24.6	20.2	18.1	15.9	14.3	13.8
正鼓厚	1.1	0.9	0.9	0.7	1.55	0.85	1.5	1.4	1.5	2.1
侧鼓厚	1.5	2.1	1.4	1.15	1.5	1.2	1.5	2.1	1.8	2.0
重量	20.9	19.6	16.7	12.7	14.7	11.55	9.05	7.15	6.0	4.75
枚形	螺形枚	螺形枚	螺形枚	螺形枚	螺形枚	螺形枚	螺形枚	螺形枚	螺形枚	螺形枚

---

①　部分数据参考：《中国音乐文物大系·江西 续河南卷》，大象出版社2009年版，第232页。

从许公墓甲、乙两组甬钟的基本形制与外部造型观察，无论是合瓦形钟体，还是偏短的圆柱状甬，以及甬上的蝉纹、旋上的重环纹，舞部、篆部的纹饰和腔体两面鼓部所饰的两组对称顾首龙纹等，都突显出西周中晚期甬钟纹饰的典型特征与独特风格。

二、许公墓甬钟纹饰

素有青铜器"语言"称谓的纹饰，历来是青铜器研究的重要标识。正如李学勤先生所言："青铜器的纹饰是青铜器分期、分域的最好标准之一。因为纹饰比铭文普遍得多，素面也是一种纹饰。纹饰就和语言一样，你只要看得懂，就能看出它是什么时期的，什么地区的。"[①] 高明也认为："花纹的变化比器型缓慢得多，时间幅度很宽……根据不同时期的花纹相互交错而又彼此组合的情况，分析某一时期的花纹特点，具有一定的参考意义。"[②] 纹饰的主题内容和风格，在不同时代以及不同地域间的差异较大，由纹饰所呈现的特性则可以推测某一青铜器的时代性及地域性。因此，许公墓甬钟的纹饰不仅体现着一种装饰艺术，同时，在很大程度上具有说明其所具时代的独特功能，以及其中蕴含着丰富的文化现象。

---

① 李学勤《中国古代文明十讲》，复旦大学出版社2003年版，第144页。
② 高明《中原地区东周时代青铜礼器研究（下）》，《考古与文物》1981年第4期。

1. 甬钟纹饰的运用特点

许公墓甬钟的纹饰运用具有特点。在甬钟的甬部所饰的蝉纹多见于商周时期的青铜器上；在旋上的重环纹和幹上所饰的垂鳞纹也是西周中晚期常见的纹饰；在甬钟鼓部的两组对称相背C形夔龙纹，在西周晚到春秋早期的甬钟上较为常见；甬钟篆部的斜角云纹多出现在西周晚期或春秋早期的同类器物上。从纹饰上观察，许公墓甬钟纹饰具有西周中、晚期的年代特征。

如图2-3。

图2-3　乙组1号拓片"井人安钟上"（左）、许公墓M4:18甬钟拓片（中）与淅川下寺 M2:11甬钟拓片（右）

由于编钟的纹饰在西周晚期后变量较多，所以在对一些编钟的年代研究上，必须要注意到所有涉及器形和纹饰变化的细节。

（1）井人安钟，1966年由扶风县齐镇村西周青铜器窖藏出土，为西周晚期器。其鼓部所饰的顾首夔龙纹样是同类器物中的较早者，并且在甬钟篆间上还保留有前期从云纹脱胎出来的印记。该钟的舞部和篆间均饰云纹，甬旋上饰有目纹，这些都是西周中期的典型纹饰。

特别是其鼓部的顾首夔龙纹，一直沿用至春秋早期而变化不大。

（2）许公墓出土甬钟，其鼓部所饰的顾首龙纹和井人安钟是一脉相承，二者的主要区别是井人安钟所饰夔龙的鼻较长。进入春秋后，这样的顾首龙纹又有微小的变化，如见于新郑郑国祭祀遗址的编镈即为此类[①]。这类顾首夔龙的变化特点是将原本各成一体的夔龙凸出的吻部和鼻被合二为一，也有将两者的颈部连在一起，通过这些变化手段使纹饰更加抽象化。这是西周晚期与春秋早中期顾首夔龙纹饰的最大区别。

如图2-4所示。

图2-4　二式镈钟鼓部拓片（左）与许公墓M4:20甬钟鼓部纹饰（右）

（3）淅川下寺M2出土的甬钟，年代在春秋晚期早段。该钟的正鼓部和舞部都饰满了蟠龙纹。进入春秋中期后，楚国迅速崛起。他们在学习中原文化的基础上又极富创造精神，其青铜冶炼铸造技术很快就达到了顶峰。楚国铸造的浮雕式的纹饰在各种器物中都有使用，其影响力甚至波及秦汉。故此，自春秋中期之后，楚式风格在各地都很流行，在青铜编钟的纹饰方面，其他类型的纹饰都成了影响较小的

---

① 河南省文物考古研究所编著《郑国祭祀遗址》，大象出版社2006年版，第217页。

支流。

青铜乐钟的钲部是占据乐钟钟体最大的部位。西周中晚期至春秋中期，甬钟篆部纹饰多以三角纹样的大框架划分隐性的界线，以几何框架填以一组或多组动物纹饰为构架，形成一定格局。

如图2-5所示。

图2-5　二式瘈钟篆间部纹饰

许公墓编钟的三种钟型的钲部，均采用了统一的螺旋形枚设计，这是在甬钟上使用螺旋形枚的最早例证，同时也是唯一的例证，集中显现了这批编钟的文化属性与价值。螺形枚最早出现于商代南方大铙上，在某种程度上折射出古代南方生态环境的某些情形。螺旋形枚被用于甬钟上，也在很大程度上显示了地域文化因素逐步在编钟上的体现。

如图2-6所示。

图2-6　许公墓M4:20甬钟篆部

2. 甬钟纹饰的年代特征

许公墓甬钟除了在正鼓部的顾首夔龙纹上具有西周晚期纹饰的特征外,在以下部位的纹饰上也具有西周纹饰的年代特征:

(1)舞部的顾首夔龙纹样和1960年扶风齐家村西周青铜器窖藏出土的中义钟、1978年初宝鸡杨家沟太公庙窖藏出土的秦公钟舞部纹饰接近[1]。

如图2-7所示。

图2-7　中义钟(183)舞部拓片(左)与许公墓M4:18甬钟舞部线图(右)

(2)钟甬干上所饰的重环纹和秦公钟甬干上的纹饰相似。重环纹曾是西周中晚期时较为流行的纹饰[2]。

如图2-8所示。

图2-8　秦公钟干部纹饰

①　方建军《中国音乐文物大系·陕西卷》,大象出版社1996年版,第96页。
②　马承源《中国青铜器》,上海古籍出版社1988年版,第338页。

（3）钟甬上所饰三角蝉纹和1998年出土于陕西扶风县齐村的西周青铜钟甬相似[①]。蝉纹是我国商周较早时期流行的纹饰。[②]

如图2-9所示。

图2-9 扶风齐村出土钟甬（左）、线图（中）、许公墓M4:18钟甬线图（右）

资料表明，大概在西周初期，我国开始把青铜甬钟作为主旋律乐器使用时，就十分重视对其鼓部、篆部和舞部等部位的纹样装饰。起初的纹饰主要以云纹为主，进入西周中期，夔龙纹饰大量出现，在相当长的一段时间内，云纹和夔龙纹一直是甬钟鼓部、舞部和篆部等部位的主要纹饰。两种纹饰或单独出现在一套编钟的几个主要部位，或同时出现在一个编钟的不同区域。进入春秋时期后，编钟的纹饰开始呈现出百花齐放的局面，繁缛复杂的纹饰令人目不暇接。对于这些发生变化的因素，对研究编钟的年代是必不可忽视的重要因素。

---

① 曹玮《周原出土青铜器》，巴蜀书社2005年版，第123页。

② 马承源《中国青铜器》，上海古籍出版社1988年版，第336页。

春秋中期,甬钟以动物纹饰为主,不仅体现在乐钟的醒目部位,并在一些次要的部位也多有运用。如篆间、舞部、两栾等。此时期的纹饰风格呈现出一定的动态发展,其篆部纹饰则基本以三角纹样做大框架隐性划分界格,并填以一组或多组几何动物纹。在许公墓甬钟的甬部饰有不多见的蝉纹、C形夔龙纹以及S形斜角龙纹等,都集中体现出其纹饰具有承袭西周晚甬钟纹饰的特性。

三、许公墓甬钟音梁结构

许公墓20件甬钟,保存较为完好,钟体厚实、铜料精良。在甬钟的于口处有凸起的三棱状内唇,钟内腔上部基本平整,在下部四侧鼓部大多数钟上铸有明显的块状音梁,音梁微鼓,长宽不一。位于两铣及正、侧鼓的于口大都有锉磨的调音凹槽,部分凹槽深入腔体。但是,也有个别甬钟上没有音梁,且无调音痕迹。很明显,这几件甬钟在铸造时就没有音梁。

1. 甲组甬钟音梁结构

(1)M4:36(甲1)甬钟:保存基本完好,于口内置有音梁,低平,但较明显,于口内唇普遍被锉磨,正鼓部、两铣角均有锉磨痕迹。正面侧鼓部微有锉磨,于口正鼓部与一侧鼓部豁口明显。内唇余部大多留存,内腔未见明显铸模芯撑遗孔。内部4侧鼓部均设置有音梁,音梁呈椭圆形,半圆状音梁。耳测正、侧鼓音音程关系为纯四度,侧鼓音较弱。

音梁:长宽约为2cm×4cm。

（2）M4:26（甲2）甬钟：保存基本完好，通体绿锈覆盖，间有蓝色斑块。于口内唇基本完整，于口内有突出的棱形唇线，正鼓部与两铣角有明显调音锉磨弧缺，一面两侧鼓内微有锉磨痕迹。内腔平整，下部四侧鼓处未见音梁。腔内上部有对称的两个铸孔，长方形，内大外小，舞底中心也有圆形内凹。耳测正、侧鼓音音程关系为小三度，音质较好。未见音梁。

（3）M4:42（甲3）甬钟：保存基本完好，于口内唇线普遍被锉磨，正面侧鼓部与两铣角有4处对称的磨槽痕迹。一面侧鼓部有一磨槽，一侧不明显。音梁呈椭圆形。耳测正、侧鼓音音程关系为小三度，音质好。

音梁：长宽约为6.5cm×3.5cm；6cm×4cm。

如图2-10所示。

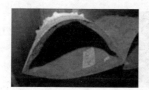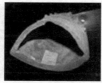

图2-10　甬钟（从左向右为甲1、甲2、甲3局部图）[①]

（4）M4:20（甲4）甬钟：保存基本完好。于口内侧内唇均被锉磨，在两正鼓、两铣角和四侧鼓内8个典型位置上有4个对称的磨槽，锉磨深及音梁，音梁磋至内唇连及钟壁，音梁呈与钟腔弧度相应的凹弧状。

---

① 许公墓甬钟音梁图片均由作者拍摄于叶县县衙博物馆。另：本章节未标注图片均由作者拍摄。

第二章　甬钟研究

一侧磨隧长9厘米。两铣角有对称的磨槽。音梁仅3条，一处侧鼓部内的音梁似被忽略。耳测正、侧鼓音音程关系为小三度，音质好。

音梁：长宽约为5cm×3cm（条状）。

（5）M4∶39（甲5）甬钟：于口三棱内唇完整，没有任何调音锉磨的痕迹，像是一次铸造成型。内侧4侧鼓部未见有音梁设置，音准与相邻的两个钟成大二度音程。耳测正、侧鼓部音高也成大二度音程。音质较好。未见音梁。

（6）M4∶37（甲6）甬钟：于口内唇有8处对称的锉磨弧缺痕迹，分别在正鼓部、侧鼓部、两铣角处。有8个磨槽，音梁的锉磨从于口深至音梁，音梁被锉平。于口内唇有8个调音锉磨弧缺，位置典型。耳测正、侧鼓音音程关系为小三度，音质尚好。

音梁：长宽约为5cm×3cm。如图2-11所示。

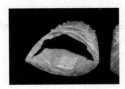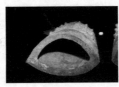

图2-11　甬钟（从左向右为甲4、甲5、甲6局部图）

（7）M4∶33（甲7）甬钟：于口部有明显内唇。正鼓部内唇有磨槽，两铣角和一面侧鼓部有磨槽，有磨槽缺口。隧长7厘米，从钟壁延至于口。未设音梁。耳测正、侧鼓音音程关系为偏窄的小三度，音质好。未见音梁。

（8）M4∶30（甲8）甬钟：于口内唇全部锉平，口壁较薄，并锉入钟壁形成多道较宽的弧凹，宽厘米，长9厘米。两铣角与一面正鼓部锉槽较深。在一侧鼓部只设置有一个音梁。耳测正、侧鼓音音程为较窄的小三度。音质较好。钲部锉磨严重,正鼓部隧长达10厘米。

音梁:一个音梁,形状不明显。

(9)M4:25(甲9)甬钟:于口内唇完整,较厚。正鼓部与两铣角有对称的磨槽,一边侧鼓部有磨槽,侧鼓部设有条状的音梁。耳测正、侧鼓音音程关系为偏窄的小三度。音质尚好。

音梁:长宽约为4cm×3cm。

(10)M4:27(甲10)甬钟:内唇完整,未见有错磨痕迹。内侧设有4个较小的音梁,形状较圆,稍高。耳测正、侧鼓音音程关系为大二度,音质较好。一侧有锉磨。

音梁:长宽约为3.5cm×2cm(圆形)。如图2-12所示。

图2-12 钟(从左向右为甲7、甲8、甲9、甲10局部图)

2.乙组甬钟音梁结构[①]

具体音梁结构分析如下:

(1)M4:18(乙1)甬钟:内唇大部保留,于口内唇普遍被锉磨,一

① 在《中国音乐文物大系·江西续河南卷》中第157页,乙组的第4号钟(乙4)M4:44甬钟和乙组的第5号钟(乙5)M4:45甬钟的文字叙述部分颠倒了。文中的乙组4号钟的文字叙述部分应是乙组5号钟的文字叙述内容;而乙组5号钟的文字叙述部分应是乙组4号钟的文字叙述内容。在本书中已更正。

侧鼓部和两铣部均有明显锉磨弧缺,两铣向正鼓部拱起呈弧形状。耳测正、侧鼓音音程关系为小三度,发音含混,音质隔离度差。无见音梁。

(2)M4:29(乙2)甬钟:内唇大部保留,于口磋磨较轻,一面内侧鼓部有略微锉磨。两铣角、正鼓部均有明显锉磨弧缺,在4个对称位置上,两铣向正鼓部方向拱起呈弧状。内侧鼓部有音梁,大小不一,均呈椭圆状。耳测正、侧鼓音音程关系呈稍窄的纯四度,音质不佳。

音梁:一音梁长宽约为6.9cm×3.8cm;另一音梁长宽约为5.5cm×3.5cm。

(3)M4:34(乙3)甬钟:于口内唇有明显锉磨,正鼓部锉磨音隧深入钟壁3.8cm。两铣部音隧锉磨较深,共有10处锉磨。内侧鼓部一音梁呈半椭圆状,一音梁呈剑锋状。耳测正、侧鼓音音程关系呈稍宽的小三度,音质较好。

音梁:长宽约为6.5cm×4.8cm(半椭圆状);长宽约为6cm×1cm(剑锋状)。如图2-13所示。

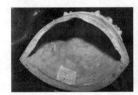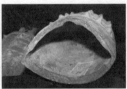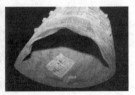

图2-13 甬钟(从左向右为乙1、乙2、乙3局部图)

(4)M4:44(乙4)甬钟:保存完好,于口呈三角状,在8个典型位置上有9处锉磨的深度弧缺,内唇厚实,内唇峰尖尚存。内侧鼓部有明显的音梁,音梁大小不一,均呈半椭圆状。耳测正、侧鼓音音程关系为小三度,音质好。

音梁:长宽约为6cm×4cm;长宽约为7cm×4.5cm。

（5）M4:45（乙5）甬钟:于口无内唇,或内唇均被锉平。于口四周壁厚薄不一,整体偏薄。内侧有轻微锉磨,内正鼓部锉磨深入钟壁,隧长6厘米。两正鼓、两铣角锉磨过度。耳测正、侧鼓音音程关系为大三度,音质好。未见音梁。

（6）M4:46（乙6）甬钟:于口内唇被基本锉磨平,留有少部分残迹,正鼓部、两铣部、侧鼓部锉磨明显,有不规则锉磨9处,音隧均深入钟体。内侧鼓部有音梁,音梁较长,大小不一,均呈剑锋状。钟背面两个音梁均被锉磨削平。耳测正、侧鼓音音程关系为小三度,音质非常好。

音梁:长宽约6cm×3.5cm;长宽约7cm×3cm。

如图2-14所示。

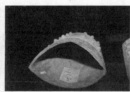

图2-14　甬钟（从左向右为乙4、乙5、乙6局部图）

（7）M4:43（乙7）甬钟:于口内唇呈三角状,内唇较厚,在8个典型位置上有深度的锉磨弧缺,内侧鼓部均锉磨及音梁,音梁大小形状不一,一呈半椭圆状,一呈条状。耳测正、侧鼓音音程关系为偏窄的小三度,音质非常好。

音梁:长宽约为4cm×3.3cm（半椭圆状）;长宽约为4cm×1.5cm（条状）。

（8）M4:38（乙8）甬钟：于口呈三角状。内唇较厚，音梁与内唇齐高，两正鼓部、两铣部有4处明显对称的深度锉磨弧缺。两侧鼓部略微锉磨，内侧鼓部有音梁。音梁大小、形状不规则，一音梁呈长椭圆状，一音梁呈半椭圆状。耳测正、侧鼓音音程关系为纯四度，音质较好。

音梁：长宽约为3.9cm×2.9cm（半椭圆状）；长宽约为4cm×2.5cm（长椭圆状）。

（9）M4:40（乙9）甬钟：于口呈三角状，厚实。内唇上两正鼓部略有锉磨，可见较浅的痕迹，两铣部有明显锉磨，侧鼓部无锉磨痕迹。内侧鼓部均有音梁，音梁较小，一呈圆状，一呈半椭圆状。耳测正、侧鼓音音程关系为小三度，音质好。

音梁：直径1.2cm（圆形）；长宽约为4cm×2.5cm（半椭圆状）。

（10）M4:35（乙10）甬钟：于口内唇呈三角状，内唇完好，无锉磨。在正鼓部、内侧鼓部均有音梁设置，音梁较高，形状大小不一，呈椭圆状和剑锋状。耳测正、侧鼓音音程关系为偏窄的的小三度，音质尚可。

音梁：长宽约为3cm×1.7cm（椭圆状）；长宽约为3.6cm×1.6cm（剑锋状）。如图2-15所示。

图2-15　甬钟（乙7、乙8、乙9、乙10局部图）

通过对以上两组20件甬钟的音梁结构情况分析发现：在20件甬

钟中有5件钟未见音梁，编号分别为：（甲2）M4:26甬钟；（甲5）M4:39甬钟；（甲7）M4:33甬钟；（乙1）M4:18甬钟；（乙5）M4:45甬钟。另有一件钟上只有一个音梁，编号为：（甲8）M4:30甬钟。在这几件钟上虽未见到音梁的设置，但在每件钟上都留有不同程度的锉磨调音痕迹。通过测试发现它们还拥有一个共同的特点，音准、音质均较佳，说明在这些甬钟上没有音梁的情况不属于遗漏，应是在铸造时一次成型，说明这些甬钟铸造时的设计具有高超的铸造工艺水平。

编钟的音高是其作为乐器本身性能的基本价值，编钟的编列与音列即是乐钟音乐性能的重要因素，音梁与调音锉磨技术是编钟在演进发展过程中的重要特征，也是编钟断代研究中具有很强时代感的标尺。

许公墓甬钟的年代定位不仅要从其形制、纹饰与音梁设置、调音锉磨手法等方面考察，还要从其编列与音列的内在因素方面进行深入研究。

第三节　许公墓甬钟编列

甬钟是最早进入乐悬的乐钟，在西周时期占据显位，至西周晚春秋早期其独霸天下的形式才有所改变。此时，在乐悬家族中青铜乐钟的种类有所增加。春秋早期，纽钟的诞生成为乐悬中的新成员，镈钟此时也以编列的形式进入乐悬。甬钟、纽钟和镈钟三种类型的青铜乐钟共同为乐悬提供了新的规模。

春秋初期，甬钟的数量仍居于首位，应用也最为广泛。与此同时，甬钟为保持自身的优势,在形制与功能上经过时间与地域的多样化型式①的蜕变,保持着自身的实力。对于甬钟各不同的用制,最直接的体现是其编列。甬钟从早期3件制的"三声"音列,到4件制的四声音列,直至扩展为8件制成编音列,成为甬钟编列发展过程中的规范。西周晚至春秋早期的甬钟多为8件制成编。

一、西周晚期至春秋早期甬钟编列

据不完全统计,目前出土于西周晚至春秋早期的甬钟达403件,其中,经科学发掘断代清晰的甬钟有51例,共229件。在这些甬钟中,可以确定编列的有22例,均为8件成编。如表2-3所示。

表2-3 西周晚期至春秋早期8件组甬钟统计表

序号	名称	年代	数量	出土信息	资料来源
1	中义钟	西周晚期	8	1960年,陕西省扶风县齐家村西周窖藏	《中国音乐文物大系·陕西 天津卷》
2	柞钟	西周晚期	8	1960年,陕西省扶风县齐家村西周窖藏	《中国音乐文物大系·陕西 天津卷》
3	虢仲甬钟	西周晚年	8	1990年,出土于河南三门峡虢国墓地M2009	《中国音乐文物大系·河南卷》
4	虢季甬钟	宣幽时期	8	1990年,出土于河南三门峡虢国墓地北区M2001	《中国音乐文物大系·河南卷》
5	大堡子山秦公甬钟	8春秋早期	8	2006年,出土于甘肃礼县大堡子山遗址祭祀坑K5	《中国音乐文物大系·甘肃卷》

---

① 参见李纯一《中国上古出土乐器综论》,文物出版社1996年版,第177页。即:"以中原地区周式甬钟为代表的Ⅰ型,以江汉地区楚式甬钟为代表的Ⅱ型,以五岭地区越式甬钟为代表的Ⅲ型,以及以川鄂湘地区巴式甬钟为代表的Ⅳ型。"

序号	名称	年代	数量	出土信息	资料来源
6	晋侯邦父楚公逆钟	8宣王时期	8	1993年，出土于山西赵晋侯晋侯墓地M64	《中国音乐文物大系·山西卷》
7	闻喜晋国子范甬钟	16西周晚期春秋早期	16	山西省闻喜县被盗古墓	《中国音乐文物大系·山西卷》
8	晋侯墓地M93甬钟	16春秋早期	16	1994年，出土于山西曲沃天马—曲村晋侯墓地M93	《中国音乐文物大系·山西卷》
9	晋侯苏编钟	16西周早年至厉王33年	16(8+8)	1992年，山西省曲沃县曲村乡北赵村晋侯墓地晋侯苏墓92QI11M8	《中国音乐文物大系·山西卷》
10	眉县杨家村甬钟	西周晚期	15(8+8)	1985年，陕西眉县杨家村西周青铜器窖藏	《中国音乐文物大系·陕西 天津卷》
11	痪钟	西周后期	21(8+8+8)	1976年出土于陕西扶风县庄白一号窖藏	《中国音乐文物大系·陕西 天津卷》
12	梁其钟	西周后期	5(8)	1940年出土于陕西扶风县法门寺任村	《中国音乐文物大系·陕西 天津卷》
13	楚公豪钟	西周中晚期	1(8)	1998年出土于陕西周原	《中国音乐文物大系·陕西 天津卷》
14	克钟	西周晚期	1(8)	1890年出土于陕西扶风法门寺任村	《中国音乐文物大系·陕西 天津卷》
15	逆钟	西周晚期	4(6、8)	陕西咸阳永寿县西南店头公社好畤河出土	《中国音乐文物大系·陕西 天津卷》
16	虢叔旅钟	厉王时期	7(8)	阮元旧藏，传出土于陕西长安河墙，著录7，存5	《中国音乐文物大系·陕西 天津卷》
17	洛阳西工甬钟	西周晚期	4(8)	1986年于河南洛阳西工一周墓出土	《中国音乐文物大系·河南卷》
18	叔钟	西周中晚期	5(8)	著录5件，现存3件，1件存故宫博物院，2件存日本京都泉屋博古馆	《中国音乐文物大系·北京卷》
19	南宫乎钟	西周晚期	1(8)	1979年出土于陕西扶风县五岭村豹子沟	《中国音乐文物大系·陕西 天津卷》
20	兮仲钟	西周晚期	1(8)	1815年出土于江苏江宁城（传世6枚，多流出国外）	《中国音乐文物大系·江苏 上海卷》
21	冯家嘴甬钟	春秋早期	2(8)	1989年出土于陕西省宝鸡县冯家嘴春秋墓葬	《中国音乐文物大系陕西 天津卷》
22	太公庙秦武公甬钟	春秋早期	5(8)	1978年出土于陕西省宝鸡县杨家沟太公庙窖藏	《中国音乐文物大系·陕西 天津卷》

第二章 甬钟研究

从上表分析可见，第1—6例为典型的8件制编列；第7—11例为多重组合的8件制编列；第12—22例是保存不全的原8件制编列。不管是典型的8件制编列，还是多重组合的8件制编列和缺失的8件制编列，此时的甬钟始终是遵循着8件制的编列规律。由此证明,西周晚至春秋早期的甬钟是以8件制的编列规范为编列常制。

依照事物的发展规律，甬钟从早期的3件制、4件制编列发展为8件制的编列，经历了一个漫长的变化、发展、形成的过程。其中，痰钟的发展与重组过程,即具有典型代表性。

痰钟,1976年出土于陕西省扶风县庄白一号青铜器窖藏坑，共21件。为微氏家族铜器窖藏。痰钟的器主人为微伯痰,曾担任西周太史寮的长官"太史",属三公之一，是天子的权臣[1]，其时代为西周中后期的孝、夷时期。

痰钟的保存较为完好,钟体呈合瓦形腔体,平舞,圆柱状甬,甬中空与钟体相通。斡旋具备,饰有36个钟枚。

痰钟的编列形成较为复杂，诸多学者曾对其编列进行过探讨研究。其中，方建军认为21件甬钟依照其形制纹饰可划分为七式[2]；孔义龙认为21件甬钟应分为4组[3]；王清雷认为21件甬钟应分为3组[4]。依照七式之说,21件痰钟的分式为：Ⅰ式（1件），Ⅱ式（4件），Ⅲ式（6件），Ⅳ式（3件），Ⅴ式（3件），Ⅵ式（2件），Ⅶ式（2件）。如表2-4所示。

---

① 杨宽《西周史》,上海人民出版社1999年版,第369页。

② 方建军《中国音乐文物大系·陕西卷》,大象出版社1996年版,第37页。

③ 孔义龙《两周编钟音列研究》,中国艺术研究院2005年博士论文,第16页。

④ 王清雷《西周乐悬的音乐考古学研究》,文物出版社2007年版,第128页。

表2-4 痪钟分式排列表

式别	I式	II式	III式	IV式	V式	VI式	VII式
编列	1件	4件	6件（8）	3件（4）	3件	2件	2件

分析西周青铜甬钟编列的演进历程，不能离开编列演进历程的背景。在西周时期，甬钟编列的演进历程经历了三个发展阶段：穆王末以前为第一阶段，此时的甬钟为3件成编；孝王前后为第二阶段，此时的甬钟为4件成编；孝王后期为第三阶段，此时的甬钟为8件成编。按此时间顺序划分，21件痪钟的组合过程与此三个阶段相符。

第一阶段：甬钟3件制编列的"2+1"现象。西周早期的甬钟依然采用殷商编铙3件组的编列常制，以甬钟代替殷商编铙，3件成编。痪钟则由早期的I式痪钟（1件）与VII式痪钟（2件）重新组合为3件组编列，时代为西周前期早段。同时，又自铸3件V式痪钟，仍依殷商编铙3件制编列自成一编，时代为西周早期偏晚。甬钟3件成编，符合西周早期甬钟编列发展的第一个阶段。

第二阶段：西周中期早段的4件制编列。由V式痪钟（3件）与I式痪钟（1件）拼合为一个4件组编列；又另铸VI式痪钟（2件）与VII式痪钟（2件）拼合为另一个四件组编列；稍后不久，又新铸II式痪钟（4件），自成4件制编列。以4件组编列代替了3件组编列，甬钟4件成编，符合西周早中期编列发展的第二个阶段。

第三阶段：西周中后期的8件制编列。新铸III式痪钟（8件），自成一个8件组编列；补铸IV式痪钟（4件）与II式痪钟（4件）拼合为一个8件组编列。将I式痪钟（1件）、V式痪钟（3件）、VI式痪钟（2件）、VII式痪钟（2件）拼合为一个8件组编列。甬钟8件成编，符合西周中晚期编列发展的第三个阶段。如表2-5所示。

表2-5　痵钟分组拼合组成表

阶段	编列	编列组合结构
第一阶段	3件	Ⅰ式（1件）+Ⅶ式（2件）；新铸3件。
第二阶段	4件	Ⅴ式（3件）+Ⅰ式（1件）；新铸Ⅵ式（2件）+Ⅶ式（2件）；新铸Ⅱ式（4件）。
第三阶段	8件	新铸Ⅲ式（8件）；新铸Ⅳ式（4）+Ⅱ式（4件）；Ⅰ式（1件）+Ⅴ式（3件）+Ⅵ式（2件）+Ⅶ式（2件）。

从上分析可见，西周时期，甬钟的编列一直处于一种动态变化之中，痵钟在西周甬钟编列的演进过程中发生的复杂变化，集中反映出甬钟编列在西周时期的演进历程。痵钟原本24件，分七式，分别铸造于不同时期，时间跨度大约从西周早期延续至西周晚孝王之后。痵钟经过几次补铸、新铸、重组，构成甬钟不同时期的3件、4件、8件组编列。甬钟8件组编列逐渐成为西周中晚期后青铜甬钟的主要编列规范。8件组编列的出现标志着周人在具有自己风格的4件组编列基础上又有了新的突破，痵钟编列扩大的过程生动地反映了周人在青铜乐钟编列演进历程中的认知过程。

通过以上资料分析表明，无论是一次性铸成的8件组编列，还是拼合、补铸、重合的8件组编列，或是"8+8"和"8+8+8"的组合方式等等，都说明一个重要问题，即：甬钟8件组成编的编列规范是西周晚期以来甬钟规模拓展的一种编列组合模式，而这种编列组合模式一直延续到春秋早期而未改变。在一定程度上体现了甬钟编列规范的强大约束力，同时也是体现了"礼"对"乐"的严格束缚与影响。从中可以看到,甬钟编列的形成不仅仅是依照"乐"的需求,在很大程度上是与"礼"的推动分不开的。

总体而言,8件组编列是西周至春秋早期甬钟的编列常制,在西周中晚期甬钟编列中存在着"拼合现象",而在西周晚期至春秋早期时此种"拼合现象"逐渐减少,此时的编甬钟基本属于一次性铸造。这表明,西周晚春秋早期甬钟的编列已经十分规范、稳定。

二、春秋中期甬钟编列

许公墓甬钟共20件,出土时未被悬挂[①],所以,其编悬方式并不为人所知。目前所见到的组合方式是以王子初在测音时根据出土情况与其形制大小分为两组基本相同的编列,每组10件成编。

乐钟10件成编的编列现象曾出现于春秋中期,但主要见于纽钟的编列形式[②],甬钟以10件组的编列形式仅见于新郑的螭凤纹甬钟,未见于其他区域。从整个春秋时期成编甬钟资料分析来看(包括早期的22例、中期的8例、晚期的11例),仅有两例甬钟为10件组编列,许公墓两组甬钟即为其一。

如表2-6所示。

---

① 平顶山市文物管理局、叶县文化局《河南叶县旧县四号春秋墓发掘简报》,《文物》2007年第9期。

② 例如出土于河南新郑窖藏坑的郑国编钟,纽钟的编列形式均以10件成编。

表2-6　春秋时期10件组甬钟编列统计表

序号	名称	时代	编列	出土地	资料来源
1	叶县许公墓甬钟（甲、乙组）	春秋中期	10+10	2002年出土于河南平顶山市叶县旧县M4号墓	《中国音乐文物大系·江西 续河南卷》
2	新郑螭凤纹甬钟	春秋中期偏晚	19（10+10）	1923年出土于河南新郑县城李家楼郑公大墓	《中国音乐文物大系·河南卷》

　　许公墓甬钟的编列具有很强的特殊性，它不同于从西周晚期至春秋早期甬钟的8件组规范常制，而是以10+10的编列方式形成10件组的编列，并且作为整套编钟的主要旋律声部位于编钟的中声区。

　　其既然不同于春秋早期甬钟的编列，那么是否与春秋中期甬钟编列有一定的关联？

　　春秋中期，甬钟面临后起之秀纽钟的冲击与挑战，纽钟的编列和音列从诞生之初就突破了甬钟的规范，而且纽钟的音乐性能明显优于甬钟。此时的甬钟在编列方面出现了极为不稳定因素，体现出发展过程中的思变现象。从出土材料发现，春秋中期甬钟的编列出现了很大的变化，在编列上不仅突破了西周晚春秋早期以来一直遵循的8件组常制，且出现了极不规范的编列现象。

　　目前，据不完全统计，经科学发掘和断代明晰的春秋中期甬钟有7例，即：长治分水岭M270号墓甬钟、长治分水岭M269号墓甬钟、长清仙人台6号墓甬钟、东海庙墩甬钟、新郑螭凤纹甬钟、河南叶县许公墓甬钟、沂水刘家店子1号墓甬钟。如表2-7所示。

表2-7　春秋中期甬钟编列统计表

序号	名　称	时代	数量	出土地	资料来源
1	长治分水岭M270号墓甬钟	春秋中期	8	1972年出土于长治分水岭M270墓，与M269为夫妻并列合葬墓	《中国音乐文物大系·山西卷》
2	长治分水岭M269号墓甬钟	春秋中期	9（存4）	1972年出土于长治分水岭M269墓	《中国音乐文物大系·山西卷》
3	长清仙人台6号墓甬钟	春秋中期偏早	11	1995年出土于山东省长清市五峰山乡北黄崖村1千米处的仙人台邿国墓地6号墓	《中国音乐文物大系·山东卷》
4	东海庙墩甬钟	春秋早中期	9	1982年出土于江苏省东海县青湖西丁旺村北的庙墩一座东周墓	《中国音乐文物大系·江苏卷》
5	新郑蟠凤纹甬钟	春秋中期偏晚	19（存16）	1923年出土于河南省新郑县城李家楼郑公大墓。	《中国音乐文物大系·河南卷》
6	叶县许公墓甬钟	春秋中期偏晚	20（10+10）	2002年出土于河南平顶山市叶县旧县乡4号春秋墓	《中国音乐文物大系·江西　续河南卷》
7	沂水刘家店子1号墓甬钟	春秋中期	19	1977年村民取土时发现两座墓葬和一座车马坑	《中国音乐文物大系·山东卷》

　　上表分析可见，春秋中期甬钟的编列已经没有规范可寻，除个别8件组编列还存在以外，相继出现了9件、10件、11件、19件不等的编列形式。

　　具体分析如下：

　　（1）长治分水岭M269和M270号墓甬钟

　　1972年山西省文物工作委员会晋东南工作组和长治市博物馆联合发掘，分为分水岭M269和M270两墓，为夫妻并列合葬墓。M269属男性，出土乐器有甬钟9件，M270属女性，出土乐器有甬钟8件。墓葬年代为春秋中期偏晚①。从M269出土的9件甬钟中,M269：12、14、16、17、18号甬钟丢失,仅存M269：10、13、11、15号较大甬钟。编钟大小相次成列,形制、纹饰相同,编列无拼合痕迹。从M270出土的8件甬钟为明器,8件甬钟形制、纹饰相同,大小相次成列,系同时铸造,没有编列拼合痕迹。由于明器一般铸造于下葬之前不久,一般不会缺失,甬钟的编列当8件成编。

（2）长清仙人台6号墓甬钟

于1995年出土于山东省长清区五峰山乡北黄崖村1千米处的仙人台邿国墓地6号墓,共11件。该墓11件甬钟应为当时的原始编列。

（3）东海庙墩甬钟

于1982年出土于江苏省东海县青湖西丁旺村北的庙墩一座东周墓,共9件,在墓葬出土的部分物品中尚存有西周风格,但从甬钟的整体上看,已具备春秋早中期特点②。9件甬钟形制、纹饰相同,大小相次成列,没有拼合痕迹,系同时铸造,9件成编。

（4）新郑螭凤纹甬钟

于1923年出土于河南省新郑市李家楼,共19件,现河南仅存甬钟6件,国家博物馆存10件,台湾台北博物馆藏3件,该墓葬年代为春秋中期稍后③。该套甬钟出土后有多个名称:如李家楼甬钟;郑公大墓甬钟;新郑螭凤纹甬钟。现河南存6件甬钟形制、纹饰大致相同,大小相

① 项阳、陶正刚《中国音乐文物大系·山西卷》,大象出版社2000年,第50—51页。
② 王子初《中国音乐文物大系·江苏卷》,大象出版社1996年版,第96页。
③ 赵世纲《中国音乐文物大系·河南卷》,大象出版社1996年版,第99页。

次。据分析,现存的6件甬钟应为19件组中的连续6件。

(5)沂水刘家店子1号墓甬钟

该甬钟于1977年村民取土时发现两座墓葬和一座车马坑,共19件。19件甬钟保存较好,少数残裂。依纹饰可分3组,各组形制相同,大小相次。甲组9件,口内有调音槽,钲间原铸连读铭,已被锉去。乙组7件,口内有调音槽。丙组3件,柱形枚较长,口内有调音槽。该甬钟的原始编列难以确定。

从以上7例成编甬钟的资料分析可见,除沂水刘家店子1号墓甬钟乙组和丙组的原始编列尚难确定外,其余6例甬钟的编列比较明确。其中只有长治分水岭270号墓甬钟8件成编,其余均已超越,形成不等的编列形式。但是,出土8件甬钟的长治分水岭270号墓和出土的9件甬钟的长治分水岭269号墓,两墓葬中出土的纽钟却都是9件。9件组纽钟是春秋时期的编列常制。这表明,该两墓的墓主人所处的年代应为甬钟编列的转制时期——春秋中期,这与墓主和墓葬的年代相吻合,能证实甬钟编列变化年代的确切性。

许公墓甬钟的编列不同于西周晚期甬钟规范的8件组常制,也不同于春秋中期甬钟编列发生变化过程中的不规则编列,而是以2组整齐的10件组编列形式出现,具有很强的特殊性。从目前资料看,许公墓甬钟的10件组编列现象具有早期甬钟编列发展变化的可能性。这种现象以特定的区域集中出现在春秋中晚期的郑国编钟上,在今河南新郑出土上百件10件组纽钟[1]。从许公墓甬钟形制纹饰和甬钟发展过

---

① 详细分析可参见本书有关纽钟的研究部分。

程分析判断，许公墓甬钟的年代应早于郑国的纽钟，所以不存在承袭与效仿纽钟编列的情况，更何况郑国10件组纽钟仅局限于郑国辖区之内而未见于其他地域，不具有影响性。

如此，只有一种解释，甬钟的优越性受到后起之秀纽钟的挑战，其为寻求自身的发展与优越地位的保持，不得不求变。在此过程中，甬钟为扩大音域而增加编列，从8件制扩展为10件制以保证其主要的地位，许公墓10件组甬钟组合即是代表。另一方面，从许公墓整套编钟的规模分析来看。该套编钟是目前春秋时期规模最大、形制最全的组合编钟，其本身具有较强的超前意识与形态，两组10件组甬钟同出一墓，音列不完全重叠，该现象也是两周之际贵族墓葬中前所未有的现象。此种现象说明了当时的许国，虽然国小势弱，但其具有正宗的周宗世族身份与嫡亲诸侯国之优势。加之春秋时期"以巨为美"的特定时期的一种炫耀心态的审美观念，许国以礼乐重器甬钟的用乐编制来展示其自身的强势，也是一种不甘示弱的表现。同时，更不排除体现出甬钟编列在发生初期思变过程中的一种尝试。此种编列的组合形式具有很强的时代因素与时间定位感，同时也预示着甬钟组合的扩充与发展在"礼"与"乐"的双重作用下，从"礼制"的严格束缚而走向"乐"的活跃裂变。由此，许公墓甬钟的编列现象应是甬钟编列在演进过程中的初期现象，是编列初步发生思变与改革的实证，其年代推测应在春秋中期早段。

总之，春秋中期，甬钟8件组编列形式在绵延了300余年之后的春秋中期被突破。甬钟编列的突破在青铜编钟发展史中具有重要的历史意义。

三、春秋晚期甬钟编列的流变

春秋晚期，甬钟的编列有了质的改变，其编列形式发生了巨大的变化，毫无规律可循。春秋晚期甬钟的编列不仅形式多样而且数量差别极大，拼合现象极为普遍。从编列的发展预示着编钟将进入多形态组合的勃发期，同时，从礼乐制度的用乐体制上彰显着春秋晚期"崩坏"现象的严重局面。

据资料统计，春秋晚期经科学发掘断代明晰的甬钟有11例，在这11例甬钟编列上具有相当大的差距，从一两件至几十件不等，如从秦王卑命甬钟至王孙诰甬钟等。

如表2-8所示。

表2-8　春秋晚期甬钟编列统计表

序号	名　称	时代	数量	出土地	资料来源
1	王孙诰甬钟	春秋晚期	26	1978年出土于河南淅川县仓房公社下寺2号楚墓	《中国音乐文物大系·河南卷》
2	辉县琉璃阁甲墓甬钟	春秋晚期	8	1936年出土于河南辉县琉璃阁甲墓	《中国音乐文物大系·河南卷》
3	万荣庙前甬钟	春秋晚期	4	1961年采集于山西万荣河镇西南庙前村墓地	《中国音乐文物大系·江西　续河南卷》
4	秦王卑命甬钟	春秋晚期	1	1973年出土于湖北枝江季家湖古城遗址1号台基	《中国音乐文物大系湖北卷》
5	恭城甬钟	春秋晚期	2	1971年出土于广西恭城，修路取土时发现	
6	长治分水岭M25甬钟	春秋晚期	5	1959年—1961年出土于山西长治分水岭M25	《中国音乐文物大系·山西卷》
7	者滥甬钟	春秋晚期	11	乾隆二十六年江西临江出土，分2组，均不完整	《中国音乐文物大系·江西　续河南卷》
8	邵甬钟	春秋晚期	13 (10)	清咸丰、同治年间出土于山西荣河后土祠	《中国音乐文物大系·山西卷》

序号	名　称	时代	数量	出土地	资料来源
9	海阳嘴子前4号墓甬钟	春秋晚期	7	1994年出土于山东省海阳嘴子前春秋墓群M4	《中国音乐文物大戏·山东卷》
10	邳州九女墩3号墓甬钟	春秋晚期	4	1993年出土于江苏邳州戴庄梁王城九女墩M3	《中国音乐文物大系·江苏　上海卷》
11	蔡侯墓甬钟	春秋晚期	12	1955年出土于安徽省寿县蔡侯墓	《中国音乐文物大系·北京卷》

　　上表可见，仅有辉县琉璃阁甲墓甬钟为8件成编，其余甬钟编列从1、2、4、5、7、11、12、13至26件不等。其中长治市博物馆发掘的19座东周墓葬中的长治分水岭M25墓出土甬钟，5件编列[①]；1994年山东省海阳嘴子前春秋墓群4号墓出土甬钟，7件编列[②]；1955年出土于安徽省寿县蔡侯墓甬钟，12件编列[③]，以及最具代表性的王孙诰甬钟26件成编。其数量差别之大，已完全脱离了西周以来的编列规范，呈现出一种无序的现象。仅有一点可见，此时甬钟8件制编列仍然存在。

　　最具代表性的王孙诰甬钟为26件成编，于1978年出土于河南省淅川县仓房公社下寺2号楚墓，据铭文判断，墓主人为楚庄王之子，康王时令尹王子午，属卿大夫等级，卒于公元前552年，编钟铸造年代当在此前，属春秋晚期器[④]。

---

①　项阳、陶正刚《中国音乐文物大系·山西卷》，大象出版社2000年版，第77页。
②　周昌富、温增源《中国音乐文物大系·山东卷》，大象出版社2001年版，第66页。
③　安徽省文物管理委员会、安徽省博物馆《寿县蔡侯墓出土遗物》，科学出版社1956年版，第17页。
④　河南省文物研究所、河南省但江库区考古发掘队、淅川县博物馆《淅川下寺春秋楚墓》，文物出版社1991年版，第104页。

王孙诰全套编钟共26件，全由甬钟组成，其编列形式在业内学者中有多种说法。赵世纲认为："上层甬钟以铭文次序编排的可能性最大，也不排除按体量大小为序分成两组的可能。"[①]郑祖襄根据所推定的各钟音高进行排列，认为："26件钟可分两个部分，即下层大钟和上层一组为一部分，共17件，上层二组为另一部分，共9件。"[②]邵晓洁则根据甬钟的铭文、形制、纹饰、正鼓音音高进行分析认为："王孙诰编钟下层8件大钟为一组，上层为两组，每组9件。"[③]

王孙诰甬钟出土时8枚大钟在下，18枚小钟叠压在上，下层大钟面南背北，上层小钟面北背南，均一字排开。[④]由此可知，编钟下葬时分两层悬挂于一字形钟架，下层8件大钟离椁室底部较近，钟架断裂落下时次序不会发生大的改变，但上层小钟落下时则会发生相互碰撞、滚落、推移等现象，出土时的位置与原来的顺序可能会有一定的变化，甚至较大的变化。因此，出土编号的排序不一定符合原貌。另外，乐钟体量的大小可以作为进一步分析的依据，不过，前18件钟的体量大小依次递减，根据这一标准，也不易对这18件钟进行进一步的编组分析。但是，若将18件甬钟作为同组的编列形式在青铜编钟的组合中几乎还未曾出现过。因此，据分析认为：王孙诰编钟下层一组大钟为8

---

① 河南省文物研究所、河南省但江库区考古发掘队、淅川县博物馆《淅川下寺春秋楚墓》，文物出版社1991年版，第102页。赵世刚《淅川楚墓王孙诰钟的分析》，《江汉考古》1986年第3期。

② 郑祖襄《河南淅川下寺2号楚墓王孙诰编钟乐律学分析》，《音乐艺术》2005年第2期。

③ 邵晓洁《楚钟研究》，中国艺术研究院2008年博士论文，第75、113页。

④ 河南省文物研究所、河南省但江库区考古发掘队、淅川县博物馆《淅川下寺春秋楚墓》，文物出版社1991年版，第104页。

件，上层为两组，每组为9件的编列分组应更为合理。因为8件制编列即是甬钟的编列常制，作为下层甬钟的编列无可非议。而9件组编列则是纽钟的编列常制，纽钟的作用是作为旋律声部，王孙诰上层甬钟的作用即在其主要的旋律性，作为整套编钟的主要旋律组乐器，其编列参照纽钟的编列，效仿其音乐功能，当是合乎常理的。

如图2-16所示。

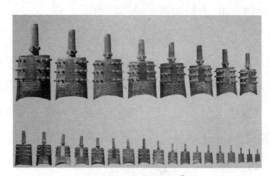

图2-16　王孙诰甬钟[①]

由此而见，王孙诰编钟应由3个编列拼合而成，下层8件为大型甬钟，上层为2组"9+9"的18件小型甬钟组成。春秋中期以来，组合编钟的下层多为镈钟，4件组成编为常制。春秋中期偏晚时出现了8件组编镈。王孙诰编钟下层以8件甬钟代替了镈钟的位置，其编列形式与春秋中晚期出现的8件组编镈的编列相一致。因此，王孙诰编钟的下层8件大型甬钟的功能是为了代替镈钟。其上层18件两组旋律性甬钟的编列，则是依据春秋以往纽钟的编列形式出现，因纽钟的最大

---

① 赵世纲《中国音乐文物大系·河南卷》，大象出版社1996年版，第99页。

优势即是其旋律性能的发挥，很显然，上层甬钟的功能同样是替代了组钟的功能。从整套编钟的编列形式上看，王孙诰编钟是春秋以来成套甬钟规模最大、数量最多的一套编钟。

春秋晚期，甬钟编列彻底脱离了西周以来的礼制的规范和约束，形成了多样化形态发展，此种编列的挣破预示着大型组合编钟新的编列重组的诞生，同时也宣告了编钟作为乐器本身又一次挣脱"礼"的束缚，编钟在"乐"的不可阻挡的内在功能与需求下，又一次为自身的解放颠覆了"礼"的约束，"乐"的发展再一次加速了"礼"的崩溃，王孙诰编钟即为实例之典型。

综上所述，从西周中晚期至春秋晚期，甬钟编列的演变和发展具有较大的颠覆性意义，其具体现象有以下特征：

（1）西周晚春秋早期的甬钟共有22例，多以8件成编，体现出一种周制编钟编列常制的承袭规范与礼制的束缚。

（2）春秋中期的甬钟可以确定编列的有8例，其中8件组编列仅有一例，体现出甬钟编列在春秋中期变化的不稳定性与复杂性。

（3）春秋晚期的甬钟可以确定编列的有11例，其中不仅数量差异极大，少则1、2件成编，多则26件成编，且无任何规律可循。春秋晚期的甬钟编列现象呈现出"礼崩乐坏"局面的加剧。

（4）许公墓甬钟10件组成编，形成"10+10"的编列现象。甬钟在整套编钟的组合中为主要的旋律声部，其编列形式前所未有，具有明显的特殊性，同时也具有承上启下的思变与发展过程中的典型性。

总之，甬钟编列的发展体现出编钟演进过程中的流变脉络，同时也彰显出甬钟编列在西周礼制下的挣破与裂变过程。纵观春秋时期甬钟编列的发展途径,可以清楚地观察到许公墓甬钟编列在整个春秋时期甬钟发展演变过程中的地位,体现出其早期性。甬钟编列的发展为战国初期大型组合编钟的形成打下了坚实的基础。

第四节　许公墓甬钟音列

从音乐学角度而言,音列即是把高低不同的乐音按顺序排列起来构成序列。音列的变化演进是与乐钟编列的演进相辅相成的,编列是乐钟的外在形式,作为乐器,音列的变化才是乐钟演进过程中的核心内容。

一、西周晚期至春秋早期甬钟音列

西周晚春秋早期甬钟的音列是以8件编列为规范。从出土8件组甬钟资料中看,音乐性能保存完好的有9例,分别为晋侯苏编钟、眉县杨家村编钟、晋侯邦父甬钟、疾钟、宝鸡秦武公甬钟、虢仲甬钟、虢季甬钟、中义钟、柞钟甬钟等。诸多学者曾对这些编甬钟的音列进行过分析[①]。本文将依据以上编甬钟的测音数据进行分析探讨,以求得其与许

---

① 王子初《中国音乐考古学》,福建教育出版社2003年版,第594页;孔义龙《两周编钟音列研究》中国艺术研究院博士论文2005年,第82页;王清雷《西周乐悬制度的音乐考古学研究》,文物出版社2007年版,第152页;邵晓洁《楚钟研究》中国艺术研究院博士论文2008年,第90页。

公墓编甬钟音列的关联所在。

西周晚春秋早期的编甬钟因编列的规范其音列设置同样较为规范，归纳8件制甬钟音列设置情况，具有一定的特征：一般在甬钟的首、次二钟不用侧鼓音；正鼓音可构成三声音列"羽—宫—角"；正鼓音音位排列为"羽—宫—角—羽—角—羽—角—羽"的结构；正、侧鼓音可构成四声音列"羽—宫—角—徵"。此种音列设置与模式是西周以来甬钟音列的常制。如中义钟、晋侯苏钟一组、晋侯苏钟二组、晋侯邦父墓出土编甬钟均为西周后期较为成熟的8件组甬钟，其音列也相对稳定，以下不再复述。其中，痃钟的组合与音列形成较为特殊和典型，具体分析如下：

痃钟的编列在上文中已做分析，21件甬钟中，Ⅶ式痃钟（2件）和Ⅰ式痃钟（1件），是21件甬钟中年代最早的钟，二者的结合正好符合西周早期穆王末以前"2+1"的3件甬钟编列模式，正鼓音构成"宫—角—羽"三声音列。可见，Ⅶ式痃钟和Ⅰ式痃钟的制作年代应在西周穆王时期。如表2-9所示。

表2-9 Ⅰ式、Ⅶ式痃钟测音数据表（单位：音分）

式别	钟号	正鼓音	侧鼓音	正鼓音音位名
Ⅰ式	76FZ H1:64	b+23	d^1+19	宫
Ⅶ式	H1:59H1:59	$^\sharp d^1$+14	$^\sharp f^1$+17	角
	H1:59H1:67	$^\sharp g^1$+9	c^2-43	羽

Ⅴ式痃钟3件成编。正鼓音构成"角—羽—宫"三声音列。符合西周早期穆王以前的3件甬钟编列模式。如表2-10所示。

表2-10 V式痰钟测音数据表（单位：音分）

序号	钟 号	正鼓音	侧鼓音	正鼓音阶名
1	76FZ H1:61	a-49	c^1-20	角
2	76FZ H1:66	d^1+48	f^1-17	羽
3	76FZ H1:63	f^1+28	a^1-11	宫

在穆王末期，周人对编钟进行了一次改革，即将甬钟3件组编列改为4件成编。但V式痰钟仍然是3件成编。由此可见，体现了V式痰钟的制作年代应在穆王末以前，仅略晚于Ⅰ式痰钟。

Ⅵ式痰钟（2件）与Ⅶ式痰钟（2件）拼合为一个4件组编列，其音列构成四声"羽—宫—角—徵"音列，"五声缺商"符合周制。根据资料分析，铸Ⅵ式痰钟（2件）是为了与Ⅶ式痰钟（2件）拼合为一个4件组编列。另外，周人最早使用侧鼓音的时代是在恭王时期，因此，Ⅵ式痰钟的制作年代应在恭王时期后。如表2-11所示。

表2-11　Ⅵ式、Ⅶ式痰钟测音数据表 （单位：音分）

式别	序号	钟号	正鼓音		侧鼓音	
			音高	阶名	音高	阶名
Ⅵ式	1	76FZ H1:60	b^1-151	宫	d^2-104	角
	2	76FZ H1:58	^{b}e^2-76	角	f^2+73	徵
Ⅶ式	1	76FZ H1:59	^{b}e^1+14	角	f^1+117	徵
	2	76FZ H1:67	$^\sharp$g^1+9	羽	b^1+57	宫

在此时，又将V式痰钟（3件）与Ⅰ式痰钟（1件）拼合为一个4件组编列，其音列构成四声"羽—宫—角—徵"的音列模式。如表2-12所示。

表2-12　V式、I式痶钟测音数据表 （单位：音分）

式别	序号	钟号	正鼓音		侧鼓音	
			音高	阶名	音高	阶名
V式	1	76FZ H1:66	d^1+48	羽	f^1-17	宫
	2	76FZ H1:63	f^1+28	宫	a^1-11	角
	3	76FZ H1:61	a-49	角	c^1-20	徵
I式	1	76FZH1:64	c-77	徵	♭e^1-81	商曾

　　Ⅱ式痶钟4件成编，其铸造时代略晚于Ⅵ式痶钟。其音列构成四声"羽—宫—角—徵"音列模式。如表2-13所示。

表2-13　Ⅱ式痶钟测音数据表 （单位：音分）

式别	序号	钟号	正鼓音		侧鼓音	
			音高	阶名	音高	阶名
Ⅱ式	1	76FZH1:29	g-9	羽	b+33	宫
	2	76FZH1:10	♭b-12	宫	d^1-27	角
	3	6FZH1:9	d^1-24	角	f^1-8	徵
	4	76FZH1:32	g^1-20	羽	♭b^1+20	宫

　　Ⅳ式痶钟现存3件。王友华通过"二分规律"[①]法分析认为："Ⅳ式痶钟原本4件，最后一件可能遗失。"[②] Ⅳ式痶钟（缺失1件）与Ⅱ式痶钟（4件）组合构成8件组编列，音列构成"宫—角—徵—羽"四声音列。如表2-14所示。

---

　　① 王友华"二分规律"即是8件组甬钟编列的一个特殊现象，突出表现于甬钟的体量上，即8件甬钟明显分为两个部分，前四件钟与后四件钟之间体量上有一个明显的落差，如同两个4件组编列的拼合，这就是所谓的"二分规律"。（王友华《先秦大型组合编钟研究》，中国艺术研究院2009年博士论文，第125页。

　　② 王友华《先秦大型组合编钟研究》，中国艺术研究院2009年博士论文，第105页。

表2-14 Ⅳ式、Ⅱ式痉钟测音数据表（单位：音分）

式别	序号	钟 号	正鼓音		侧鼓音	
			音高	阶名	音高	阶名
Ⅳ式	1（1）	76FZH1:28	d^2+9	角	f^2+35	徵
	2（2）	76FZH1:31	g^2+22	羽	$^\sharp a^2+54$	宫
	3（3）	76FZH1:57	d^3+57	角	f^3+61	徵
	4（4）	缺失1件	—	（羽）	—	（宫）
Ⅱ式	1（5）	76FZH1:29	$g-9$	羽	$b+33$	宫
	2（6）	76FZH1:10	$b^\flat-12$	宫	d^1-27	角
	3（7）	6FZH1:9	d^1-24	角	f^1-8	徵
	4（8）	76FZH1:32	g^1-20	羽	$^\flat b^1+20$	宫

　　Ⅲ式痉钟，6件。陈双新通过对痉钟铭文的研究认为："由形制看，两钟大小不成递减关系，铭文也不连续，所以两件钟之间一定还有缺失。"[①] 王友华通过音高差异判断："H1:30与 H1:16之间音高差别超过一个八度（分别为$^\sharp a+0$ 、d^2+42），两钟之间当缺失两件。"[②] 由此推测，Ⅲ式痉钟原本是一次性铸成8件独立成编，体现出甬钟8件组编列的形成与定式。所以，Ⅲ式痉钟是七式中铸造年代最晚的一组。如表2-15所示。

表2-15　Ⅲ式痉钟测音数据表（单位：音分）

式别	序号	钟 号	正鼓音		侧鼓音	
			音高	阶名	音高	阶名
Ⅲ式	1	H1:8	$^\sharp g+51$	羽	$^\sharp c^1+43$	宫
	2	H1:30	$b-100$	宫	$^\sharp d^1-157$	角
	3	缺失	缺失	（角）	缺失	（徵）
	4	缺失	缺失	（羽）	缺失	（宫）
	5	H1:16	$^\sharp d^2-58$	角	$^\sharp f^2-62$	徵
	6	H1:33	$^\sharp g^2-83$	羽	b^2-56	宫
	7	H1:62	$^\sharp d^3-40$	角	$^\sharp f^3+11$	徵
	8	H1:65	$^\sharp g^3-22$	羽	b^3-8	宫

---

① 陈双新《两周青铜乐钟铭辞研究》，河北大学出版社2002年版，第89页。
② 王友华《先秦大型组合编钟研究》，中国艺术研究院博士论文，2009年，第150页。

由Ⅰ式、Ⅴ式、Ⅵ式、Ⅶ式痹钟结合所组成的8件组甬钟编列的音列,可构成"羽—宫—角—徵"四声音列。如表2-16所示。

表2-16　Ⅰ式、Ⅴ式、Ⅵ式、Ⅶ式痹钟测音数据表(单位:音分)

式别	序号	钟号	正鼓音	正鼓音阶名	侧鼓音	侧鼓音阶名
Ⅴ式	1(1)	H1:61	♭a+51	羽	c¹-20	宫
Ⅰ式	1(2)	H1:64	b+23	宫	♭e¹-81	角
Ⅶ式	1(3)	H1:59	♭e¹+14	角	♯f¹+17	徵
	2(4)	H1:67	♭a¹+9	羽	c²-43	宫
Ⅴ式	1(5)	H1:66	♭e¹-52	角	f¹-17	羽曾
	2(6)	H1:63	♯f¹-72	徵	a¹-11	商曾
Ⅵ式	1(7)	H1:60	♭a¹+149	羽	c²+96	宫
	2(8)	H1:58	♭e²-76	角	f²+73	羽曾

以上3组8件组痹钟甬钟的编组情况值得注意,在1、2组痹钟的音列情况基本相同,但第3组音列情况较为特殊,由于该组甬钟是由不同时期的四式甬钟拼合而成,其音列基本符合8件组甬钟音列规范,置于侧鼓音列中出现的偏音应为早期甬钟尚未使用侧鼓音时出现的偏音不准的现象,应归调音音准差异。

另外,三组甬钟宫音高基本相等,宫音高分别为♭b、b、♭b。这说明,痹钟音列音高一致,基于规范。如表2-17所示。

表2-17　8件组痹钟音列对照表[①]

名称、组别	正鼓音列	正鼓音位排列	正、侧鼓音列	正、侧鼓音位排列	宫音高度
1组(Ⅱ式、Ⅳ式)	羽—宫—角	羽—宫—角—羽—角—羽—角—羽	羽—宫—角—徵	—	♭b宫

---

① 王友华《先秦大型组合编钟研究》,中国艺术研究院2009年博士论文,第123页。

第二章　甬钟研究

名称、组别	正鼓音列	正鼓音位排列	正、侧鼓音列	正、侧鼓音位排列	宫音高度
2组(III式)	羽—宫—角	羽—宫—角—羽—角—羽—角—羽	羽—宫—角—徵	羽—宫—角—徵—羽—宫—角—徵—羽—宫—角—徵—羽—宫	b宫
3组(I、V、VI、VII式)	羽—宫—角—徵	羽—宫—角—羽—角—徵—羽—角	——	——	b宫

　　我们从疾钟的不断革新、重组与发展的典型路径可以看出,甬钟以其编列的不断扩张与组合发展,促进了其音列的拓展与革新。

　　西周晚期,8件组甬钟音列构成"羽—宫—角—徵"四声音列,并从音域上形成很大程度的拓宽,从由4件组编列的一个八度拓展到8件组编列的3个八度。至此,甬钟基本完成了其8件组编列形式与四声音列的模式。如表2-18所示。

表2-18　西周晚春秋早期8件组甬钟音列表

序号	甬钟名称	正鼓音音列	正、侧鼓音音列	正鼓音音位排列
1	晋侯苏编钟一组	羽—宫—角	羽—宫—角—徵	羽—宫—角—羽—角—羽—角—羽
1	晋侯苏编钟二组	羽—宫—角	羽—宫—角—徵	羽—宫—角—羽—角—羽—角—羽
2	眉县杨家村甬钟一组	羽—宫—角	羽—宫—角—徵	羽—宫—角—羽—角—羽—角—羽
2	眉县杨家村甬钟二组	羽—宫—角	羽—宫—角—徵	羽—宫—角—羽—角—羽—角—羽
3	II式、IV式疾钟	羽—宫—角	羽—宫—角—徵	羽—宫—角—羽—角—羽—角—羽
3	III式疾钟	羽—宫—角	羽—宫—角—徵	羽—宫—角—羽—角—羽—角—羽
3	I、V、VI、VII式疾钟	羽—宫—角	羽—宫—角—徵	羽—宫—角—羽—角—徵—羽—角
4	宝鸡秦武公甬钟	羽—宫—角	羽—宫—角—徵	羽—宫—角—羽—角—徵—羽—角
5	晋侯邦父墓楚公逆编钟	羽—宫—角	羽—宫—角—徵	羽—宫—角—羽—角—羽—角—羽

序号	甬钟名称	正鼓音音列	正、侧鼓音音列	正鼓音音位排列
6	中义钟	羽—宫—角	羽—宫—角—徵	羽—宫—角—羽—角—羽—角—羽
7	柞钟	羽—宫—角	羽—宫—角—徵	羽—宫—角—羽—角—羽—角—羽
8	虢季编钟	羽—宫—角	羽—宫—角—徵	羽—宫—角—羽—角—羽—角—羽
9	虢仲甬钟	羽—宫—角	羽—宫—角—徵	羽—宫—角—羽—角—羽—角—羽

综上所述，西周晚期编甬钟首、次二钟的侧鼓音不被利用，8件组编列甬钟的正鼓音可构成"羽—宫—角"三声音列；正鼓音音位排列为："羽—宫—角—羽—角—羽—角—羽"。正、侧鼓音可构成"羽—宫—角—徵"四声音列，体现出"徵不上正鼓"的观念。西周晚春秋早期，8件组甬钟编列趋于稳定，音列的设置也呈固定化模式，甬钟音列形式的形成对后期编钟音列的发展起到重要的影响。

二、许公墓甬钟音列

许公墓甬钟共20件，以"10+10"的编列方式出现。20件甬钟绝大部分钟音高明确。经实地测音与耳测结果表明，甬钟的正、侧鼓音三度关系明确，且较为均衡，明确为实用乐器。

1. 音列结构

许公墓两组甬钟音域宽广，音域均从小字组到小字4组，跨越5个八度，五声、六声、七声音阶齐备。许公墓甲、乙两组甬钟音列结构与具体测音数据，如表2-19和2-20所示。

表2-19　许公墓甲组（10件）甬钟测音数据表① （单位:音分）

编号		M4·36	M4·26	M4·42	M4·20	M4·39	M4·37	M4·33	M4·30	M4·25	M4·27
序号		甲1	甲2	甲3	甲4	甲5	甲6	甲7	甲8	甲9	甲10
正鼓音	音高	b-42	d¹-60（#c¹+40）	#f¹-19	b¹+11	e²+41	#f²-6	a²+29	b²-27	g³+48	b³+98（c⁴-2）
	频率	240.91	283.78	366.08	497.23	675.37	737.53	895.20	972.61	1612.40	2091.23
	音位	羽	↓宫	角	羽	商	角	徵	羽	羽曾	↑羽
侧鼓音	音高	e¹+28	#f¹-106	a¹+5	d²+48	#f²+21	a²+39	#c³-7	d³-9	b³-9	d⁴+29
	频率	335.12	348.13	441.45	604.14	749.39	900.50	1104.38	1168.81	1965.57	2390.35
	音位	商	↓角	徵	宫	角	徵	徵角	宫	羽	宫
备注				声音较杂	音质极好	有杂音	声音略含混				

表2-20　许公墓乙组（10件）甬钟测音数据表② （单位:音分）

编号		M4·48	M4·29	M4·34	M4·45	M4·44	M4·46	M4·43	M4·38	M4·40	M4·35
序号		乙1	乙2	乙3	乙4	乙5	乙6	乙7	乙8	乙9	乙10
正鼓音	音高	b-42	d¹-48	#f¹-50（f¹+50）	a¹-13	b¹-17	#f²-19	b²+9	#f-136（f³-36）	g³-25	b³+68（c⁴-32）
	频率	241.01	285.73	359.61	436.95	489.31	732.15	992.95	1368.70	1545.69	2055.03
	音位	羽	宫	↓角	徵	羽	角	羽	↓角	羽曾	↑羽

---

① 测音数据参见《中国音乐文物大系·江西 续河南卷》，大象出版社2009年版，第322页。

② 测音数据参见《中国音乐文物大系·江西 续河南卷》，大象出版社2009年版，第323页。

	音高	d^1-59	g^1+32	a^1-13	$^{\#}c^2-14$	d^2+23	a^2+22	d^3+9	a^3+33	b^3-101	d^4+3
侧鼓音	频率	283.98	399.36	436.83	550.01	595.41	891.52	1180.79	1794.51	1847.27	2354.55
	音位	↓宫	羽曾	徵	徵角	宫	徵	宫	徵	↓羽	宫
备 注		有破裂	音高不明确	音高明确	音高明确	音高明确	音高明确	音高明确	音高明确	音高明确	音高明确

从上表数据可见,许公墓两组甬钟的音列排列如下:

(1)甲组甬钟正鼓音列为:羽—宫—角—羽—商—角—徵—羽—羽曾—羽。

(2)乙组甬钟正鼓音列为:羽—宫—角—徵—羽—角—羽—角—羽曾—羽。

(3)甲组甬钟侧鼓音列为:商—角—徵—宫—角—徵—徵角—宫—羽—宫。

(4)乙组甬钟侧鼓音列为:宫—羽曾—徵—徵角—宫—徵—宫—徵—羽—宫。

从许公墓甬钟测音数据分析表明,甲、乙两组甬钟音列具有以下特征:

(1)甲、乙两组甬钟在音列设置上具有互补性。两组甬钟单独在各组的八度组内仅能奏出五声音阶,但若在同一八度组内将两组甬钟的音位相结合,则均能形成六声音列。

(2)下徵音阶较为典型。将甲、乙两组八度组打破,其音阶可构成为:宫—商—角—羽曾—徵—羽—变宫,此种音阶形式是典型的下徵音阶形式。

（3）"钟尚羽"观念的体现。"羽"音频繁出现在许公墓甬钟的正鼓音列中，并且在两组甬钟的正鼓首、末二钟音均为"羽"。文献记载的"钟尚羽"[①]观念生动地体现在许公墓两组甬钟上。

（4）"商"音的突破。在许公墓两组甬钟的音列中，"商"音的出现是一个标志性的信息：首先，周乐戒用的"商"音戒律在许公墓甬钟的音列中已被打破；其次，许公墓甬钟的产生年代一定在甬钟音列发生变化后的时期内。但是，从音列分析可见，尽管在甲、乙两组甬钟中出现了"商"音，但"商"音的位置并未成为两组甬钟音列的主干音，仍然体现出一种早期的尝试性运用，彰显音列早期的演变。

2. 音列比较

音列结构的演进是编钟发展过程的突出表现[②]，所以对编钟音列结构的演进发展进行分析比较，是具有很强的价值性。

西周甬钟音列结构具有明显的程式化模式，许公墓甬钟音列出现了明显的突破现象，试将许公墓甬钟音列的演变与西周末期较为典型的8件制甬钟音列做以比较，以求探讨甬钟音列发展历程中音列结构的演进。

通过测音发现，许公墓甲、乙两组甬钟的正鼓音音列可构成六声音列，两组甬钟结合起来其正、侧鼓音则能构成七声音列。与西周晚

---

① ［东汉］韦昭注《国语·周语下》（卷三），中华书局1985年版，第43页。

② 黄翔鹏《用乐音系列记录下来的历史阶段——先秦编钟音阶结构的断代研究》，人民音乐出版社1993年版，第101—102页。

期8件组甬钟相比，其不只是数量上的增加，更重要的是从音列结构上的扩充。如表2-21和2-22所示。

表2-21　许公墓10件（甲组）甬钟音列[1]与8件组中义甬钟音列对照表

名称	序号	1	2	3	4	5	6	7	8
西周晚春秋早8件中义甬钟音位	正鼓	羽	宫	角	羽	角	羽	角	羽
	侧鼓	羽	宫	徵	宫	徵	宫	徵	宫

名称	序号	1	2	3	4	5	6	7	8	9	10
许公墓10件甲组甬钟音位	正鼓	羽	宫	角	羽	商	角	徵	羽	羽曾	羽
	侧鼓	商	角	徵	宫	角	徵	徵羽	宫	羽	宫

表2-22　许公墓10件（乙组）甬钟音列[2]与8件组中义甬钟音列对照表

名称	序号	1	2	3	4	5	6	7	8
西周晚春秋早8件中义甬钟音位	正鼓	羽	宫	角	羽	角	羽	角	羽
	侧鼓	羽	宫	徵	宫	徵	宫	徵	宫

名称	序号	1	2	3	4	5	6	7	8	9	10
许公墓10件乙组甬钟音位	正鼓	羽	宫	角	徵	羽	角	羽	角	羽曾	羽
	侧鼓	宫	羽曾	徵	徵角	宫	徵	宫	徵	羽	宫

　　分析以上表格，可以明确看到许公墓两组甬钟与中义甬钟在音列

---

[1]　测音数据参见:《中国音乐文物大系·江西　续河南卷》，大象出版社2009年版，第323页。

[2]　测音数据参见:《中国音乐文物大系·江西　续河南卷》，大象出版社2009年版，第323页。数据对照邵晓洁《楚钟研究》（人民音乐出版社2010年版）作对比分析。

构成方面的特征。明确地显示出许公墓甲、乙两组甬钟的音列结构构成是在两周之际8件组甬钟音列构成基础上扩增,具有十分明显的承袭性。

3.音列结构具有以下特征:

(1)许公墓甲组甬钟的音列结构是在西周8件组甬钟音列结构的基础上,在第4、5件钟之间增铸了"商—角"钟;同时在第5、6件钟之间增铸了"徵—变宫"钟;并且将第7件钟的"角—徵"改铸为"羽曾—羽"。

(2)许公墓乙组甬钟的音列结构是在西周8件组甬钟音列结构的基础上,在第3、4件钟间增铸"徵—变宫"钟;并且将第7钟的"角—羽"改铸为"羽曾—羽"。

(3)两组甬钟通过对编钟数量的增加(增加了"商""徵""羽曾""变宫"4个音位),从而改变了音列结构。因此使两组甬钟的正鼓音列五声齐备,正、侧鼓音列达到了七声。

(4)"羽—宫"结构是中原西周编钟典型的音列结构,在许公墓两组甬钟的音列继承了中原西周编钟典型特点,在两组甬钟音列的4个八度组中反复出现"羽""宫",并且在两组甬钟的最低音至最高音的间距之间,也都采用了"羽"到"宫"的结构,在许公墓甬钟的音列结构中充分体现出"羽—宫"结构的核心作用。

以上分析可知,许公墓两组甬钟的基本音列带有明显的两周之际编甬钟的音列特征,具有西周编钟音列的遗风和较强的中原编钟文化特征,在一定程度上继承了西周甬钟音列的传统。同时,两组甬钟的编列与音列的扩充又体现出甬钟裂变初期的突破性。甬钟音列的扩充不仅丰富和充实了甬钟的音列，同时使其获得了更为宽阔的音域和完善了演奏多种旋律的音乐功能。可以说，许公墓两组甬钟的音列结构是在西周晚春秋早期甬钟音列结构基础上的丰富与发展，符合两周之际编钟音列发展的基本规律，是甬钟早期音列演变的典型例证。

三、春秋中期甬钟音列

春秋中期，由于甬钟的编列发生了明显的变化，因而，甬钟的音列变化也随之而来，呈现出一定的复杂性。

春秋中期，具有明确编列的甬钟有8例，其中具有测音资料数据的甬钟有6例。分别为：长治分水岭269、M270号墓甬钟、叶县许公墓甲、乙组甬钟、新郑蟠凤纹甬钟、长清仙人台6号墓甬钟、沂水刘家店子1号墓甬钟、东海庙墩甬钟。其中，长清仙人台M6甬钟、长治分水岭M270号墓甬钟、沂水刘家店子1号墓乙组甬钟为明器，东海庙墩编甬钟因保存情况不好，铸造和调试都比较粗糙，无法分析。许公墓甬钟音列在上文已分析，其余2例甬钟测音数据分析如下。

1. 长治分水岭M269号墓甬钟

长治分水岭269号墓甬钟，9件成编，墓葬年代为春秋中期[①]。在M269出土的9件甬钟原本为9件，但丢失了5件，现存4件。丢失甬钟编号为第M269：12，M269：14，M269：16，M269：17，M269：18号；现仅存M269：10，M269：13，M269：11，M269：15号较大的甬钟。从测音数据显示：

---

① 项阳、陶正刚《中国音乐文物大系·山西卷》，大象出版社2000年版，第50—51页。

前4件甬钟的正鼓音音列分别为"徵—羽—宫—商"。后5件丢失，其正鼓音符合春秋早期以来9件组编纽钟的音列常制。如表2-23所示。

表2-23　长治分水岭269号墓甬钟测音数据分析表[①]（单位：音分）

编　号	M269：10	M269：13	M269：11	M269：15	M269：12	M269：14	M269：16	M269：17	M269：18
序号	1	2	3	4	5	6	7	8	9
正鼓音 音高	$^{\#}f^1$-28	$^{\#}g^1$-14	b^1-7	$^{\#}c^2$+5	—	—	—	—	—
正鼓音 阶名	徵	羽	宫	商	—	—	—	—	—
侧鼓音 音高	$^{\#}g^1$-14	$^{\#}a^1$+7	$^{\#}c^2$+30	$^{\#}d^2$+27	—	—	—	—	—
侧鼓音 阶名	羽	徵角	商	角	—	—	—	—	—

2. 新郑蟠凤纹甬钟（李家楼）

新郑蟠凤纹甬钟，又称李家楼甬钟。共19件，目前19件甬钟分散在台北博物馆藏3件，河南博物院藏6件，国家博物馆藏10件。墓葬年代为春秋中期稍后[②]。根据测音数据分析，河南存6件甬钟的正鼓音列与新郑城市信用社工地窖藏坑10件组纽钟的前6件的正鼓音列相同，分别为"角—徵—羽—宫—商—角"。如此推测，所缺4件甬钟的正鼓音列应为"羽—商—角—羽"。整组甬钟编列共为10件，其正鼓音列应为："角—徵—羽—宫—商—角（羽—商—角—羽）"。正鼓音可构成五声音列"宫—商—角—徵—羽"，正、侧鼓音至少可构成七声音列

---

① 项阳、陶正刚《中国音乐文物大系·山西卷》，大象出版社2000年版，第50—51页。
② 赵世纲《中国音乐文物大系·河南卷》，大象出版社1996年版，第99页。

"宫—商—角—羽曾—徵—宫曾—羽"。

此套编钟的编列最低音，已由8件组编列的"羽"延伸至"角"。并且"徵"和"商"音已登上甬钟的正鼓音位。6件螭凤纹甬钟测音数据，如表2-24所示。

表2-24　新郑李家楼编钟测音数据表[①]（单位：音分）

序号	1	2	3	4	5	6	7	8	9	10
正鼓音音高	d¹+3	f¹-33	g¹-40	b¹-10	c²-30	d²-36				
正鼓音音位	角	徵	羽	宫	商	角	（羽）	（商）	（角）	（羽）
侧鼓音音高	不明确	#g¹+7	#g¹-12	c²+27	#d²+6	f²+1				
侧鼓音音位	—	宫曾	宫曾	商	羽曾	徵				

以上测音数据表明：此6件甬钟的音列排列比较密集，在一个八度内有四个音。一般来讲，春秋早中期甬钟的音域都在小字一组至小字三组之内，若按此密度推算，将还可容纳至少四五个音。由此证明，此套甬钟的原编列应在10件左右。

根据分析，该墓19件甬钟应为20件，其中缺失1件。据国家博物馆藏的10件螭凤纹甬钟，即是新郑李家楼19件甬钟其中的10件。根据国家博物馆藏10件螭凤纹甬钟测音数据，如表2-25所示。

---

① 　赵世纲《中国音乐文物大系·河南卷》，大象出版社1996年版，第120页。

表2-25　新郑螭凤纹编甬钟测音数据表[①]（单位:音分）

序 号	1	2	3	4	5	6	7	8	9	10
正鼓音音高	d^1-42	e^1+45 (f^1-55)	g^1-19	$^\sharp a^1$-40 ($^b b^1$-40)	c^2-1	$^\sharp c^2$+46 (d^2-54)	$^\sharp f^2$+47 (g^2-53)	c^3+9	d^3+2	g^3-15
正鼓音阶名	角	徵	羽	宫	商	角	羽	商	角	羽
侧鼓音音高	f^1+4	$^\sharp g^1$+8 (a^1-92)	a^1+41 ($^b b^1$-59)	d^2-37	$^\sharp d^2$+20	f^2+44 ($^\sharp f^2$-56)	$^\sharp a^2$+0 ($^b b^2$)	$^\sharp d^3$-38 ($^b e^3$-38)	f^3+36	$^\sharp a^3$+6 ($^b b^3$+6)
侧鼓音阶名	徵	徵角	宫	角	羽曾	宫曾	宫	羽曾	徵	宫

从测音数据分析，新郑螭凤纹甬钟正鼓音可构成五声音列"宫—商—角—徵—羽"，正、侧鼓音可构成七声音列"宫—商—角—羽曾—徵—羽—徵角"。其音列情况与新郑同时期出土的10件组纽钟音列排列情况相同。

将春秋中期10件组编甬钟音列排列情况列表如下，如表2-26所示。

表2-26　许公墓甬钟正鼓音列与春秋中期甬钟音列对照表

名称	音位	1	2	3	4	5	6	7	8	9	10
许公墓甬钟（甲组）	正鼓音位名	羽	宫	角	羽	商	角	徵	羽	羽曾	羽
许公墓甬钟（乙组）	正鼓音位名	羽	宫	角	徵	羽	角	羽	角	羽曾	羽
长治分水岭M269甬钟	正鼓音位名	徵	羽	宫	商	—	—	—	—	—	—
新郑螭凤纹甬钟（李家楼）6件	正鼓音位名	角	徵	羽	宫	商	角	（羽）	（商）	（角）	（羽）
新郑螭凤纹甬钟（李家楼）10件	正鼓音位名	角	徵	羽	宫	商	角	羽	商	角	羽

---

① 赵世纲《中国音乐文物大系·河南卷》，大象出版社1996年版，第123页。

从以上分析中，我们可以清楚地看到，春秋中期的甬钟音列和许公墓甬钟音列所具有的特征。

其一，以上5组甬钟的正鼓音音列均已突破"宫—角—羽"的三声音列，构成"宫—商—角—徵—羽"五声音列和"宫—商—角—羽曾—徵—羽"六声音列。许公墓甬钟与此相同。

其二，以上5组甬钟的正、侧鼓音音列，突破西周晚春秋早期的"羽—宫—角—徵"四声音列，出现"宫—商—角—羽曾—徵—羽"六声音列，和"宫—商—角—羽曾—徵—羽—徵角"七声音列形式。许公墓甬钟与此相同。

其三，春秋中期甬钟首钟正鼓音向下扩展为"徵"和"角"，不再局限于"钟尚羽"的首钟为"羽"音，和9件组编列首钟正鼓音的"徵"音。此时，编甬钟首钟音位的改变一方面使甬钟的音域得以再次拓展，提高了音乐性。另一方面表现出"钟尚羽"观念已开始淡漠。但是，许公墓两组编甬钟与此不同，在许公墓两组甬钟的首、末二钟的正鼓音还稳稳地保留了"羽"的地位，在这一点上，许公墓甬钟体现出明显的承袭与保守，同时，也体现出其早期性的因素。

其四，"商"声出现甬钟音列中。春秋中期，"商"声出现于甬钟的正、侧鼓音上，"商"音的出现，表明周乐戒律中的"戒用商音"规则被突破。同时，"徵"不再限于甬钟的侧鼓上，在多件甬钟的正鼓出现"徵"音，也表明西周晚期"徵不上正鼓"的常制也已经被打破。

总之，春秋中期，不仅甬钟的编列不具有可统一性，出现编列扩展，更重要的是其从音列上的突破。打破了西周以往周人的戒律，冲破了"钟尚羽"的观念，在编列扩张的同时为音列的进一步发展与扩增奠定了基础。

许公墓甬钟的音列在一定程度上具有其扩张的因素，而且使用了"商"音，并在正鼓音列中出现了"徵"和"偏音"。但是，在其两组甬钟的首、末二钟的正鼓音上，却依旧保留了"羽"的首当地位，并且"羽"音在音列中的出现非常频繁。这说明，"钟尚羽"观念在许公墓编甬钟的音列中充分体现，同时，一方面编列与音列体现出明确的扩张因素，另一方面却又明显地显示其音列所具有的承袭性与保守性。

四、春秋晚期甬钟音列的流变

春秋晚期甬钟的编列出现了突破性的改变，编列形式发生了巨大的变化，不仅编列数量差别极大，拼合现象也极为普遍。由于甬钟编列的改变，春秋晚期甬钟的音列同样受到极大的冲击。一方面"礼制"的僭越与泛滥，促使了"乐崩"的局面更加严重。另一方面编钟音列的进一步扩充与裂变更加充实与提升了编钟的音乐性能。

目前，在春秋晚期资料中的11例编甬钟中，保存完好的实用器仅有王孙诰编钟一例，是研究春秋晚期甬钟音列的珍贵资料。

王孙诰甬钟共26件，其中在17件甬钟上有音梁和调音痕迹[1]，主要集中在钟口内唇、铣角和音梁，主要调音方法为锉磨技术。另外9件为明器。很显然，该17件甬钟经过精心的设计和调试，为实用器。

1980年至1988年间哈尔滨科技大学和中国艺术研究院音乐研究

---

① 赵世纲《中国音乐文物大系·河南卷》，大象出版社1996年版，第312页。

所对该17件甬钟进行了测音分析,测音结果如表2-27所示。

表2-27 王孙诰17件甬钟测音数据分析表[①] (单位:音分)

	编号	M2:9	M2:10	M2:11	M2:12	M2:13	M2:14	M2:16	M2:22	M2:21
上层 1组	序号	1	2	3	4	5	6	7	8	9
	正鼓	徵	商曾(羽)	宫	商	角	羽	商	角	羽
	侧鼓	徵角	商	角	羽曾	徵	宫	羽曾	徵	宫
	编号	M2:1	M2:2	M2:3	M2:4	M2:5	M2:6	M2:7	M2:8	
下层	序号	1	2	3	4	5	6	7	8	
	正鼓	宫	角	徵	羽	宫	角	商角	羽	
	侧鼓	—	—	—	—	—	徵	羽	宫	

通过测音发现,在上层第一组的M2:10号钟的测音数据为e^1+40,音列中应释为"商曾",但如果按9件组乐钟的音列规范(徵—羽—宫—商—角—羽—商—角—羽)应释为"羽",若通过等音置换,数据应为$^{\#}d^1$+140,显然,音高偏差太大,对于经过精心调试过的编钟来说,此误差有些偏离太多。所以,将M2:10释为"商曾"应当更为合适。

在上层的第二组9件甬钟,均无锉磨调音痕迹,音准比较混乱。郑祖襄曾对测音数据进行过分析认为:这组甬钟可能未曾在音乐实践中使用过,而是下葬时的补铸[②]。因此,上层第二组甬钟只是在拓展全套编钟的规模上具有一定的象征性意义,对甬钟音列的演进不具参考

———————

① 测音数据参见:赵世纲《中国音乐文物大系·河南卷》,大象出版社1996年版,第312页。
② 郑祖襄《河南淅川下寺2号楚墓王孙诰编钟的乐律学分析》,《音乐艺术》2005年第2期。

作用。

　　据以上测音数据分析，王孙诰编钟上层第一组9件甬钟正鼓音可构成六声音列"宫—商—角—徵—羽—商曾"，正、侧鼓音可构成七声音列"宫—商—角—羽曾—徵—羽—商曾—徵角"。下层8件甬钟正鼓音可构成五声音列："宫—角—商角—徵—羽"。王孙诰编钟的音列设置，在春秋晚期具有一定的代表性。

　　从以上测音结果显示：王孙诰上层第一组9件组甬钟和下层8件组甬钟的音列正鼓音列，分别出现了"商曾"和"商角"两个偏音，其不符合前期正鼓音常制。在春秋早中期以前，青铜乐钟正鼓音列不出"五声"（宫—商—角—徵—羽），9件组组钟的正鼓音位排列为"徵—羽—宫—商—角—羽—商—角—羽"的结构。在王孙诰编甬钟的正鼓音音列排列中出现的偏音现象，不见于春秋时期的其他编钟。但此种现象出现在后来战国初期的曾侯乙编钟上。因此，王孙诰编钟所出现的偏音应是编钟音列演进历程的结果。同时，也是青铜乐钟正鼓音实现突破的最早例证。

　　王孙诰甬钟的音列发展，具有春秋晚期甬钟音列发展的典型特点。甬钟正、侧鼓音列的构成比以前更加丰富和成熟，首、末钟正鼓音的运用更加灵活，表明西周后期和春秋早期严格的音列"乐制"被突破，表明甬钟"乐"性能在不断增强与完善。区别于西周及两周之际编钟的重要特征之一，即是"商"音在编钟正、侧鼓部的运用。

　　综上发现，我们还可得出如下结论：根据青铜甬钟音列的演进线索，随着甬钟编列的不断扩大，甬钟正鼓音音列的发展同时向高、低双向音区扩展。据以上材料分析，编甬钟的最高音一般为"羽"，最低音则是随时代的变迁而不同,但也形成了一定的规律:一般而言,西周晚至春秋早期,编甬钟的首、末二钟正鼓音皆为"羽",而后,首钟正鼓音则随时代而变。

春秋中期,编甬钟首钟正鼓音音列由"羽"向下方扩展二度至"徵"。

春秋中期偏晚,编甬钟首钟正鼓音再次向下方扩展四度至"角"。

战国初期,编甬钟的首钟正鼓音继续向下扩展五度至"商"。

如表2-28所示。

表2-28　西周晚至春秋早编甬钟首钟正鼓音扩展与时代对照表

时　代	西周晚春秋早期	春秋中期	春秋晚期	战国初期
编甬钟首钟正鼓音(最低音)	羽	徵	角	商

综上所述,甬钟音列的设置与发展具有很强的时代特征,我们将许公墓编甬钟的音列置于青铜甬钟音列发展的整个演进历程中相比较,即可以清晰看到:许公墓甲组甬钟正鼓音位排列为:"羽—宫—角—羽—商—角—徵—羽—羽曾—羽",乙组甬钟正鼓音为:"羽—宫—角—徵—羽—角—羽—角—羽曾—羽"。两组甬钟的首、末二钟正鼓音均为"羽",完全符合西周晚至春秋早期编甬钟的首、末二钟正鼓音皆为"羽"的现象,"钟尚羽"观念在这两组编甬钟的音列中极为突显。从以上分析,许公墓甬钟的年代定位清晰可见。

第五节　小结

甬钟的定型和使用使周人的社会生活和祭祀活动发生了很大的变化，这不仅为周人礼仪活动增添了新的娱乐内容，也成为丰富周人宴享活动的重要手段。同时，甬钟的出现反映了中国自远古以来即有的礼乐意识和等级观念的延续，折射出周人的世界观与社会政治形态。因此，甬钟在中国古代音乐史、中国古代青铜文化史及中国古代礼乐文化史中都具有十分重要的学术意义。

目前，在所知考古资料中，凡出土的甬钟不仅墓葬等级规格高，而且制作精良、规模宏大，彰显出甬钟作为"乐悬"的重要器型，在古代"礼制"与"乐制"文化中重要的地位与价值。

1.甬钟形制。许公墓20件甬钟从其形制、纹饰、编列、音列以及音梁的设置与调音手法的运用上，均凸显出其地位与价值。

许公墓甬钟的形制具有典型的合瓦形钟腔，呈圆柱状甬，甬上有旋，且相对较短。钟体两铣向下渐阔，于口上凹如浅弧形，具有春秋中早期甬钟的形制形态。

2.甬钟的纹饰。春秋中期，甬钟多以动物纹饰为主，不仅体现在钟的醒目部位，并在一些次要的部位也多有运用。但在许公墓甬钟的甬部却饰有春秋中期不多见的蝉纹、C形夔龙纹以及S形斜角龙纹等，集中地体现出其具有西周晚期甬钟纹饰的属性。而在甬钟的正、背两面中部所饰4组36颗螺旋形枚，这是在甬钟上使用螺旋形枚的最早例证，同时也是唯一的例证，又充分体现出许公墓甬钟的文化价值与属性。

3.甬钟的编列。甬钟8件组编列是西周至春秋早期甬钟的编列常制，并具有一定的稳定性。许公墓甬钟的编列以"10+10"的编列方式形成10件组编列现象，与西甬钟8件制编列有质的不同，具有很强的特殊性。

4.甬钟的音列。许公墓两组甬钟的基本音列带有明显的两周之际编甬钟的音列特征，具有明显的西周编钟音列的遗风和较强的中原文化特征。首先，甬钟音列在"羽—宫—角—徵"四声音列的基础上，出现"宫—商—角—羽曾—徵—羽"六声音列、"宫—商—角—羽曾—徵—羽—徵角"七声音列的音列结构现象。其次，甬钟音列中"商"音的出现，则是一个标志性的信息，说明西周音列中戒用"商"的传统已被打破，但尽管许公墓甬钟出现的"商"音未成为这两组甬钟音列的主干音，从另一个侧面反映出其突破的变化。两组甬钟的音列结构是在西周晚期、春秋早期甬钟音列结构基础上的丰富与发展，符合两周之际编钟音列发展的基本规律，是甬钟早期音列演变的典型例证。

5."钟尚羽"观念。"钟尚羽"观念的体现折射出许公墓甬钟所具有早期甬钟音列结构的特征，但从其音列的扩展与"商"音的运用又体现出"乐"性能的拓展。甬钟音列的承袭与拓展的双向矛盾，恰恰反映出许公墓甬钟的产生年代应在甬钟音列获得更宽阔的音域和完善演奏功能的革新与思变的时期。

另外，"商"音在编钟的正、侧鼓部的运用，是春秋时期编钟区别于西周及两周之际编钟的重要特征之一。

综上所述，许公墓编甬钟是一套铸造精良、编列和音列独特的实用乐器，其具有甬钟发展历程中初期演变的典型现象。由此推断，许公墓甬钟的产生年代应在春秋早中期。

第三章
纽钟研究

　　纽钟，即青铜纽钟，是指由西周甬钟的钟体和铜铃的纽相结合而衍生出来的新式青铜钟类乐器[1]，大约产生于西周末期、春秋早期。如图3-1所示。

图3-1　虢太子墓纽钟图[2]

---

①　李纯一《先秦音乐史》，人民音乐出版社1994年版，第92页。
②　纽钟图片来源于《中国音乐文物大系·河南卷》，大象出版社1996年版。

纽钟在形制上比甬钟和镈钟小很多，它的余音相对较短，旋律性能较佳，可以演奏速度较快的乐曲。王子初在《中国青铜乐中的音乐学断代》一文中指出："纽钟属于西周时期编甬钟和编镈相互结合的产物。由于采用了甬钟的钟体造型，所以具有甬钟的优良音乐性能，同时采取了镈的悬纽结构和垂直悬挂方式，进而抛弃了镈奢侈繁华的装饰，逐渐向小型化的趋势发展，形成一种双音性能和旋律性能俱佳、实际应用方便的新型编钟。"① 纽钟的产生，适应了西周末年与春秋早期贵族统治者对奢华音乐与感官美的需要和追求，同时更适应了当时各诸侯国的经济状况与国情。因为铸造编钟是需要大量的人力、丰富的铜矿以及坚实的经济基础，纽钟体积相对镈和甬钟的体积缩小了很多，节省了铜矿资源，减少了铸造难度。同时，纽钟美妙音色的音乐性能以及编列与音列的优势都具有全新的艺术感染力，从而促使并引发了青铜乐钟的变革。纽钟以崭新的面貌和强劲的优势，使之成为春秋时期青铜钟类乐钟的一股新生力量，引领了青铜乐钟的演化与可持续发展。

春秋早期周王室衰微大权旁落，诸侯群雄纷争，天子徒有虚名仅保存着天下共主的名义。此种格局导致诸侯争霸诋毁王室，"挟天子以令诸侯""礼乐征伐自诸侯出"的局势极大地冲击了西周以来等级森严的制度规范，礼制的泛滥催生了礼乐器编钟的迅猛发展。与此同时，纽钟的诞生在一定程度上迎合了当时政局与社会的需求，纽钟的变革与突破符合了社会背景，同时纽钟在编列与音列上的突破又恰恰

---

① 王子初《中国青铜乐中的音乐学断代》，《中国音乐学》2007年第1期。

符合了音乐发展的规律。纽钟的诞生，在一定程度上对"礼乐崩坏"的加速，起到了推波助澜的作用。

第一节　许公墓纽钟

许公墓纽钟，共9件。出土时纽钟位于墓葬椁室东北侧紧靠北壁一字形摆开，有个别纽钟散落在镈钟与甬钟之间。[①]9件纽钟形制一致、纹样风格相同、大小依次递减，根据形制分为一组。如图3-2所示。

图3-2　许公墓9件纽钟彩图[②]

纽钟的形制对其断代具有重要的标志性作用，许公墓纽钟的形制设置具有其自身的特殊性与时代的烙印。

---

① 平顶山市文物管理局、叶县文化局《河南叶县旧县四号春秋墓发掘简报》，《文物》2007年第9期。

② 纽钟图片来源于《中国音乐文物大系·江西 续河南卷》，大象出版社2009年版。

一、许公墓纽钟形制

许公墓纽钟钟腔呈合瓦形，钟体两铣斜直下阔，于口正鼓部上凹呈弧状。平舞，中心置小方环纽。铣棱斜直，中部微凸。纽钟的舞部与正鼓部均饰蟠螭纹，篆部饰斜角夔龙纹，圆梗线上饰绚索纹。舞、篆、鼓纹饰风格相同。纽钟的正、背两面设4组36个螺旋形枚，枚的周边界饰以绚索纹的凸线形边框，钲间素面。钟纽上的正、背两面以细雷纹纹饰为主，但在小方环纽上的纹饰略有差异，有夔龙纹或三角雷纹两种纹饰。钟体两面纹饰相同。

9件纽钟保存完整、钟体厚实，纽钟通体略锈，间有蓝色斑块，锈蚀不严重，铜胎优良。钟口内有三棱状内唇，内唇上多有调音锉磨遗痕。纽钟内腔设置有形状不太规则的较短小音梁，音梁均很明显。腔内两面钲中均可见铸模芯撑遗孔，个别纽钟上芯撑遗孔锈透。

如图3-3所示。

图3-3　纽钟局部图[①]

---

① 纽钟局部图片由笔者拍摄于叶县县衙博物馆，由笔者提供。

1. 具体形制分析

从许公墓纽钟的形制外观以及钟腔内部音梁的设置与调音锉磨遗痕观察,9件纽钟应当是一次性铸造的实用器。按照出土编号由大到小分别为:M4:12(n1),M4:13(n2),M4:14(n3),M4:15(n 4),M4:21(n5),M4:22(n6),M4:24(n7),M4:23(n8),M4:31(n9)。

9件纽钟具体形制分析如下:

(1)M4:12(n1)号:纽钟保存完好,纹饰大体相同。铜锈较厚,纹饰不清。纽钟小方环纽饰夔龙纹,钟腔两面的正中各有一铸范芯撑遗孔,一透一不透。音质尚好。

(2)M4:13(n2)号:纽钟表面纹饰清晰,铜锈不重,钟腔一面于口正中有裂纹,长约7厘米,于口内唇锉去一半。小方环纽饰夔龙纹,铸范芯撑遗孔情况一透一不透。音哑。

(3)M4:14(n3)号:纽钟钟体纹饰清晰,保存完好。于口内唇保留基本完整,纽部纹饰为三角雷纹。钟腔两面的正中各有一铸范芯撑遗孔。音质尚好。

(4)M4:15(n4)号:纽钟于口内唇基本保留,一面正鼓中心有分叉裂纹。小方环纽饰夔龙纹。内腔可见音梁,音哑。

(5)M4:21(n5)号:保存完好。纽钟于口内唇基本保留完整。小方环纽饰夔龙纹。音质好。

(6)M4:22(n6)号:纽钟钟纽上饰夔龙纹。保存完好。音质很好。

(7)M4:24(n7)号:保存完好。纽钟一面绿锈较重,内唇基本保留。小方环纽饰夔龙纹。音质尚好,余音短促。

(8)M4:23(n8)号:纽钟两鼓面各一个芯撑遗孔,一透一不透。

保存完好。小方环纽饰夔龙纹。音质尚好。

（9）M4:31（n9）号：纽钟内唇边均有锉痕,但大部分还保留,浇冒口位于于口上,铸疵尚存。两鼓面芯撑遗孔各一个，均透。小方环纽饰夔龙纹。音质尚好。

具体形制数据见表3-1所示。

表3-1　许公墓编纽钟形制数据表[1]（单位:厘米、千克）

序号	n1	n2	n3	n4	n5	n6	n7	n8	n9
编号	M4:12	M4:13	M4:14	M4:15	M4:21	M4:22	M4:24	M4:23	M4:31
通高	26.9	25.0	24.1	22.0	20.7	20.1	18.9	17.5	16.3
纽高	4.4	4.2	4.0	3.9	3.7	3.6	3.4	3.2	3.2
纽上宽	3.6	3.8	3.1	3.2	2.8	2.9	2.9	2.7	2.5
纽下宽	4.1	4.1	3.6	3.6	3.4	3.3	3.4	3.2	2.9
鼓间	13.0	11.3	11.3	10.4	10.1	9.5	8.6	8.2	7.5
铣间	17.9	17.3	15.8	15.4	13.8	12.8	12.1	11.3	10.3
舞修	14.7	14.0	13.2	12.4	11.4	10.5	10.2	9.5	8.5
舞广	10.8	10.2	9.6	9.0	8.5	7.7	7.4	7.1	6.4
铣长	22.8	21.2	20.3	18.7	17.3	16.5	15.6	14.1	13.1
中长	18.4	17.7	16.6	15.6	14.4	13.8	12.9	11.9	11.3
上周长	40	38	37.5	36	33	31	30	28.5	24
下周长	46	43	40.3	38.5	36	33	31	30	27
正鼓厚	0.9	0.8	0.8	0.6	0.6	0.7	1.0	1.1	0.9

----

[1]　部分数据参照:《中国音乐文物大系·江西 续河南卷》,大象出版社2009年版,第131页。

序号	n1	n2	n3	n4	n5	n6	n7	n8	n9
侧鼓厚	0.9	0.9	0.9	0.9	0.9	0.8	1.4	1.1	1.2~1.4
重量	3.3	2.95	2.75	2.25	2.05	2.4	2.0	1.9	1.8
枚形	螺形枚	螺形枚	螺形枚	螺形枚	螺形枚	螺形枚	螺形枚	螺形枚	螺形枚

从以上分析发现，在第7号与第8号两件纽钟的钟体大小顺序与重量上有误，M4:24（n7）号纽钟的重量为1.9千克，M4:23（n8）号纽钟的重量为2.0千克，纽钟n7号轻于纽钟n8号的重量，钟体大小与重量相反。因误差不大，应与铸钟时钟体的厚薄有关，属正常范围。

二、许公墓纽钟音梁结构

许公墓9件纽钟，在于口内腔四侧鼓部均设置有大小不同、形状不一的音梁，其整齐划一的程度足以说明当时青铜乐钟铸造技术之先进。在纽钟于口内的三棱状内唇上大部分都有调音锉磨遗留的痕迹，锉磨部位各有不同。

1. 音梁分析

音梁具体分析如下：

（1）M4:12（n1）纽钟：于口内有三棱形内唇，内唇被普遍磨平，内唇上锉磨均匀，于口4侧鼓部有4处明显磨槽。音梁明显，大小不一，于口普遍被锉磨。耳测正、侧鼓音音程关系为小三度，音质尚好。

音梁:长宽约为3cm×3cm(近圆形)。

(2)M4:13(n2)纽钟:于口内有方棱形内唇,普遍被磨平,在内唇的正鼓部与4侧鼓部有6处锉磨豁口,豁口较小。内设4个音梁,音梁短小呈椭圆形。音哑。

音梁:长宽约为3.5cm×3cm(椭圆形)。

(3)M4:14(n3)纽钟:于口处有方棱形内唇,内唇上沿普遍被锉磨,锉磨较轻。于口未见有锉磨豁口,内设音梁,但音梁短小。耳测正、侧鼓音音程关系为大三度,音质较好。

音梁:长宽约为3.5cm×3cm(椭圆形)。

如图3-4所示。

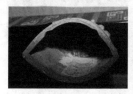

图3-4 第1、2、3号纽钟于口局部图[①]

(4)M4:15(n4)纽钟:钟体保存较完整,于口内唇明显,于口一面似有磨痕。四侧鼓部设有音梁,呈长条形状。于口一面正鼓中心有分叉裂纹。音哑。钟体浊锈较重。

音梁:宽约为长4cm×2.4cm(条状形)。

(5)M4:21(n5)纽钟:于口内唇明显,呈棱角形。于口内唇锉磨豁口较小,在两正鼓部、两铣角及4侧鼓部均有轻微锉磨痕迹及磨槽。

---

① 纽钟音梁结构图片由笔者于2011年拍摄于叶县县衙博物馆,由笔者提供。

内侧鼓部有音梁,音梁呈长条状。耳测正、侧鼓音音程关系为小三度,音质较好。

音梁:长宽约为4cm×2cm(条形剑锋状)。

(6)M4:22(n6)纽钟:于口内唇呈方棱形,已被普遍锉磨平。侧鼓部设有长条剑锋状音梁,音梁上有明显一条较深的细槽沟,沟长4cm。呈条状。此种锉磨痕迹较为少见,也不见于同墓其他钟上。耳测正、侧鼓音音程关系为小三度,音质好。

音梁:长宽约为4cm×2cm(剑锋状)。如图3-5所示。

图3-5　第4、5、6号纽钟于口部图[①]

(7)M4:24(n7)纽钟:于口内有棱形内唇,内唇未见有锉磨。内侧鼓部有音梁。音梁形状呈剑锋状。一面正鼓部中与一侧面有很小的缺口,浇冒口铸疣,似属于一步到位的铸造。耳测正、侧鼓音音程关系为偏宽的小三度,音质尚好,余音短促。

音梁:长宽约为4cm×2cm(条状形)。

(8)M4:23(n8)纽钟:内唇已被磨平,两正鼓、两铣角及四侧鼓各有锉磨缺口。浇冒口铸疣尚存,于口弧面粗糙。芯撑遗孔两鼓面各一个,一透一不透。钟壁较厚,内侧鼓部设有音梁,音梁呈剑锋状。耳测

---

① 许公墓纽钟音梁结构图片由笔者于2011年拍摄于叶县县衙博物馆,由笔者提供。

正、侧鼓音音程关系为大三度,音质尚好。

音梁:音梁长宽约为4cm×2cm(条形剑锋状)。

(9)M4:31(n9)纽钟:内唇棱角均有锉痕,两正鼓、两铣角及4侧鼓部均有轻微磨槽。于口不太平齐,边缘有棱,浇冒口铸疵尚存。芯撑遗孔两鼓面各一,均为透。设有4个音梁,音梁较小呈剑锋状。耳测正、侧鼓音音程关系为大三度,音质较好。

音梁:长宽约为3.5cm×2cm(半椭圆形)。

见图3-6所示。

图3-6　第7、8、9号纽钟于口部图①

在9件纽钟前3件钟的于口部锉磨现象明显,第5—9件纽钟的音梁突出且形状较长,基本上成剑锋状,7—9件纽钟的浇冒口铸疵尚存,4个位置明确,于口粗糙。

综合以上分析,9件纽钟的形制外观、音梁设置与调音锉磨情况具有以下特征:

其一,纽钟的外观形制一致,工艺优良,造型美观。9件纽钟大小相次递减,整齐划一,具有青铜乐钟铸造的成熟水平。

---

① 许公墓纽钟音梁结构图片由笔者于2011年11月25日拍摄于叶县衙博物馆, 由笔者提供。

其二，除（n4）M4∶15号纽钟和（n7）M4∶24号纽钟于口未见明显调音痕迹以外，其余纽钟的于口和音梁均有明显的调音锉磨痕迹。说明该组纽钟在铸造和调音锉磨技术方面具有较为成熟的水平。

其三，在（n6）M4∶22纽钟的侧鼓部的剑锋状音梁上，有明显一条锉磨较深的细槽沟，沟长4厘米，呈细条状。此种锉磨痕迹较为少见，且不见于同墓的其他钟上。并且该纽钟音质较好，经测音正、侧鼓音音程关系为较准确的小三度。说明此种调音手法非随意而为，表现出调音技术的灵活性运用与对音准要求规范性。

其四，虽然在大多数纽钟上均有音梁设置与调音锉磨的痕迹，但其音梁的大小结构、形状和调音手法的统一性均有所不同，表现出在音梁发展初期的过渡性阶段。

总之，许公墓纽钟形制美观、铸造精良、纹饰繁缛，显示出青铜纽钟铸造工艺较为成熟的水平。但在反映其音梁的设置与调音锉磨技术方面却存在着一定的发展中阶段的过渡性因素。因此，许公墓编纽钟是一套经过精心铸造和细心调试过的实用乐器，从其形制上的表征反映，其产生铸造年代应在青铜编钟音梁铸造技术向成熟发展的过渡性阶段——春秋早中期节段。

第二节　许公墓纽钟编列

编列对青铜乐钟具有双重意义的内涵，一是作为礼器在形式与规模上的外在形式表现，二是作为乐器，编列是乐钟实际音乐性能与应用的基础。

纽钟的编列,从诞生之际即体现突破与发展,纽钟首创9件制编列,打破了西周甬钟维持了近300年的8件制编列的制度化,成为西周晚春秋早期乐钟兴盛的新生力量。"西周中期以后,从周王到高级贵族,编钟的组合一般均以8件为常制,这种情况彰显着整个西周编钟的编列呈现制度化,编钟所体现的西周乐制较为统一,乐制与礼制达成高度一致。"[①]编钟的发展需要符合音乐的发展规律,才能适应和满足社会与显贵们的娱乐需求。纽钟编列形式的大胆拓展,为"乐悬"注入了新的血液与生命,丰富了"乐悬"的编悬内容,使之呈现出崭新的姿态。

一、西周晚期至春秋早期纽钟编列

据考古资料分析,目前保存较好的早期编纽钟有5例,有三门峡上村岭虢太子墓纽钟;山西闻喜上郭村210号墓出土纽钟;山西闻喜上郭村211号墓出土纽钟;山东长清五峰山邿国墓M6纽钟;河南省三门峡市上村岭虢国墓地出土的虢仲纽钟。如表3-2所示。

---

① 方建军《中国音乐文物大系·陕西卷》,大象出版社1996年版,第19—53页。

表3-2　　西周晚春秋早期纽钟编列对照表

序号	名称	编列	出土地	资料来源
1	虢仲纽钟	8	1990年出土于河南三门峡上村岭虢国墓地北区 M2209	《中国音乐文物大系·河南卷》
2	闻喜上郭村 M210纽钟	9	1978年出土于山西闻喜上郭村 M210	《中国音乐文物大系·北京卷》
3	闻喜上郭村 M211纽钟	9	1978年出土于山西闻喜上郭村 M211	《中国音乐文物大系·北京卷》
4	上村岭虢太子墓纽钟	9	1956—1957年出土于河南三门峡上村岭 M1052	《中国音乐文物大系·河南卷》
5	长清仙人台纽钟	9	山东长清五峰山邿国墓地 M6	《中国音乐文物大系·山东卷》

上表5例纽钟中除三门峡上村岭虢国墓地北区M2209的虢仲纽钟为8件组编列以外，其余的山西闻喜上郭村210号墓纽钟、山西闻喜上郭村211号墓纽钟、河南省三门峡市上村岭虢国上村虢太子墓纽钟、山东长清五峰山邿国墓M6纽钟均为9件成编。由此可见，纽钟9件组编列在春秋初期已基本定型。但是，虢仲纽钟的编列为8件成编，与西周时期甬钟的8件制编列相同，其在编列上的与众不同说明了什么问题？我们试从虢仲墓来作以分析。

1990年在河南省三门峡市虢国墓地北区2009号墓属该墓地的第8组，位于北区，是虢国墓地墓葬最多、级别最高的一组，其中出土文物不仅数量多、品种全，而且有不少器物填补了我国周代考古空白。虢仲是周文王姬昌之同父异母弟，季历的第二子。周武王伐纣灭商后，封虢仲于雍地（今陕西宝鸡陈仓一带），西周末年迁至河南省三门峡及山西平陆一带。公元前655年，晋国假虞灭虢留下了"唇亡齿寒"的千古遗训。从虢仲墓葬中随葬品的等级与规格，展示出了当时君王身份的象征与国家的实力。

众所周知,在先秦墓葬中随葬青铜礼器的多少直接反映墓主人的身份等级。仅在虢仲墓中出土的青铜器、礼乐器就达120多件,其中,用以标示墓主人身份的青铜鼎达29件之多。并且在青铜礼器、乐器上多铸有铭文,其中有44件器物的铭文均言明为墓主人虢仲的自作用器[①]。从虢仲墓出土的大量乐器、玉器、礼器、车马器、兵器等器物可以看出作为一代君王的墓主人虢仲的实力与霸气。虢仲墓高规格的墓葬葬式等级与墓中出土大量的随葬礼器,充分体现出了虢国的经济实力。在春秋早期的背景下,虢国率先铸造和使用纽钟,不无道理。

如果虢国最先铸造使用纽钟,那么,虢仲纽钟就属最早的编纽钟。关于对虢仲纽钟的断代与谁属最早的纽钟问题,学界持有不同的看法[②]。王友华曾对虢仲纽钟与西周末仲义甬钟的编列比较后得出虢仲纽钟的编列承袭西周甬钟的编列模式,所以,虢仲纽钟应是最早的编纽钟,其时代为西周晚期[③]。而孔仪龙在《两周编钟音列研究》中通过音律的分析,认为虢太子墓纽钟才是最早的纽钟。从该墓同出的一套纽钟(8件)和一套甬钟(8件)分析,赵世刚在《中国音乐文物大系》(河南卷)认为虢仲纽钟的年代应为春秋早期。[④] 纽钟的断代需从多方因素而定,但从虢仲纽钟唯一的特殊编列形态中,能够显示出一种对

---

① 赵世刚《中国音乐文物大系·河南卷》,大象出版社1996年版,第128页。

② 孔仪龙《两周编钟音列研究》中通过音律的分析认为虢太子墓纽钟为最早的纽钟;王友华《大型组合编钟研究》一文中通过编列的比较认为虢仲纽钟为最早的纽钟。

③ 王友华《大型组合编钟研究》中国艺术研究院音乐研究所2008年博士论文。

④ 赵世刚《中国音乐文物大系·河南卷》,大象出版社1996年版,第128页。

西周甬钟编列设置的承袭与效仿，王友华的分析不无道理。

依照《中国音乐文物大系》的年代划分[①]，将西周晚春秋早期的编纽钟进行排列归纳，如表3-3所示。

表3-3 《中国音乐文物大系》西周晚春秋早期纽钟编列统计表[②]

序号	名　称	出土地	时代	编列	资料来源
1	闻喜上郭村210号墓纽钟	1978年出土于山西闻喜上郭村M210	西周晚期	9	《中国音乐文物大系·北京卷》
2	闻喜上郭村211号墓纽钟	1978年出土于山西闻喜上郭村M211	西周晚期	9	《中国音乐文物大系·北京卷》
3	陕县上村岭虢太子墓纽钟	1956—1957年河南陕县上村M1052	春秋早期	9	《中国音乐文物大系·河南卷》
4	虢仲纽钟	1990年出土于河南三门峡虢国墓地M2009	春秋早期	8	《中国音乐文物大系·河南卷》
5	长清仙人台M6纽钟	1995年出土山东长清五峰山邿国墓地M6	春秋早期偏晚	9	《中国音乐文物大系·山东卷》

纽钟编列设置特征如下：

（1）西周晚春秋早期，纽钟从诞生之际起其编列形式已基本定型，9件成编。早期纽钟数量较少，与同期出土的甬钟数量相差较远，主要集中于山西、河南、山东一带。

---

① 笔者在书文中所使用的时代划分，均依照《中国音乐文物大系》中记载的年代为依据，其他学者的观点会在注释中表述。

② 表中所示的年代与数据均来源于《中国音乐文物大系》中的北京卷、河南卷、山东卷等。

（2）虢仲纽钟的编列以8件成编，表现出一种特殊性。从事物的发展规律来看，虢仲纽钟的编列具有承袭西周甬钟编列的影响，虢仲纽钟的编列似乎在纽钟编列的成形发展过程中起到了承上启下的过渡性作用。

（3）纽钟诞生之初产生的编列形式，在一定程度上迎合了当时"礼"与"乐"的政治需求和艺术需求，并为青铜乐钟的繁荣注入了新生力量。

总之，西周晚春秋早期因周王室的衰微而加速了西周"礼制"的"崩坏"，乐舞、钟鼎僭越常制现象突出的表现在各诸侯国的"礼典"上。纽钟以其小巧的体型、轻盈的音色、耗材的节省以及编列上的优势迎了大众的口味。纽钟以迅猛的速度推动和发展，在社会的需求下迅速占领了广袤的青铜乐钟舞台。春秋中期，纽钟顺理成章地成为青铜乐钟的急先锋。

二、春秋中期纽钟编列

两周之际至春秋中晚期，纽钟9件制编列是较为常见的一种组合形式。春秋中期以前，纽钟9件组合有着相对固定的编列音列模式，春秋中期后，这种模式在新因素不断加入的情况下发生了变化。战国时期9件组编纽钟依然存在，且多见于中原及楚文化区域。

见表3-4所示。

表3-4　两周时期纽钟9件制组合统计表

序号	名称	件数	时代	资料来源
1	山西闻喜上郭M210编纽钟	9件	西周晚期	《中国音乐文物大系·山西卷》
2	山西闻喜上郭M211编纽钟	9件	西周晚期	《中国音乐文物大系·山西卷》
3	上村岭虢太子墓编纽钟	9件	春秋早期	《中国音乐文物大系·北京卷》
4	许公墓编纽钟	9件	春秋早中期	《中国音乐文物大系》（江西 续河南卷）
5	长治分水岭M269编纽钟	9件	春秋中期	《中国音乐文物大系·山西卷》
6	河南淅川下寺M1编纽钟	9件	春秋中期	《中国音乐文物大系·河南卷》
7	河南淅川下寺M10编纽钟	9件	春秋中期偏晚	《中国音乐文物大系·河南卷》
8	长清仙人台M5编纽钟	9件	春秋时期	《中国音乐文物大系·山东卷》
9	长清仙人台M6编纽钟	9件	春秋时期	《中国音乐文物大系·山东卷》
10	琉璃阁甲墓编纽钟	9件	春秋中晚	《中国音乐文物大系·河南卷》
11	河南固始侯古堆郙子成周钟	9件	春秋晚期	《中国音乐文物大系·河南卷》
12	河南淅川和尚岭M2讹子受钟	9件	春秋晚期	《中国音乐文物大系·河南卷》
13	滕州庄里西村编纽钟	9件	春秋晚期	《中国音乐文物大系·山东卷》
14	河南淅川徐家岭M3编纽钟	9件	春秋晚期	《中国音乐文物大系·河南卷》
15	河南淅川徐家岭M10编纽钟	9件	春秋晚期	《中国音乐文物大系·河南卷》
16	江苏六合程桥M2编纽钟	9件	春秋晚期	《中国音乐文物大系》（江苏 上海卷）
17	江苏六合程桥M1编纽钟	9件	春秋末期	《中国音乐文物大系》（江苏 上海卷）
18	安徽寿县蔡侯墓编纽钟	9件	春秋末期	
19	山东诸城都吉台编纽钟	9件	春秋晚期	《中国音乐文物大系·山东卷》
20	山东诸城市公孙朝子编纽钟	9件	战国中期	《中国音乐文物大系·山东卷》

许公墓纽钟,9件成编,属纽钟编列常制。与西周晚期纽钟诞生时编列相同。其定位于春秋中期[1],本文将也其放在春秋中期来论述。许公墓9件纽钟的组合,具有春秋中早期9件组纽钟的编列常制与音列规范,体现出中原文化的典型特点。

春秋中期,诸侯的崛起强烈地冲击着西周以来"礼乐"等级的尊严,大大小小的诸侯争相享受周天子的礼乐待遇,角逐于乐悬之中,展示着自身的实力与威风。纽钟在历经了西周晚春秋早期近百年的演变后,终于在春秋中期进入了蓬勃繁荣的时期。据考古资料显示,春秋中期纽钟的数量骤然增加,目前,据不完全统计,具有清晰断代和出土地明确的编纽钟已达21例,计200余件。主要范围分布于河南、山西、山东一带。

如表3-5所示。

表3-5 春秋中期纽钟编列统计表[2]

序号	名称	编列	出土地	时代	资料来源
1	许公墓纽钟	9	2002年出土于河南平顶山市叶县旧县村M4	春秋中期	《中国音乐文物大系·江西 续河南卷》
2	淅川下寺M1纽钟	9	1978年出土于河南省淅川县仓房乡下寺M1	春秋中期	《中国音乐文物大系·河南卷》

---

① 年代参照:《中国音乐文物大系·续河南卷》,大象出版社1996年版。

② 王友华在《先秦大型组合编钟研究》(中国艺术研究院2009年博士学位论文,第57页)纽钟统计表中把"莒南县大店镇M1纽钟"和"长清仙人台M5纽钟"统计在春秋中期。但在《中国音乐文物大系》中,以上两组编纽钟的时代定位是在春秋晚期,所以本文的时代划分是以《中国音乐文物大系》的时代为依据,在这里将以上两组编纽钟列为春秋晚期的统计中。

序号	名称	编列	出土地	时代	资料来源
3	淅川下寺 M10 纽钟	9	1979年出土于河南省淅川县仓房乡下寺 M10	春秋中期	《中国音乐文物大系·河南卷》
4	莒南县大店镇 M2纽钟(游钟)	9	1975年出土于山东省莒南县大店镇 M2	春秋中期	《中国音乐文物大系·山东卷》
5	沂水刘家店子纽钟	9	1978年出土于山东沂水县刘家店子春秋墓	春秋中期	《中国音乐文物大系·山东卷》
6	长治分水岭 M269纽钟	9	1972年出土于山西长治市分水岭 M269	春秋中期	《中国音乐文物大系·山西卷》
7	长治分水岭 M270纽钟	9	1972年出土于山西长治市分水岭 M270	春秋中期	《中国音乐文物大系·山西卷》
8	临猗程村 M1001纽钟	9	1987—1989年出土于山西临猗县程村 M1001	春秋中晚期	《中国音乐文物大系·山西卷》
9	临猗程村 M1002纽钟	9	1987—1989年出土于山西省临猗县程村 M1002	春秋中晚期	《中国音乐文物大系·山西卷》
10	侯马上马 M13 纽钟	9	出土于山西侯马上马13号墓	春秋中晚期	《中国音乐文物大系·山西卷》
11	新郑城市信用社 K8纽钟	10	1995年出土于河南新郑城市信用社工地 K8	春秋中期偏晚	《中国音乐文物大系·河南卷》
12	新郑金城路 K2纽钟	10	1993年出土于河南新郑市金城路中段 K2	春秋中期偏晚	《中国音乐文物大系·河南卷》
13	新郑中行工地 K1纽钟	10	1996、1997年出土于河南新郑中行建筑工地 k1	春秋中期偏晚	《中国音乐文物大系·河南卷》
14	新郑中行工地 K4纽钟	10	1996、1997出土于河南新郑中行建筑工地 k4	春秋中期偏晚	《中国音乐文物大系·河南卷》
15	新郑中行工地 K5纽钟	10	1996、1997年出土于河南新郑中行建筑工地 k5	春秋中期偏晚	《中国音乐文物大系·河南卷》
16	新郑中行工地 K7纽钟	10	1996、1997年出土于河南新郑中行建筑工地 k7	春秋中期偏晚	《中国音乐文物大系·河南卷》
17	新郑中行工地 K8纽钟	10	1996、1997年出土于河南新郑中行建筑工地 k8	春秋中期偏晚	《中国音乐文物大系·河南卷》
18	新郑中行工地 K9纽钟	10	1996、1997年出土于河南新郑中行建筑工地 k9	春秋中期偏晚	《中国音乐文物大系·河南卷》

序号	名称	编列	出土地	时代	资料来源
19	新郑中行工地 K14纽钟	10	1996、1997年出土于河南新郑中行建筑工地k14	春秋中期偏晚	《中国音乐文物大系·河南卷》
20	新郑中行工地 K16纽钟	10	1996、1997年出土于河南新郑中行建筑工地k16	春秋中期偏晚	《中国音乐文物大系·河南卷》
21	新郑中行工地 K17纽钟	10	1996、1997年出土于河南新郑中行建筑工地k17	春秋中期偏晚	《中国音乐文物大系·河南卷》

从上表可知，纽钟9件制编列为春秋中期主要编列形式，且大多出自墓葬或窖藏坑，编列组合关系比较明确，规律性强。但在春秋中晚期纽钟中则出现了10件组的编列现象，以郑国首先突破了纽钟9件制编列创10件制编列。通过考古发现，在河南新郑一带出土有大量的10件组编列纽钟，在以上21例中有11例为10件组编列的纽钟，并全部集中于河南的新郑。其中除出土于新郑金城路K2纽钟和新郑城市信用社K8纽钟外，其余9例均出于新郑中行工地的多个窖藏坑，其惊人的集中和统一具有特殊的典型性。据资料分析，此种现象仅见于河南的新郑，至今，未见于其他地区。

如图3-7所示。

郑国纽钟的编列为什么会首先突破9件制为10件制编列，而且如此的统一和规模庞大？这与郑国的国情和政治经济背景有密切的关联。

图3-7 河南新郑城市信用社8号坑1组纽钟①（上）、河南新郑金城路2号坑纽钟②（下）

公元前806年，周宣王封其弟友于郑（今陕西华县东），即郑桓公③。公元前771年，西周王室发生了"犬戎之乱"，犬戎杀死周幽王④，并杀郑桓公。继位的郑武公⑤攻灭郐和东虢⑥，建立郑国，都新郑。今

---

① 图片来源：《中国音乐文物大系·江西 续河南卷》，大象出版社1999年版。

② 图片来源：《中国音乐文物大系·江西 续河南卷》，大象出版社1999年版。

③ 郑桓公（？—公元前771年），西周末年周厉王少子，周宣王异母弟。姬姓，郑氏，名友，故又称姬友、郑友或郑伯友，史称郑桓公。

④ 周幽王，宣王子，公元前781年至公元前771年在位。西周末代君主。姬姓，名宫湦（"湦"一作"涅"或"湟"）。

⑤ 周武公，姓姬，名共之，是战国西周的第四任君主，为西周惠公长子。

⑥ 东虢，古国，《汉书·地理志》："东虢在荥阳，西虢在雍州"。《左传·隐公元年》："制，岩邑也。虢叔死焉。"《国语·郑语》史伯说："虢叔恃势，郐仲恃险"。东虢当是文王同母亲弟弟虢叔的封国。东虢史事文献少见。东虢君自周文王时即在王室为公卿，曾任周武王师。不知何故直到周幽王时，东虢还是一个"子男"小国。蔡运章先生据金文记载，认为虢叔旅钟诸器中的"虢叔旅"即是周夷王，周孝王时的东虢君。他作为执政大臣，曾参与周王的册命典礼，还代表周王处理下级贵族间的纠纷。周平王四年（公元前767年），东虢为郑国所灭。

河南新郑地区一带，为春秋时期郑国的首都，郑国经济发达、国力强大，春秋时率先成为小霸。郑武公和郑庄公相继为周平王卿士[①]，且能控制内部卿大夫的势力，在春秋初年的历史上郑国甚为活跃，就连当时的齐国都经常听命于郑国，跟随郑国东征西讨[②]。政治、经济上的强盛，刺激着文化的繁荣与发展，更何况郑地原是商民族聚居区，保留了商民族音乐传统的"前朝遗声"，感情表达热烈、奔放、大胆。

春秋时期的郑、卫两国，保存了丰富的民间音乐。《诗经·国风》凡160篇，郑风、卫风合为31篇，约占"国风"的五分之一。各国"风"诗多是短小歌谣，而在"郑风""卫风"中却有着大段的分节歌，可见其音乐结构的庞大和繁复。其中多有反映民俗生活的诗篇，如《诗经·郑风·溱洧》对男女爱情的描写中透露出一股浪漫的生活气息，正由于这些具有生活特色的描述，产生了较强的艺术感染力。这种不拘旧格的、清新的、浪漫的新乐即被喻为"郑卫之音"。《礼记·乐记》载："魏文侯问于子夏曰：'吾端冕而听古乐，则惟恐卧；听郑卫之音，则不知倦。敢问古乐之如彼，何也？新乐之如此，何也？'"较魏文侯稍晚的齐宣王则表达得更为坦率："寡人今日听郑卫之音，呕吟感伤，扬激楚之遗风""寡人非能好先王之乐也，直好世俗之乐耳"。新乐的产生，代表了新兴贵族阶级对僵化凝固的雅乐的厌弃，对清新活泼俗乐的热爱。实际上，在"郑卫之音"中尚保留了商民族音乐传统的"前朝遗

---

① 武公、郑庄公原为周平王之卿士，执掌周朝国政。平王欲以虢侯替代郑庄公为左卿，庄公有怨言于平王。

② 公元前701年，郑庄公与齐、卫、宋等大国诸侯结盟，俨然已是诸侯霸主。齐国当时是诸侯中强国，郑庄公很注意密切与齐的关系，以利用齐国势力来牵制宋人。

声",但由于其感情表达方式的热烈与奔放,同时也内含着某种团聚意识,因而,使独崇"雅乐"的周王室及其维护者常常加以排斥和否定。孔子说:"恶郑声之乱雅乐也"(《论语·阳货》),在儒家音乐思想代表作《乐记》中对此也有评价:"郑卫之音,乱世之音也。"由于儒家思想在封建社会中所居的特殊地位,历代"郑卫之音"便成为靡靡之音的代名词。但历史的发展将不可阻挡,春秋时期郑卫之国丰富的民间音乐与前卫的音乐思想,撬开了西周以来固守的音乐形态。这一切都为春秋时期青铜乐钟的革新提供了条件。

由此而论,春秋中期偏晚,郑国的纽钟率先突破9件制创10件制编列的现象,恰恰符合郑国的政治国情和文化审美趋同,同时也迎合了当时社会的发展需求,充分显示出郑国在春秋时期强盛的小霸国力与其国家文化艺术的蓬勃与繁荣。此种现象的存在进一步证实了编悬乐钟在加速"礼崩乐坏"裂变过程中的催化作用,"礼乐终当属真主"的心理膜拜被彻底摧毁,"礼"与"乐"的更迭博弈成为春秋历史演变的核心内容。

三、春秋晚期纽钟编列的流变

春秋晚期,纽钟的发展延续了春秋中期以来的繁荣。据考古资料表明,春秋晚期的纽钟仍然以9件组编列为主要编列形式,目前出土于春秋晚期的编纽钟达21例,共178件。如表3-6所示。

表3-6　春秋晚期纽钟编列统计表

序号	名　称	编列	出土地	时　代	资料来源
1	莒南县大店镇M1纽钟	9	1975年出土于山东省莒南县大店镇M1	春秋晚期	《中国音乐文物大系·山东卷》
2	长清仙人台M5纽钟	9	1995年出土于山东长清五峰山邿国墓地M5	春秋晚期	《中国音乐文物大系·山东卷》
3	万荣庙前纽钟	9	1958—1962年出土于山西万荣河镇庙前村58M1	春秋战国之际	《中国音乐文物大系·山西卷》
4	长治分水岭M25纽钟	9	1959年—1961年出土于山西长治分水岭M25	春秋晚期	《中国音乐文物大系·山西卷》
5	屯留车王沟纽钟	9	1990年出土于山西屯留河北村车王沟崖顶一墓葬	春秋战国之际	《中国音乐文物大系·山西卷》
6	临猗LC1号墓纽钟	9	1987年—1989年出土于山西临猗程村LC1号墓	春秋晚期	《中国音乐文物大系·山西卷》
7	鄱子成周纽钟	9	1978年出土于河南固始城关镇砖瓦厂M1陪葬坑	春秋晚期	《中国音乐文物大系·河南卷》
8	河南淅川徐家岭M10纽钟	9	1991年出土于河南淅川丹江口水库岸边徐家岭村	春秋晚期	《中国音乐文物大系·河南卷》
9	河南淅川徐家岭M3纽钟	9	1990年出土于河南淅川丹江口水库岸边徐家岭村	春秋晚期	《中国音乐文物大系·河南卷》
10	长清仙人台5号墓纽钟	9	1995年出土于山东长清北黄岩村邿国墓地M5	春秋晚期偏早	《中国音乐文物大系·山东卷》
11	辉县琉璃阁甲墓纽钟	9	1936年10月出土于河南辉县琉璃阁甲墓(存4件)	春秋晚期	《中国音乐文物大系·河南卷》
12	寿县蔡侯墓纽钟	9	1955年出土安徽寿县蔡侯墓	春秋晚期	《中国音乐文物大系·山东卷》
13	莒南县大店M1纽钟	9	1975年出土于山东莒南县大店镇一号墓	春秋晚期	《中国音乐文物大系·山东卷》
14	诸城都吉台纽钟	9	1983年出土于山东诸城都吉台村东的一座春秋墓	春秋晚期	《中国音乐文物大系·山东卷》

序号	名 称	编列	出土地	时 代	资料来源
15	山东滕州庄里西村纽钟	9	1982年出土于山东滕州姜屯镇庄里西村墓葬	春秋晚期	《中国音乐文物大系·山东卷》
16	六合程桥M1纽钟	9	1964年出土于江苏六合程桥镇中学M1	春秋晚期	《中国音乐文物大系·江苏卷》
17	江苏邳州九女墩M3纽钟	9	1993年出土于江苏邳州戴庄梁王城旁九女墩	春秋晚期	《中国音乐文物大系·江苏卷》
18	佣子受纽钟	9	1990年出土于河南淅川丹江口水库和尚岭M2	春秋晚期	《中国音乐文物大系·河南卷》
19	江苏丹徒纽钟	7	1984年出土于江苏丹徒大港北山顶吴国贵族墓	春秋晚期	《中国音乐文物大系·江苏卷》
20	六合程桥M2纽钟	7	1968年出土于江苏六合程桥镇东陈岗坡	春秋晚期	《中国音乐文物大系·江苏卷》
21	山东海阳嘴子前M4纽钟	2	1994年出土于山东海阳嘴子前M4春秋墓群	春秋晚期	《中国音乐文物大系·山东卷》

从以上资料分析,21例编纽钟资料中有18例为9件制编列,有3例为其他编列(出于江苏和山东地区)。由此可见,春秋晚期纽钟的编列规范仍延续以往9件制纽钟的编列常制,并以中原为主要发展区域,具有很强的规范性意义。

综上所述,通过对西周晚春秋早、中、晚期纽钟编列发展过程的分析比较发现,9件制纽钟的编列现象从西周末期纽钟诞生之时起就已经确定了其编列的常制,并一直延续至春秋晚期到战国初期。但是,在春秋中期偏晚时,纽钟9件制编列现象增发生过变化,出现了10件制编列。但此种现象仅局限于郑国的区域之内而未见于其他地区,应与郑国的政治经济、战略发展背景与审美因素有主要关联,属于个案。

9件制纽钟的编列常制占据整个春秋时期编纽钟发展的主要地位，纽钟编列的真正突破是在春秋以后的战国初期，具体体现在曾侯乙组钟^①的编列上。春秋时期纽钟的主要发展地区以河南、山东、山西一带的中原地区为主要区域。

许公墓纽钟以9件制的编列现象出现，符合早期纽钟的编列常制，也是整个春秋时期纽钟发展过程中的编列常制，体现出一种承袭与延续性。从地域上，许公墓纽钟虽出土于河南平顶山市叶县旧县，春秋时期属楚国管辖，但其古都是在旧许，属于中原古族，许公墓纽钟的编列承袭中原纽钟编列特点与常制应属常态。若仅以纽钟的编列特征来区分其所属年代，似乎说服力不强。但是，许公墓纽钟的9件制编列至少与西周晚春秋早期纽钟编列相同。所以，不能排除其属较早时期编纽钟的因素。

从春秋中至战国初，是纽钟发展的极盛时期，其不仅数量多，且分布广。据不完全资料统计，至战国初期的编纽钟已达37例，数量超过400件以上。其编列现象一般可分为四类：9件组编列；10件组编列；11件组编列；13件组和其他编列。战国以后，纽钟迅速衰败。

纽钟的发展，从春秋早期的少量至中期的繁盛直至晚期的辉煌，其不仅是从编列上的规范、数量上的不断增多、铸造工艺上的不断精湛，其更重要的是纽钟在其音列方面所引发的拓展。特别是纽钟在音列上的突破与变革，为青铜乐钟在音乐性能的发展打开了一

---

① 曾侯乙编钟中的3组纽钟以6件、6件、7件的编列形式呈现，详见《中国音乐文物大系·湖北卷》。

　　　　　　　　　　　　　　第三章　纽钟研究

片新天地,更是为战国初期辉煌的大型组合编钟^①的诞生,奠定了良好的基础。

第三节 许公墓纽钟音列

作为乐器,音列的演变是其演进过程中的核心内容。王子初在《中国青铜乐钟的音乐学断代》^②一文中提出了几个青铜乐钟的断代标准,其中音列即为其一。青铜乐钟的音列在不同时期有着不同的特性,与变化相对容易的形制、纹饰等外在形态相比较,音列自身具有比较强的稳定性。所以,以音列作为标准对青铜乐钟进行断代,具有明显的优势和不可替代的作用。

自西周至春秋早期,甬钟一直在编列与音列设置上保持着自身的规范。这种情况直至进入春秋后才有了突破与改变,而这种突破与改变的动力因素是与纽钟的崛起有着紧密的关联。纽钟以其优良的音乐性能成为推动东周乐钟发展和编悬体制进一步完善的主要乐器,使编钟向旋律乐器的方向迅速迈进,同时也带动了镈钟、甬钟音乐性能的革新。两周之际编钟音列的变革主要是围绕纽钟的出现而发生的^③,并由此带动了其他钟形音列的思变。

---

① 在这里指"曾侯乙墓编钟"。

② 王子初《中国青铜乐中的音乐学断代》,《中国音乐学》2007年第1期。

③ 王子初《中国音乐考古学》,福建教育出版社2003年版,第173页。

本节从西周晚至春秋晚期纽钟的音列变化分析入手，对比许公墓纽钟音列所具有的特点及时代特征。

一、西周晚期至春秋早期纽钟音列

据目前统计，西周晚春秋早期的纽钟数量不多，与同期的甬钟相比纽钟处于初步形成的阶段。

1. 早期纽钟音列分析

据考古资料表明，目前具有断代明确、音乐性能保存良好的早期纽钟共有5例，即：河南省三门峡市上村岭虢国墓地出土的虢仲纽钟（8件）；陕县上村岭虢太子墓纽钟（9件）；山西闻喜上郭村210号墓出土纽钟（9件）；山西闻喜上郭村211号墓出土纽钟（9件）；山东长清五峰山邿国墓M6纽钟（9件）。从以上5例纽钟资料显示，均经过测音，具有较为完整的测音数据。具体分析如下。

(1) 虢仲纽钟音列

虢仲纽钟，8件成编，音列明确，音乐性能良好。在8件纽钟中除第7、8两件钟外其余均经过调音锉磨。虢仲纽钟的音梁不太明显，钟口内唇较为突出，其调音方法主要运用在钟口内唇锉磨凹槽的锉磨技术，在每个纽钟上呈现出不太均匀的锉磨痕迹，在钟口内唇部有的锉磨较平，也有较多凹槽。从这些调音痕迹表明，该套纽钟属实用器。

经测音，整套纽钟除第一件破损未测音外，其余7件纽钟音高明确。正鼓音音位排列为："（ ）—宫—角—羽—羽—角—羽"，构成"宫—

角—羽"三声音列。正、侧鼓音构成"宫—商—角—羽曾—徵—羽"
六声音列。正鼓音除首钟外，其余7件纽钟的音列与西周晚期8件
组甬钟后7件钟正鼓音音列相同。由此推断，第1件钟的正鼓音应
为"羽"，其完整音位排列结构应为："（羽）宫—角—羽—角—羽—
角—羽"，符合西周中晚期以来8件组甬钟正鼓音列规范。测音数据
如表3-7所示。

表3-7 虢仲纽钟测音数据表[①]（单位：音分）

序　号	1	2	3	4	5	6	7	8
正鼓音音高	破裂	g^1+26 ($^\sharp g^1$-74)	c^2-40	f^2-25	c^3+44	f^3-13	$^\sharp c^4$-15 (c^4+85)	e^4+45 (f^4-55)
正鼓音阶名	（羽）	宫	角	羽	角	羽	角	羽
侧鼓音音高	破裂	$^\sharp a^1$-26	$^\sharp d^2$+29	$^\sharp c^2$-39	$^\sharp d^3$+112	$^\sharp g^3$-46	$^\sharp d^4$+49	$^\sharp g^4$-17
侧鼓音阶名	—	商	徵	羽曾	徵	宫	徵	宫

　　上表音列数据显示，虢仲纽钟音列的正鼓音与西周时期甬钟音列
完全相同，但其侧鼓音却不同于甬钟的音列。在春秋早期，虢仲纽钟
的编列是一个特例[②]，所以，虢仲纽钟的音列设置也同样具有较为典型
的特征。

　　首先，虢仲纽钟正鼓音在承袭了西周甬钟音列常制的同时，也突
破了西周编钟音列位置设置的常规。西周中晚期以来，成组乐钟的
首、次二钟不用侧鼓音，这已成为西周晚期编钟音列设置的常规，但虢
仲纽钟的第二件钟的侧鼓音已被利用。其次，出现五声以外的偏音。

---

① 赵世刚《中国音乐文物大系·河南卷》，大象出版社1996年版，第93页。
② 在上节编列分析中已对虢仲纽钟编列的特殊性做分析介绍。

虢仲纽钟在第4件钟的侧鼓音上出现了"羽曾",而按照周制甬钟正、侧鼓音程的一般规范,正鼓音设为"羽"时,其侧鼓音应调为"宫",而不是"羽曾"。"羽曾"音的出现是青铜乐钟上首次出现五声以外的偏音,这种音列的变化现象是青铜乐钟音列发展史上的一次革新性的尝试,是青铜乐钟音列质的突破。其三,打破"周乐戒商"的戒律。西周以来一直避讳的"商"音出现在虢仲纽钟的第2件钟的侧鼓音上。众所周知,"商"是周乐中严格避讳的现象,周乐的戒律即为"戒商","商"音的出现大胆地突破了西周以来的戒律,此种现象具有重要的挑战性的历史意义。可以说,虢仲纽钟在音列上所反映出的大胆突破与巧妙的安排,是春秋时期乐钟在"礼"与"乐"的博弈中,传统与创新徘徊中的试探。

(2)虢太子墓纽钟音列

虢太子墓纽钟,9件成编。钟体较小,形制相同,为春秋早期器[1]。虢太子纽钟铸造较为粗糙,音律无序,钟体内壁无音梁和音槽,纽钟口沿略厚,第4件纽钟破裂,其余8件纽钟均可发音[2]。据测音,其正鼓音位排列为:"徵—羽—宫—(商)—角—角—羽—羽—宫",构成"徵—羽—宫—商—角"五声音列,从其测音数据反映出虢太子墓纽钟音列的设置具有一定的不成熟性。

(3)闻喜上郭M210、M211纽钟音列

闻喜上郭M210纽钟,9件成编。1978年由山西省考古研究所在闻

---

① 赵世纲《中国音乐文物大系·河南卷》,大象出版社1996年版,第93页。

② 中国科学院考古研究所编著《上村岭虢国墓地》,科学出版社1959年版,第22页。

喜上郭村210号墓清理发掘，墓葬为长方形土坑竖穴墓，早期被盗，出土遗物极少，纽钟位于墓室北部棺椁之间，现藏于山西省考古研究所。如图3-18所示。

图3-8 闻喜上郭村210号墓纽钟图[1]

闻喜上郭M210纽钟，钟体呈合瓦形，于口呈弧形，形体相同，大小相次成列。篆和鼓部饰夔龙纹，其他素面，无枚，为西周晚期器[2]。经测音表明，纽钟保存良好，音乐性能尚佳，测音数据如表3-8所示。

表3-8　闻喜上郭210号墓纽钟测音数据[3] 表（单位：音分）

序　号	1	2	3	4	5	6	7	8	9
正鼓音高	a^1+42	b^1+15	d^2+50	$^\sharp d^2$+96 （e^2-4）	f^2+68	b^2+29	e^3+54	$^\sharp f^3$+42	b^3+82
正鼓音阶名	徵	羽	宫	商	角	羽	商	角	羽
侧鼓音高	d^2+30	哑	$^\sharp f^2$+33	g^2+59	$^\sharp g^2$+53 （a^3-47)	d^3+67	g^3+38	a^3+50	$^\sharp d^4$+70
侧鼓音阶名	宫	—	角	羽曾	徵	宫	羽曾	徵	羽角

---

① 项阳、陶正刚《中国音乐文物大系·山西卷》，大象出版社2000年版，第63页。

② 王子初《太原晋国赵卿墓铜编搏和石编磬研究》，文物出版社1996年版，第326页。

③ 数据参考：项阳、陶正刚《中国音乐文物大系·山西卷》，大象出版社2000年版，第64页。

闻喜上郭M211纽钟,9件成编。1978年山西省考古研究所在闻喜上郭村211号墓清理发掘,墓葬位于M210之东侧,长方形竖穴土坑墓,早期被盗。纽钟位于墓室棺椁之间,同时出土文物有鼎、盘、鬲等。现藏于山西省考古研究所。如图3-9所示。

图3-9 闻喜上郭211号墓纽钟图[①]

闻喜上郭M211号纽钟形制、纹饰相同,大小相次成列,钟体呈合瓦形,于口呈弧形,有环形纽,无枚。篆和鼓部饰有联珠龙纹,纽上部饰有珠纹,为西周晚期器[②]。经测音,该套纽钟保存良好,音乐性能较佳。

测音数据如表3-9所示。

表3-9 闻喜上郭211号墓纽钟测音数据[③]表（单位:音分）

序 号	1	2	3	4	5	6	7	8	9
正鼓音高	b^1+72 （c^2-28）	d^2+21	e^2+89 （f^2-11）	g^2+44	a^2+20	d^3+33	g^3+75	a^3+77	$^\sharp c^4$+78 （d^4-22）
正鼓音阶名	徵	羽	宫	商	角	羽	商	角	羽
侧鼓音高	$^\sharp d^2$+42	f^2+32	a^2+4	b^2+38	c^3+28	f^3+58	b^3+7	c^4+92	f^4+0
侧鼓音阶名	徵角	宫	角	商角	徵	宫	羽曾	徵	宫

---

① 《中国音乐文物大系·北京卷》,大象出版社1996年版。

② 王子初《太原晋国赵卿墓铜编镈和石编磬研究》,文物出版社1996年版,第325页。

③ 数据参照:《中国音乐文物大系·山西卷》,大象出版社2000年版,第65页。

从闻喜上郭村210号墓和211号墓两套纽钟的音列分析发现，两组纽钟具有一定的规范性，该两套纽钟音列设置基本成型，构成与完善了纽钟诞生以来的音列设置模式，具体体现在以下几点：

其一，纽钟音列结构已形成。两套9件组纽钟的音列结构形式是目前纽钟资料中最早形成的音列结构模式，正鼓音为"徵—羽—宫—商—角—羽—商—角—羽"的排列结构。由此证明，西周末期纽钟音列结构已定型，并成为以后9件制纽钟音列之常制。其二，正鼓音出现五声音列。在周制甬钟正鼓音列的"羽—宫—角"三声音列结构基础上加入了"徵"和"商"，构成五声音列。此音列结构不仅扩大了音域，且增强了乐钟的旋律性和音乐性能的发挥。其三，基本确立了正、侧鼓音的三度音程关系。在两套纽钟中，除M210第1件纽钟的正、侧鼓音间出现四度关系外，其他纽钟的正、侧鼓音之间均统一在三度关系之内。说明，此时纽钟已具备了较高的音律意识和调音水平。该两套编纽钟的音列具有典范性。

(4)长清仙人台6号墓纽钟音列

长清仙人台M6号纽钟，9件成编。1995年出土于长清五峰山北黄崖仙人台邿国墓地。同墓出土的乐器还有一套11件组甬钟和一套10件组编磬，该墓约在公元前650年前后的春秋早期晚段[①]。纽钟现藏于山东大学博物馆。

如图3-10所示。

---

① 山东大学历史文化学院考古系《长清仙人台五号墓发掘简报》，《文物》1998年第9期。

图3-10　长清仙人台6号墓纽钟[①]

长清仙人台9件编纽钟形制、纹饰一致，大小相次成编。在纽钟的正鼓部饰一圆圈纹，标志为正鼓部的敲击点，在第5、6号纽钟的右侧鼓部也饰有一圆圈纹饰，标志为侧鼓音的敲击点[②]，其余部位素面。该套纽钟调音锉磨方法十分规范，四侧鼓内壁均有音梁，于口部设有窄小内唇,唇上有调音锉磨痕迹。主要锉磨部位为两铣角、两正鼓和四侧鼓内侧,在4件小钟上尤为清楚。可见,该套编纽钟为实用器。经测音表明,该套纽钟音乐性能较佳,音准较好。测音数据如表3-10所示。

①　图片来源:王子初拍摄于山东大学博物馆,由王子初提供。
②　山东大学历史文化学院考古系《长清仙人台五号墓发掘简报》,《文物》1998年第9期。

表3-10 长清仙人台6号墓纽钟测音数据表 [①] （单位：音分）

序 号	1	2	3	4	5	6	7	8	9
正鼓音高	$^\sharp c^2$+43	$^\sharp d^2$+44	g^2-35 ($^\sharp f^2$+65)	$^\sharp g^2$+42	$^\sharp a^2$+19	$^\sharp d^3$+47	$^\sharp g^3$+33	a^3+37 ($^\sharp a^3$-63)	e^4-30 ($^\sharp d^4$+70)
正鼓阶名	徵	羽	宫	商	角	羽	商	角	羽
侧鼓音高	$^\sharp f^2$+21	$^\sharp g^2$+37	c^3-16 (b^2+84)	c^3+23	d^3-29	g^3-6	c^4+40	$^\sharp c^4$-8	$^\sharp g^4$-18 (g^4+82)
侧鼓阶名	宫	商	羽曾	商角	宫曾	羽角	商角	宫曾	羽角

上表分析表明，首钟正鼓音为"徵"，正鼓音构成："宫—商—角—徵—羽"五声音列，正、侧鼓音构成："宫—羽角—商—角—羽曾—商角—徵—羽"八声音列结构。长清仙人台9件编纽钟音列设置出现以下特征：

首先，在前3件钟的正、侧鼓音构成"徵—宫""羽—商""宫—羽曾"的四度关系，侧鼓音普遍偏高。其次，第5件"角"音钟、第6件"羽"音钟、第8件"角"音钟的正、侧鼓音间出现中立的三度关系，此种现象少见于其他钟，应与铸造技术、调音技术和锈蚀等因素有关。另外，该套纽钟正鼓音音列排列较为规范，音准较佳，侧鼓音列相对音准较差。证明该纽钟处在纽钟音列的发展初期，其调音标准以正鼓音高为范而忽视侧鼓音高的现象。

综上分析，早期编纽钟音列设置情况，除虢仲纽钟音列属特例外，其余早期9件组编纽钟正鼓音音列已基本形成，正鼓音位排列为："徵—羽—宫—商—角—羽—商—角—羽"，正鼓音构成"徵—羽—

---

① 周昌富、温增源《中国音乐文物大系·山东卷》，大象出版社2001年版，第340页。

宫—商—角"五声音列。如表3-11所示。

表3-11　西周晚春秋早期9件组编组钟正鼓音名对照表

序号	名称	1	2	3	4	5	6	7	8	9
1	虢太子墓纽钟正鼓音阶名	徵	羽	宫	（商）	角	角	羽	羽	宫
2	闻喜上郭M210纽钟正鼓音阶名	徵	羽	宫	商	角	羽	商	角	羽
3	闻喜上郭M211纽钟正鼓音阶名	徵	羽	宫	商	角	羽	商	角	羽
4	长清仙人台M6纽钟正鼓音阶名	徵	羽	宫	商	角	羽	商	角	羽

从上表中，除虢太子墓纽钟的音列出现叠置音和不确定音以外，其他9件制纽钟的音列设置已完全成型，其模式成为9件制纽钟音列发展的常制。纽钟正鼓音均构成五声音列结构，正、侧鼓音构成六、七、八声音列结构。如表3-12,3-13所示。

表3-12　西周晚春秋早编纽钟正鼓音音列对照表

乐钟名称	正鼓音音列类型	正鼓音音列结构
虢仲纽钟	三声音列	宫—角—羽
闻喜上郭210号墓纽钟	五声音列	宫—商—角—徵—羽
闻喜上郭211号墓纽钟	五声音列	宫—商—角—徵—羽
虢太子墓纽钟	五声音列	宫—（商）—角—徵—羽
长清仙人台M6纽钟	五声音列	宫—商—角—徵—羽

表3-13　西周晚春秋早期编纽钟正、侧鼓音音列对照表

乐钟名称	正、侧鼓音音列类型	正、侧鼓音音列结构
虢仲纽钟	六声音列	宫—商—角—羽曾—徵—羽
闻喜上郭210号墓纽钟	七声音列	宫—商—角—羽曾—徵—羽—羽角
闻喜上郭211号墓纽钟	八声音列	宫—商—角—羽曾—商角—徵—羽—羽角
虢太子墓纽钟	八声音列	宫—商—角—羽曾—商角—徵—羽—羽角
长清仙人台M6纽钟	八声音列	宫—商—角—羽曾—商角—徵—羽—羽角

分析可见，虢仲纽钟由于其8件制的编列与西周末甬钟编列相同，其音列同样现出承袭西周末甬钟音列的现象。虢太子墓纽钟正鼓音出现了音位叠置，表现出一种摇摆不定和不成熟性。闻喜上郭M210、M211号纽钟的音列则相对较为稳定和统一，具有成熟性。那么对于《中国音乐文物大系》中的年代记录是否有误？孔仪龙和王友华对此提出了自己不同的看法：孔仪龙通过音律分析与音分的测算认为：虢太子墓纽钟的年代应在西周晚期，属最早的纽钟[①]。而王友华通过编列的形成与音列的发展分析认为：虢仲纽钟年代应在西周的末期，为最早的纽钟[②]。从早期纽钟发展的历程看，纽钟外部形态的突破应该是大于内部音列的设置，从此角度而言，虢仲纽钟的产生年代理当早于虢太子墓纽钟。倘若此两组纽钟的年代都属于较早的话，反而在《大系》中记载较早的闻喜上郭M210、M211号墓纽钟的音列更为成熟。如此，虢仲纽钟与虢太子墓纽钟的产生年代应比它们还偏早，至少应定为西周晚期。

---

① 孔仪龙《两周编钟音列研究》，中国艺术研究院2005年博士学位论文，第87页。
② 王友华《先秦大型组合编钟研究》，中国艺术研究院2009年博士学位论文，第78页。

事实证明,两周之际9件组纽钟在诞生之初就已形成了音列常制,并在周末"三声"音列的基础上拓展为"五声",正、侧鼓音从"四声"音列拓展为"五声"至"八声"音列。首钟突破"钟尚羽"观念,从"羽"扩展为"徵",成为纽钟音列设置的常制规范。此种纽钟音列常制,直至春秋晚与战国初期,才不断扩大、丰富,九声、十声音列相继出现。

二、许公墓纽钟音列

许公墓纽钟,9件成编,出土时9件纽钟紧靠椁室的东北侧一字型码放,与同墓甬钟并排,均未悬挂。

1.许公墓纽钟音列分析

许公墓纽钟保存状况不太好,锈蚀稍重,有2件钟已破哑,发音不清。在9件纽钟上有明显的音梁设置,并有程度不同的调音锉磨痕迹。经测音,为实用器。具体测音数据如表3-14所示。

表3-14　许公墓纽钟测音数据表[①]（单位:音分）

序号	1	2	3	4	5	6	7	8	9
编　号	M·12	M·13	M4·14	M4·15	M4·21	M4·22	M4·24	M4·23	M4·31
正鼓音高	$^\sharp g^1$-13	g^1-20	$^\sharp c^2$+17	未测	e^2-23	$^\sharp a^2$+39	$^\sharp d^3$+19	$^\sharp f^3$-45 $^\sharp e^3$+56	b^3+1 $^\sharp a^3$+101
正鼓音阶名	徵	（羽）	宫	商	（角）	羽	商	角	羽
侧鼓音高	b^1-6	哑	f^2+3 $^\sharp e^2$+4	未测	g^2+13	d^3-41 $^\sharp c^3$+60	$^\sharp f^3$+42 g^3-57	a^3+16 $^\sharp g^3$+117	$^\sharp d^4$-31 $^\sharp c^4$+170
侧鼓音阶名	商曾	—	角	羽曾	—	宫	羽曾	徵	宫

---

① 参见《中国音乐文物大系·江西 续河南卷》,大象出版社2009年版,第322页。

注：在上表中，测音数据的音位名称运用有不当之处。如纽钟的第8号钟（M4·23），第9号钟（M4·31）的正鼓音与实际音位的音名排列有误。纽钟M4·24（n7）的测音数据为$^\sharp d^3$+19，纽钟M4·23（n8）的测音数据为$^\sharp$f3-45，纽钟M4·31（n9）的测音数据为b^3+1。按照纽钟正鼓音的音位音名排列应为："徵—（羽）—宫—商—（角）—羽—商—角—羽"的结构。那么，第7、第8、第9号纽钟的正鼓音音名分别应为"商-角-羽"的结构，"商"到"角"为大二度关系，"角"到"羽"为纯四度关系，既然M4·24（n7）的测音数据为$^\sharp d^3$，那么M4·23（n8）的测音数据应记为$^\sharp e^3$而不是$^\sharp f^3$，同样M4·31（n9）的测音数据应记为$^\sharp a^3$而不是b^3。当然，尽管$^\sharp e^3$+56和$^\sharp a^3$+101误差很大，特别是$^\sharp a^3$误差达到100音分，但对于音位的音名来讲，严格按照音位顺序记名理当如此。同样的问题出现在侧鼓音的第3、6、7、8、9件纽钟上。①

从测音数据表明，该套纽钟的第2号钟正鼓音高不明确，侧鼓音残哑、第5号钟因破损未测，其余7件纽钟之间的相对音高关系明确。虽然，第2件纽钟与第5件纽钟的音高受损，但其按照9件制纽钟的音列排列常规则可推测出该两件纽钟的音高关系，第二件钟的正鼓音应为"羽"，第五件钟应为"角"，其正鼓音音位排列应为："徵—（羽）—宫—商—（角）—羽—商—角—羽"的结构。这样，许公墓9件纽钟的正鼓音音列即完全符合纽钟音列之常制，构成正鼓音："宫—商—角—徵—羽"的五声音列，正、侧鼓音除去两个已哑的钟仍可构成"宫—商—角—羽曾—徵—羽—商曾"的七声音列。

2. 与早期纽钟比较

许公墓9件组纽钟音列，是建立在西周末甬钟和早期虢仲纽钟的基础上，其音列设置是将8件甬钟音列的侧鼓"徵"音和周乐戒律中的"商"音设置到纽钟的正鼓音上，使纽钟的音位排列方式发生变化。

---

① 表3-13中多处的音阶名是修订正确的书写名称。

这样，纽钟在音列设置上即遵循了周制的传承因素，又体现了变革的突破与创新。许公墓9件纽钟的音列即体现出该种模式的结构。如表3-15所示。

表3-15　许公墓纽钟与早期8件甬钟和纽钟正鼓音音列对照表

序号	名称	数量	正鼓音音列排列
1	仲义甬钟	8	羽—宫—角—羽—角—羽—角—羽
2	虢仲纽钟	8	（羽）宫—角—羽—角—羽—角—羽
3	闻喜上郭M210纽钟	9	徵—羽—宫—商—角—羽—商—角—羽
4	闻喜上郭M211纽钟	9	徵—羽—宫—商—角—羽—商—角—羽
5	许公墓纽钟	9	徵—（羽）宫—商—（角）羽—商—角—羽

从上表分析发现，纽钟的音列是在西周8件制编钟音列的基础上，将首钟的音位由"羽"向下扩展为"徵"，在宫、角之间增添"商"音，使前五件纽钟的正鼓音形成"徵—羽—宫—商—角"的五正声音列，实现了音列的突破。但在其正鼓音音列中重复出现3次"羽"音，又充分体现出"钟尚羽"观念，显示出变革中的固守思想。

春秋早期纽钟正鼓音音列结构对照表，如表3-16所示。

表3-16　正鼓音音列结构对照表

序号	乐钟名称	正鼓音列类型	正鼓音列结构
1	仲义甬钟	三声音列	宫—角—羽
2	虢仲纽钟	三声音列	宫—角—羽

序号	乐钟名称	正鼓音列类型	正鼓音列结构
3	闻喜上郭210号墓纽钟	五声音列	宫—商—角—徵—羽
4	闻喜上郭211号墓纽钟	五声音列	宫—商—角—徵—羽
5	许公墓纽钟	五声音列	宫—商—（角）—徵—（羽）

春秋早期纽钟侧鼓音音列结构对照表,如表3-17所示。

表3-17　正、侧鼓音列结构对照表

序号	乐钟名称	侧鼓音列类型	正、侧鼓音列结构
1	仲义甬钟	四声音列	宫—角—徵—羽
2	虢仲纽钟	六声音列	宫—商—角—羽曾—徵—羽
3	闻喜上郭M210纽钟	七声音列	宫—商—角—羽曾—徵—羽—羽角
4	闻喜上郭M211纽钟	八声音列	宫—商—角—羽曾—商角—徵—羽—羽角
5	许公墓纽钟	七声音列	宫—商—角—羽曾—徵—羽—商曾

从以上音列结构对照中不难看出,许公墓纽钟的正鼓音列结构与早期纽钟音列结构完全相同,在正、侧鼓音形成的七声音列结构与模式,也恰恰符合早期纽钟的音列模式,与闻喜上郭村M210、M211墓纽钟的音列构成完全一致,同样体现出其早期性的音列模式规律。

3. 与春秋中期纽钟音列比较

春秋中期,纽钟数量骤然增多,共有21例,可分为9件、10件组两种编列模式①。9件组纽钟共有10例②，其中，长治分水岭270号墓纽钟、临猗程村1001号墓纽钟、临猗程村1002号墓纽钟为明器；沂水刘家店子纽钟多残哑，不能发音；长治分水岭269号墓纽钟部分已残未测音；侯马上马13号墓纽钟未测音。

另外，在21例纽钟中有郑国出土的10件制编纽钟11例，其中有9例保存完好，音乐性能较佳，具有测音数据。但由于许公墓纽钟属9件制编列，以下比较分析仅以春秋中期9件组纽钟音列为主，10件组纽钟音列不再列举。

在10例9件组纽钟中，除去部分明器和因残哑未测音的纽钟，目前尚有4例保存完好，具有测音数据。许公墓纽钟音列前文已述，现将淅川下寺M1组钟、淅川下寺M10镈钟和游钟的具体音列分析如下：

（1）淅川下寺M1纽钟音列

淅川下寺M1纽钟，9件成编。于1978年出土于河南省淅川县仓房乡下寺。1977年因丹江水库水位降低，墓穴暴露，由县文物管理委员会进行发掘。淅川下寺M1纽钟纽钟保存完好，无铜锈，呈金黄色，造型相同，大小相次。现藏于河南省文物考古研究所。纽钟钟体呈合瓦形，钟鼓部内壁均有凸起的长方形音梁，钟口内唇突出，音梁及内唇多被调音磨成凹槽③。经测试，该组纽钟经过精心的锉磨调试，音质纯正、音色优美，为实用器。

---

① 见本章第二节纽钟编列分析。
② 见本书表3-4所示。
③ 赵世纲《中国音乐文物大系·河南卷》，大象出版社1996年版，第116页。

下寺M1纽钟的首钟正鼓音为"徵",9件纽钟正鼓音音位排列为"徵—羽—宫—商—角—羽—商—角—羽",正鼓音可构成"宫—商—角—徵—羽"五声音列,正、侧鼓音可构成"宫—商—角—商角—徵—羽—徵角"七声音列。9件纽钟的正、侧鼓音都比较准确,正、侧鼓三度音程关系明确。从该纽钟的音列设置与调音技术表明,春秋中期纽钟的铸造和调音技术已经十分成熟。

（2）淅川下寺M10黧钟音列

淅川下寺M10黧纽钟,9件成编,1979年出土于淅川县仓房乡下寺10号墓,下寺M10黧纽钟出土时位于该墓的东侧,纽钟保存完好,造型纹饰相同,大小相次,现藏于淅川县博物馆。

M10黧纽钟,钟体均呈合瓦形,内壁有长条形音梁,调音部位在钟口内唇、两铣夹角和音梁,有的锉磨严重,有的锉磨出弧形沟槽[1],纽钟内唇和音梁出现弧形凹槽。除最小的两件钟外,其余各钟均经过精心的锉磨调音,为实用器。测音数据如表3-18所示。

表3-18　淅川下寺M10黧纽钟测音数据表[2]（单位:音分）

序号	1	2	3	4	5	6	7	8	9
编号	M10:66	M10:70	M10:67	M10:69	M10:68	M10:71	M10:72	M10:83	M10:84
正鼓音音高	$^\sharp f^2$-17	$^\sharp g^2$-80	$^\sharp a^2$+9	$^\sharp c^3$-9	$^\sharp d^3$-84	$^\sharp g^3$-26	$^\sharp c^4$+16	$^\sharp f^4$+49	$^\sharp g^4$+56
正鼓音阶名（$^\sharp$F宫）	宫	商	角	徵	羽	商	徵	宫	商

---

[1] 赵世纲《中国音乐文物大系·河南卷》,大象出版社1996年版,第118页。

[2] 赵世纲《中国音乐文物大系·河南卷》,大象出版社1996年版,第53页。

序号	1	2	3	4	5	6	7	8	9
正鼓音阶名（B宫）	徵	羽	宫	商	角	羽	商	徵	羽
侧鼓音音高	$♯a^2$-29	b^2-33	$♯d^3$+1	$♯e^3$+9	$♯d^4$-14	b^3+69	$♯e^4$+13	$♯g^4$-12	b^4-25
侧鼓音阶名（♯F宫）	角	羽曾	羽	徵角	宫曾	羽曾	徵角	商	羽曾
侧鼓音阶名（B宫）	徵角	宫	角	商角	徵	宫	商角	羽	宫

　　根据测音数据分析，M10㸽纽钟的音列设置具有两种调高的可能性：一为♯F宫；二为B宫。

　　①♯F宫。为♯F宫时，正鼓音位排列为"宫—商—角—徵—羽—商—徵—宫—商"，构成♯F宫下徵音阶。正鼓音可构成"宫—商—角—徵—羽"五声音列，正、侧鼓音可构成"宫—商—角—羽曾—徵—羽—徵角"七声音列。

　　②B宫。为B宫时，正鼓音位排列为"徵—羽—宫—商—角—羽—商—徵—羽"，构成B宫正声音阶。正鼓音可构成"宫—商—角—徵—羽"五声音列，正、侧鼓音可构成"宫—商—角—商角—徵—羽—徵角"七声音列。

　　很显然，以上两种音列形式，若按照9件组纽钟的首、次二钟正鼓音设置一般为"徵""羽"结构的常规，音位排列应为"徵—羽—宫—商—角—羽—商—角—羽"的常态来分析，B宫调高时除第8件钟为"徵"而不是"角"与常规有差异外，其余8件钟的音列均与常制相同。由此推测，该组纽钟的调高设置应为B宫正声音阶，与同墓出土的镈钟音列分析结论[1]相同。

（3）游钟音列

游钟，9件成编。1975年出土于山东省莒南县大店镇春秋大墓2号墓，莒是春秋时期鲁东南较为强盛的诸侯国。墓中出土纽钟一套9件，自名"游钟"，同出乐器有石编磬一套，残存12件[2]，现藏于山东省博物馆。

9件游钟除前3件破裂外，其余6件保存较好。纽钟造型相同，大小相次成列，各钟腔体内壁均有调音磨槽痕，为实用器[3]。测音数据如表3-19所示。

表3-19　游钟测音数据表[4]（单位：音分）

序号	1	2	3	4	5	6	7	8	9
正鼓音音高	破裂	破裂	破裂	f^2-7	$^\sharp f^2+10$ (g^2-90)	c^3-31	$^\sharp d^3+6$ ($^b e^3+6$)	g^3+44	$^\sharp c^4+8$ (c^4+108)
正鼓音阶名	（徵）	（羽）	（宫）	商	角	羽	宫	角	羽
侧鼓音音高	破裂	破裂	破裂	$^\sharp g^2-8$	$^\sharp a^2-35$	$^\sharp d^3+14$	g^3+24	b^3+2	f^4-31
侧鼓音阶名	—	—	—	羽曾	徵	宫	角	宫曾	羽角

由于游钟的1、2、3号钟已破裂，无法测音。但其后6件纽钟音高明确，经测音表明正鼓音音列排列为"商—角—羽—宫—角—羽"，与

① 见本书"镈钟研究"一章中淅川下寺镈音列分析。
② 周富昌、温增源《中国音乐文物大系·山东卷》，大象出版社2001年版，第84页。
③ 赵世纲《中国音乐文物大系·河南卷》，大象出版社1996年版，第118页。
④ 周富昌、温增源《中国音乐文物大系·山东卷》，大象出版社2001年版，第339页。

9件组钟音列常制相同。据此推测,前3件组钟的正鼓音应分别为"徵""羽""宫",首钟正鼓音为"徵",第7件钟为"宫"而不是"商",与常制有所区别。正鼓音可构成"宫—商—角—徵—羽"五声音列,正、侧鼓音构成"宫—羽角—商—角—羽曾—徵—宫曾—羽"八声音列。

综上分析,春秋中期9件组纽钟音列设置与早期编组钟音列状况基本相同。但在侧鼓音的设置上则出现了较多的偏音,拓展了音域。

以许公墓纽钟的音列结构与春秋中期9件制组钟音列结构相比较。

如表3-20所示。

表3-20　许公墓编纽钟与春秋中期9件组编纽钟正鼓音列对照表

序号	名称	数量	正鼓音音列排列
1	许公墓纽钟	9	徵—羽—宫—商—角—羽—商—角—羽
2	淅川下寺M1纽钟	9	徵—羽—宫—商—角—角—羽—羽—宫
3	淅川下寺M10�纽钟	9	徵—羽—宫—商—角—羽—商—徵—羽(B宫)
4	游钟	9	徵—羽—宫—商—角—羽—宫—角—羽

从上表分析,首先,淅川下寺M1纽钟的正鼓音列排列中,第6、第7、第8件纽钟的正鼓音上出现了"角"和"羽"的重叠音,与纽钟音列常制音高相差四度与五度,体现出一种明显的变化。其次、淅川下寺M10黻纽钟可能有两种调式的存在,据分析得出,其用B宫调式的可能性较大。在用B宫调式时,其正鼓音列排列中的第8件钟上正鼓音为"徵"而非为"角",同样出现了变化与活跃的因素。其三、游钟的正鼓

音排列中的第7件钟正鼓音为"宫"音而非常制中的"商"，与常制音高的"商"音相差二度。

　　与许公墓纽钟音列比较发现，在上述3例纽钟音列的变化中，相对集中在后4件钟上。其中只有淅川下寺M1纽钟的末钟音为"宫"，其他2例末钟均为"羽"，依然透显出常制中"钟尚羽"的观念。3例纽钟均在前5件钟的正鼓音音列上完成了"宫—商—角—徵—羽"的五声音列，体现出音列相对的稳定性。

　　很显然，春秋中期纽钟音列出现了一定的变化，这些变化现象均未见于许公墓纽钟音列中。这说明，许公墓9件纽钟的音列结构具有较强承袭性与稳定性，同时更能说明许公墓纽钟音列结构的早期性。

三、春秋晚期纽钟音列的流变

　　春秋晚期，据考古资料分析，具有断代清楚出土地明确的编纽钟共21例。目前，保存完整、音准较佳、音乐性能良好的编纽钟有5例，即长清仙人台5号墓纽钟、邳州九女墩3号墓纽钟、鄬子成周纽钟、淅川徐家岭3号墓纽钟和六合程桥1号墓纽钟。5例纽钟均有测音数据，从中可见春秋晚期纽钟音列的流变与发展。

1.春秋晚期纽钟音列分析

　　春秋晚期，纽钟的音列发生了更为明显的变化，在纽钟的正鼓音列中出现了偏音，其正、侧鼓音可构成九声、十声音列。

（1）长清仙人台5号墓纽钟音列

长清仙人台5号墓纽钟，9件成编，于1995年出土于山东省长清县五峰山乡北黄岩村1千米处的仙人台邦国墓地5号墓，现藏于山东大学博物馆。

9件纽钟保存较为完好，纽钟于口处均有明显的内唇，在四侧鼓内侧设有音梁，音梁大小不一，呈半圆状。内唇上有明显的调音锉磨痕，主要锉磨部位为两铣角和两鼓内壁[1]，为实用器。测音数据如表3-21所示。

表3-21　长清仙人台5号墓纽钟测音数据表[2]（单位：音分）

序号	1	2	3	4	5	6	7	8	9
正鼓音音高	$^{\sharp}c^2$+43	$^{\sharp}d^2$+44	g^2-35 ($^{\sharp}f^2$+65)	$^{\sharp}g^2$+42	$^{\sharp}a^2$+19	$^{\sharp}d^3$+48	$^{\sharp}g^3$+33	a^3+37 ($^{\sharp}a^3$-63)	e^4-30 ($^{\flat}d^4$+70)
正鼓音阶名	徵	羽	宫	商	角	羽	商	角	羽
侧鼓音音高	$^{\sharp}f^2$+21	$^{\sharp}g^2$+37	c^3-16 (b^2+84)	c^3+23	d^3-29	g^3-6	c^4+40	$^{\sharp}c^4$-8	$^{\sharp}g^4$-18
侧鼓音阶名	宫	商	羽曾	商角	宫曾	羽角	商角	徵	商

从测音数据分析，长清仙人台5号墓纽钟具有以下特征：首先，正鼓音音列较为规范，9件纽钟的正鼓音位排列为："徵—羽—宫—商—角—羽—商—角—羽"，可构成"宫—商—角—徵—羽"五声音

---

① 山东大学历史文化学院考古系《常清仙人台五号墓发掘简报》，《文物》1998年第9期。

② 测音数据参见：周昌富、温增源《中国音乐文物大系·山东卷》，大象出版社2001年版，第340页。

列，符合纽钟音列常制。其次，在前1、2、3件钟的正鼓音与侧鼓音的音程关系为四度，与成熟双音钟的正、侧鼓音三度关系有差异。另外，纽钟的侧鼓音中出现了大量的偏音，但其首、末钟的正鼓音分别为"徵""羽"，符合9件制纽钟规范。

（2）邳州九女墩3号墓纽钟音列

邳州九女墩3号墓纽钟，9件成编，于1993年12月出土于江苏省邳州市戴庄乡梁王城，墓穴内除主棺室外，另有乐器坑、礼器坑、人殉坑、车马坑、祭祀坑等。从墓葬的规模和随葬物品表现出其墓葬的高规格等级，墓主人生前即是地位显赫的钟鸣鼎食之贵族，其地位应与安徽寿县蔡侯墓及湖北随县曾侯乙墓的主人相差无几。该墓殉葬人数为18人，其中乐器坑有4人，应为墓主人生前的乐人。墓中同出乐器有：4件甬钟、6件镈、13件编磬、1件桴头，还有篪虡残迹。该墓9件纽钟均留有调试痕迹，为实用器。测音数据如表3-22所示。

表3-22　邳州九女墩3号墓纽钟测音数据表[①]（单位：音分）

钟　号	1	2	3	4	5	6	7	8	9
正鼓音音高	c^2+45 $\sharp c^2$-55	$\sharp d^2$-48	$\sharp f^2$+21	$\sharp g^2$+13	$\sharp a^2$+5	$\sharp d^3$+3	a^3-46 $\sharp g^3$+54	$\sharp a^3$+29	$\sharp d^4$+32
正鼓音阶名	徵	羽	宫	商	角	羽	商	角	羽
侧鼓音音高	$\sharp d^2$+44 $\flat e^2$+44	f^2+12 $\sharp f^2$-82	$\sharp g^2$+49	c^3+10	$\sharp c^3$-2	g^3-45 $\sharp f^3$+55	$\sharp c^4$+49	d^4-17	a^4+48
正鼓音阶名	商曾	宫	商	商角	徵	宫	徵	宫曾	徵曾

① 王子初《中国音乐文物大系·江苏卷》，大象出版社1996年版，第190页。

测音分析显示，该组纽钟的正鼓音音列与9件制纽钟正鼓音列规范相同，正鼓音构成"宫—商—角—徵—羽"五声音列，正、侧鼓音构成"宫—商—徵曾—角—商角—徵—宫曾—羽—商曾"九声音列。其调高构成#F宫，首、末钟的正鼓音分别为"徵""羽"，符合9件制纽钟规范。在侧鼓音中出现了大量的偏音，体现出春秋晚期纽钟音列的扩张。

（3）鄱子成周纽钟音列

鄱子成周纽钟，9件成编，于1978年出土于河南省固始县城关镇砖瓦窑厂第1号墓的陪葬坑，同出有8件镈[1]。9件纽钟均有铭文，字数不等，其中第13、15、16、17钟的铭文部分被铲掉。每件钟上的铭文并不连贯，内容也不尽相同，似有拼合之现象。测音数据如表3-23所示。

表3-23　鄱子成周纽钟测音数据表[2]（单位：音分）

编号	M1:9	M1:10	M1:11	M1:13	M1:12	M1:14	M1:15	M1:17	M1:16
序号	1	2	3	4	5	6	7	8	9
正鼓音音高	♭e²+11	f²+15	♭a²-36	♭b²-45	c³-32	f³+53	♭b³+47	e⁴+18	g⁴+21
正鼓音音位	徵	羽	宫	商	角	羽	商	宫曾（？）	徵角（？）
侧鼓音音高	g²-4	♭a²+29	b²-31	#d³-16	#d³-31	a³+14	#d⁴+9	#a⁴+45	#f⁴+27
侧鼓音音位	徵角	宫	徵曾	徵	徵	羽角	徵	商（？）宫曾（？）	商曾（？）宫（？）

测音分析表明，鄱子成周纽钟音列特征明显，首先，在前7件钟的正鼓音音列设置均符合9件组纽钟的音列常制，但在最后两件纽钟出现偏离现象。其次，正鼓音构成"宫—商—角—徵—宫曾—羽—徵

---

[1]　固始侯古堆一号墓发掘组《固始侯古堆一号墓的发掘》，《文物》1981年第1期。

[2]　赵世纲《中国音乐文物大系·河南卷》，大象出版社1996年版，第320页。

　　　　　　　　　　　　　　　　　第三章　纽钟研究

角"七声音列,正、侧鼓音可构成"宫—羽角—商—徵曾—角—徵—宫曾—羽—商曾—徵角"十声音列。调高为♭A宫,进一步扩大了纽钟音列的音域与调高的运用,彰显出春秋晚期纽钟音列的裂变与扩张。

（4）淅川徐家岭3号墓纽钟音列

淅川徐家岭3号墓纽钟,9件成编,于1990年出土于河南省淅川县城南47千米丹江口水库西岸徐家岭3号墓,出土乐器有9件纽钟和8件镈。

在该组纽钟的第1—3号钟和第8号钟的于口内唇有调音痕迹,其他均不明显,由此表明,该套钟经过调音,应为实用器。测音数据如表3-24所示。

表3-24　淅川徐家岭3号墓纽钟测音数据表[①]（单位:音分）

序号	1	2	3	4	5	6	7	8	9
正鼓音音高	♯d²-36 ♭e²-36	e²+32 f²-68	♯g²-26 ♭a²-26	♯a²-5 ♭b²-5	c³-16	f³+29	♯c⁴+24	d⁴-37	♯f⁴-41 f⁴+59
正鼓音音位	徵	羽	宫	商	角	羽	羽曾	商角	羽
侧鼓音音高	♯f²-1	a²-29	c³-5	d³-27	♯d³-3	a³+7	e⁴+49 f⁴-51	e⁴-44 ♭e⁴+56	a⁴+1
侧鼓音音位	商曾	羽角	角	商角	徵	羽角	羽	徵	羽角

测音表明,该组纽钟的正鼓音出现"羽曾"和"商角",构成♭A宫七声音列:"宫—商—角—羽曾—商角—徵—羽"。正、侧鼓音可构成:"宫—羽角—商—角—羽曾—商角—徵—羽—商曾"九声音列。只在前5件钟上保持着五声音列的常制,其他音列具有明显的不稳定性。

---

① 赵世纲《中国音乐文物大系·河南卷》,大象出版社1996年版,第321页。

（5）六合程桥1号墓纽钟音列

六合程桥1号墓纽钟，9件成编，于1964年出土于六合程桥镇中学，同出青铜器5种57件[1]。9件纽钟均有调音锉磨痕，6—9号钟有清晰的音梁，为实用器。测音数据如表3-25所示。

表3-25　六合程桥1号墓纽钟测音数据表[2]（单位：音分）

钟 号	1	2	3	4	5	6	7	8	9
正鼓音音高	$^{\sharp}g^1$+19	$^{\sharp}a^1$+19	c^2+28	e^2-48 $^{\sharp}d^2$+52	f^2+24	b^2-14 $^{\sharp}a^2$+86	e^3+39 $^{\sharp}d^3$+139	$^{\sharp}f^3$+45 f^3+145	$^{\sharp}g^3$-43
正鼓音阶名	徵	羽	宫	商	角	羽	徵曾/商？	羽曾/角？	徵
侧鼓音音高	c^2+15	d^2-38 $^{\sharp}c^2$+62	f^2-22	$^{\sharp}f^2$-4	a^2-18	d^3-8	f+45 $^{\sharp}f^3$-55	$^{\sharp}a^3$+24	c^4+2
侧鼓音阶名	徵角	宫	角	羽曾	宫曾	宫	羽曾	羽	徵曾

测音表明，该套纽钟音准尚可，第7、8号钟正鼓音分别为五正声之外的"徵曾""羽曾"，9号钟是"徵"，而非"羽"音，明显不符合9件组纽钟音列常制。正鼓音构成"宫—商—徵曾—角—羽曾—徵—羽"七声音列。正、侧鼓音构成"宫—商—徵曾—角—羽曾—徵—宫曾—羽—徵角"九声音列。调高为$^{\sharp}$C宫，进一步表现出音列与调高的突破现象。

2. 与晚期纽钟比较

许公墓纽钟音列与以上5例春秋晚期9件组纽钟音列比较发现，

---

① 江苏省文物管理委员会、南京博物院《江苏六合程桥东周墓》，《考古》1965年第3期。

② 参见王子初《中国音乐文物大系·江苏卷》，大象出版社1996年版，第194页。

春秋晚期纽钟音列具有明显的变化与活跃性。音列对照如表3-26所示。

表3-26　　许公墓编纽钟与春秋晚期9件组编纽钟正鼓音列对照表

序号	名称	数量	正鼓音音列排列
1	许公墓纽钟	9	徵—羽—宫—商—角—羽—商—角—羽
2	长清仙人台M5纽钟	9	徵—羽—宫—商—角—羽—商—角—羽
3	邳州九女墩M3纽钟	9	徵—羽—宫—商—角—羽—商—角—羽
4	鄱子成周纽钟	9	徵—羽—宫—商—角—羽—商—宫曾—徵角
5	淅川徐家岭M3纽钟	9	徵—羽—宫—商—角—羽—羽曾—商角—羽
6	六合程桥M1纽钟	9	徵—羽—宫—商—角—羽—徵曾—羽曾—徵

从以上分析可见，在5例春秋晚期纽钟音列中，仅有长清仙人台5号墓纽钟、邳州九女墩3号墓纽钟的正鼓音音列为"徵—羽—宫—商—角—羽—商—角—羽"与许公墓纽钟音列相符以外，其他3例均出现变化。在鄱子成周纽钟、淅川徐家岭3号墓纽钟和六合程桥1号墓纽钟的正鼓音列中出现偏音，3例中，鄱子成周纽钟的第8件钟为"宫曾"、第9件钟为"徵角"；淅川徐家岭M3纽钟的第7件钟为"羽曾"、第8件钟为"商角"；六合程桥M1纽钟第7件钟为"徵曾"、第8件钟为"羽曾"、第9件钟为"徵"。但是，在3例纽钟的前6件钟的正鼓音上，却体现出早期9件纽钟音列常制的设置规范，构成"徵—羽—宫—商—角—羽"形成"宫—商—角—徵—羽"的五声音列。同时"羽"出现两次，明显体现出"钟尚羽"的观念。但在以上3例中的后几件钟上则打破了周制中"偏音不上正鼓"的观念，彰显出一种大胆的突破与纽钟音列变革性的裂变。春秋晚期纽钟音列的变化迎合了社会发展

的趋势,同时也为战国初期"乐悬"制度的"崩坏"埋下伏笔。

综上所述,春秋晚期纽钟音列变化现象十分明显,但此种变化与突破均未见于许公墓纽钟的音列中,说明许公墓纽钟音列具有严格的两周之际早期纽钟音列的特点与常规,且具有一定的稳定性。从其音列的构成与春秋中、晚期纽钟音列比较中,体现出许公墓纽钟早期音列的规范与承袭现象。由此推断:许公墓9件纽钟的音列设置具有早期纽钟音列的规范性。时间应在春秋早中期。

第四节 小结

纽钟的产生,适应了西周末年与春秋早期贵族统治阶层对音乐审美的追求,同时更适应了当时各诸侯国的国力与"礼乐崩坏"的局面。纽钟的发展在整个春秋时期具有自身的规范与常制,从两周之际纽钟之诞生至春秋晚期与战国初期后纽钟的迅速衰败,纽钟的发展体现在多个方面。

1.纽钟形制。纽钟的形制与编列,彰显了其自身的优势,以其小巧的体态与优美的音色引领了春秋时期青铜乐钟的变革与飞跃,成为青铜编钟改革的急先锋。

2.纽钟的编列。纽钟的编列从诞生之初即体现出一种稳定的形态,以9件制编列为常制,并一直延续至春秋晚期。虽然在春秋中期偏晚出现了10件制编列的现象,但仅局限于郑国之境内,均未见于其他地区,属个案。

3.纽钟的音列。纽钟的音列是依附于编列的变革而改变的。早期纽钟的音列是在西周甬钟"三声"音列的基础上拓展形成"五声"音列结构,与此同时打破了"钟尚羽"的观念,将首钟正鼓音从"羽"扩展为"徵",并冲破"周乐戒商"的戒律,设"商"音于纽钟的正鼓音上,使音列构成五声。并设偏音于侧鼓音上,使其正、侧鼓音列达到六声、七声、八声。春秋晚期,纽钟正鼓音中出现偏音,音列进一步扩张达到九声、十声音列,体现出对规范的冲破。

4.纽钟发展地域。纽钟从诞生之时起其主要发展地域就以中原区域为主,主要分布于河南、山东、山西一带。虽有出土于江西、江苏一带的编纽钟,但均占极少数,属于个案。至春秋中晚期,纽钟仍以河南、山东、山西一带为主要区域,即是在春秋晚期出现的江苏邳州戴庄梁王城旁九女墩M3纽钟(9件);江苏六合程桥镇中学M1纽钟(9件);江苏六合程桥镇东陈岗坡M2纽钟(7件);江苏丹徒大港北山顶吴国贵族墓纽钟(7件)纽钟等,均不属于主流。

5.许公墓纽钟特点。许公墓纽钟以9件制成编,从其形制、编列、音列等方面分析,都具有早期纽钟的特质与内涵。首先,许公墓纽钟9件制的编列符合春秋早期纽钟的编列常制,在纽钟发展过程中具有典型性。其次、许公墓纽钟的音列设置完全符合春秋早期纽钟音列的常制与规范,其正鼓音音位排列为"徵—(羽)—宫—商—(角)—羽—商—角—羽"的形式,构成正鼓音"宫—商—角—徵—羽"的五声音列,正、侧鼓音构成"宫—商—角—羽曾—徵—羽—商曾"七声音列结构,是两周之际与编纽钟的音列常制,在纽钟音列的发展中具有典型性意义。其三、春秋中期与春秋晚期,纽钟音列中出现的不稳定因素与音列的扩张，均不见于许公墓纽钟的音列中。春秋晚期纽钟的音列扩张为八声、九声直至十声音列，并有大量的偏音出现在正、侧鼓音上，体现出纽钟音列的又一次突破与变革，预示着未来战国初期纽钟编列与音列的进一步裂变。

综上所述，许公墓编纽钟是一套经过精心铸造和调试的实用乐器，从其发展历程与形制、编列、音列等方面的综合现象分析推断，许公墓编纽钟的产生年代应在春秋中期早段。

第四章
镈钟研究

汉代许慎在《说文解字》中释"镈"为："镈，大钟鐏于之属。"[①] 镈
是中国青铜乐钟之一，最初曾盛行于商周。

镈之名实自古众说纷纭，《国语·周语》记载："细钩有钟无镈，昭
其大也。"[②] 韦昭注："钟，大钟。镈，小钟也。"《周礼·春官》记镈师载：
"镈师，中士二人，下士四人，府二人，史二人……" 郑玄注："镈如钟而
大。"[③] 唐·贾公彦疏《仪礼》说"如钟而大"。[④] 镈属于中国早期的青
铜乐钟之一，中国青铜乐钟，主要是指以合瓦形腔体为主要特征的青
铜钟类乐器，镈即为其一。[⑤] 目前已知镈可上溯到殷商晚期，即江西新
干县大洋洲殷代后期大墓出土的涡纹兽面纹有脊镈。该镈属殷商晚

---

① [汉]许慎著, [清]段玉裁注《说文解字》，中州古籍出版社2006年版，第709页。
② 上海师范大学古籍整理组《国语》(卷三)，上海古籍出版社1978年版，第137页。
③ 《十三经注疏》，上海古籍出版社1997年版，第754页。
④ 《十三经注疏》，上海古籍出版社1997年版，第1028页。
⑤ 冯卓慧《商周镈研究》，中国艺术研究院2008年博士论文，第123页。

期器①,为单件,属"特镈"。由此而论,镈即是中国青铜乐钟中最古老的乐器。中国的商周时期,是青铜打击乐器十分繁盛的时代,又称之为"金石之乐"时代。随着西周统治阶层推行"礼""乐"等级制度以来,青铜乐钟作为礼典活动中不可或缺的重器而令人瞩目,在周代治国的典章制度中具有特殊的地位。镈钟是"乐悬"中不可或缺的重器,其盛行时间跨度主要集中于殷商、西周、春秋、战国(公元前16世纪至公元前221年),前后约1400余年。

镈的形制,一般而言相较于甬钟和纽钟是一种较大型的乐钟,镈钟形体大、繁纽直悬、于口平齐,但也有少数形制较小和简纽的镈钟标本。王子初先生曾指出:"殷末周初,镈的形制已有了基本的规范。如合瓦形的腔体,平齐的于口和富于装饰的悬纽等。"②"至春秋中期前后,镈在中原一带有较大规模的发展,其主要朝两个方面进展:一是追求形制的巨大,二是追求更为完善的音乐性能。"③所以,一般来讲早期的镈形制繁复,纹饰精致、华丽,纹饰多以具象的兽面纹为主。舞上繁纽奢华多变,腔体四侧置有扉棱和中脊,扉棱多饰虎、鸟纹样,镈体近于椭圆形或圆角方形。成熟期的镈形制比较单一,舞上繁纽和鼓部纹饰逐步从简,扉棱消失,镈体更接近于合瓦形,正视腔体基本呈竖直

① 彭适凡、王子初《中国音乐文物大系·江西 续河南卷》,大象出版社2009年版,第42页。

② 王子初《礼乐重器镈的发掘与研究》,载《中国音乐考古学》,福建教育出版社2003年版,第563页。

③ 王子初《礼乐重器镈的发掘与研究》,载《中国音乐考古学》,福建教育出版社2003年版,第567页。

状，铣、棱较为清晰，有独立的枚、篆、钲区，多见螺旋枚或泡状钟枚。镈因其声学性能与社会功用的鲜明特点，在春秋以往出现的大型组合编钟中，镈以浑厚的音响与低音功能位居组合编钟的低声部。如图4-1所示。

图4-1　江西新干大洋洲镈[①]

镈钟起源于南方，被周人引入"乐悬"后得到充分的发展。镈从诞生之初在南方一带一般以单件形式使用，入北方后，镈则以编列的形式出现。

目前，据研究表明，镈从发现之际便是一种带有扉棱的形制，而后演变为一种"四翼"造型的有脊镈钟，再后即出现了无脊镈钟。从有脊镈到无脊镈之间演变时间漫长，前后约从殷商晚至春秋早中期。

然而，出土于河南叶县春秋许公墓中的8件编镈竟包含了两种形制的镈钟，即有脊"四翼"编镈和无脊编镈，在同一墓葬中出现两种形

---

① 图片来源：彭适凡，王子初《中国音乐文物大系·江西 续河南卷》，大象出版社2009年版，第41页。

制编镈的情况在已往考古资料中是极为罕见的现象，在全国范围内属首例。许公墓两组编镈为研究我国商周时期青铜镈钟的发展提供了新的信息与物证，其价值自不言而喻。

第一节　许公墓镈钟

许公墓镈钟出土于墓葬椁室东北角，4件有脊镈钟与4件无脊镈钟并排分为两组摆放在椁室的北侧，位于甬钟北端，两种形制的镈钟分双排摆放[①]。

其中包含了8件两种形制的镈钟，即有脊"四翼"编镈和无脊编镈，从考古资料考证，在同一墓葬中出现两种形制编镈的情况是极为罕见，是全国范围内的首例，镈钟在"字题"中属低音的部分，起到扩展音域、衬托低音的作用，这两种不同形制的镈钟产生年代不一，一般来讲功能各异，特别是有脊镈钟在"乐悬"中的出现，为我们研究商周时期青铜镈钟的发展脉络与功用提供了新的物证，其价值非凡。

许公墓编镈，共8件，分为两组，4件成编。一组为有脊镈钟（即带扉棱和中脊的椭圆体有脊无枚编镈），另一组为无脊镈钟（即不带扉棱和中脊的合瓦体无脊有枚编镈）。两组镈钟形制不同，大小相次，具有完全不同的风格与特征。如图4-2所示。

---

① 见本书第一章墓底图。

图4-2 许公墓有脊镈钟（左）、许公墓无脊镈钟①（右）

一、有脊镈钟形制与音梁

1.有脊镈钟形制

许公墓有脊镈钟是一种带扉棱和中脊的"四翼"镈钟，4件有脊"四翼"镈钟的形制基本相同，大小相次。镈钟两铣微鼓、近于口处稍敛，腔体近长体椭圆形，正视略呈梯形，于口平齐。"四翼"镈钟的腔体两侧铣部上端各置扉棱，与舞上对称的繁纽相连，舞部平面，略下凹。在镈体腔面正中设置中脊扉棱，与两侧扉棱形成"四翼"的形态。扉棱和中脊的长度约占镈钟腔体的三分之二处，腔体下半部素面。

如图4-3所示。

---

① 许公墓有脊镈钟图片由平顶山叶县县衙博物馆提供。

图4-3　有脊镈钟局部图^①

镈体的纹饰为浮雕龙纹，舞部纹饰与腔面纹饰相一致，浮雕龙纹龙体内凹，边缘起棱。腔体上下缘饰有带状凹槽，四周置四棱锥状乳丁8个。镈体两侧扉棱与中脊扉棱均为透雕夔凤合体文饰，透雕夔凤纹以细致的三角雷纹为底。舞上置蟠龙形扁体繁纽，舞部饰两组相背的盘龙纹。腔体正背两面均饰浮雕式蟠龙纹，蟠龙纹上下边缘各有一周菱形椎体相间隔的纹样带。在这些纹样中，龙体纹饰皆呈凹槽状，造型风格统一，在铸造上体现出一种由繁而简的抽象审美思想。如图4-4所示。

图4-4　有脊镈钟局部图^②

4件有脊"四翼"编镈纹饰优美，制作精良。镈体通身覆盖绿锈，但锈蚀不重。镈钟的腔体厚重，形态匀称，铜胎保持较好，能够较完美地展示出"四翼"镈钟的庄重、威严与豪华的形态。

4件编镈按照出土编号由大到小分别为：M4:10（b1）、M4:11（b2）、M4:16（b3）、M4:17（b4）。

"四翼"有脊编镈具体形制分析如下：

1.M4·10号（b1）：镈钟保存基本完整，镈体外部锈蚀较轻，纽部有多处断裂，已修复。内腔上部平整，内有芯撑遗孔两周，呈内大外小圆形，上周为11个，下周为12个。

2.M4·11号（b2）：在镈钟的于口一侧有磕缺，另一面有裂痕长约4厘米。双音性能不佳，侧鼓音高不明显。

3.M4·16号（b3）：镈钟纽部断裂，基本不能负重。于口内两正鼓、两铣角挫磨较多，四侧鼓部的内唇残留较多。耳测正、侧鼓音音程关系近纯五度。

4.M4·17号（b4）：是最小的件，也是最完整的一件。外部保存较好，形态完好，锈蚀较轻。

具体形制数据如表4-1所示。

表4-1　许公墓有脊编镈形制数据统计表[①]（单位:厘米 千克）

序号	b1	b2	b3	b4
编号	M4:10	M4:11	M4:16	M4:17
通高	58.2	54.3	52.9	48.8

---

① 数据参考：王子初《河南叶县旧县四号春秋墓出土的两组编镈》,《文物》2007年第12期。

序号	b1	b2	b3	b4
钮高	18.2	17.0	17.1	15.2
扉棱宽	6.5	6.0	6.0	5.3
扉棱厚	1.0	1.1	1.1	1.1
中脊长	29.8	27.0	26.7	25.0
中脊宽	6.5	6.0	6.0	6.0
脊厚	1.0	1.3	1.1	0.9
舞修	24.4	23.1	22.0	20.7
舞广	20.4	19.5	18.5	17.5
中长	40.0	37.3	35.8	33.6
铣长	40.0	37.3	35.8	33.6
上周长	72	68	66	58
下周长	102	93	91	88
鼓间	29.5	26.1	26.3	25.8
铣间	34.1	31.2	30.3	29.2
鼓厚	0.8	0.8	1.0	1.1
鼓厚	1.2	1.2	1.4	2.0
重量	28.7	24.7	26.6	23.7

从上表数据中发现，其中有一个特殊的现象，第2件镈钟与第3件镈钟的重量与大小不相符，3号钟重于2号钟。4件顺序为：最大的（b1）M4·10号钟为28.7公斤，（b2）M4·11号钟为24.7公斤，（b3）M4·16号钟为26.6公斤，最小的（b4）M4·17号钟为23.7公斤，（b3）重于（b2）。此现象可能由于铸造时钟体的厚度不匀和锉磨技术等因素，造成镈体的重量与大小不一致。

有脊镈钟的最早标本是江西新干镈，从江西新干镈的资料中可以发现，最早期出现的镈即是带有扉棱的镈，之后演变为一种加上中脊形成"四翼"造型的镈，称为"有脊四翼"镈，一直沿用至春秋时期。"四翼"镈钟造型极尽豪华，纹饰华丽精致，是一种奢华与身份的象征。但对于乐器的音乐性能而言，却没有任何优点，反而因其形制的繁缛不易调音。所以，进入春秋以后"四翼"镈钟的造型即演变成为一种被去掉中脊和扉棱的无脊镈钟。大约在春秋中期的前后，有脊镈逐渐消失,被无脊镈所替代,直至镈钟彻底退出历史舞台。

许公墓有脊镈钟的形制,即是一种带"四翼"造型的有脊镈,在其镈钟的腔体两铣上部各置扉棱,舞上的繁纽与两侧扉棱相连,在镈体腔面的正中设置中脊扉棱,与两侧扉棱形成"四翼"形态的造型,透雕纹饰抽象优美。据资料分析:在镈体两侧置扉棱是早期镈钟的重要特征之一,而早期镈扉棱透雕的重要特征即是鸟纹和分叉羽尾形纹饰。如江西新干镈即是在镈体两侧置各铸一透雕蹲鸟,并与两侧鸟羽尾图形的透雕扉棱相连接,形成有脊镈造型。初看许公墓有脊镈钟的扉棱和繁纽上似乎找不到与新干镈的相同之处,但若仔细分辨,会发现两者间却有着一丝相承的内涵。尽管许公墓有脊镈繁纽透雕纹饰已经完全抽象化,成为变形的夔龙纹与夸张的凤尾纹结为一体的纹饰框架,但仍保留着同形状小方环纽的存在。但是,从许公墓有脊镈上中脊的出现,以及其纹饰的高度抽象造型,充分反映出了两者之间明显的距离。很显然,与新干镈相比,许公墓有脊编镈有较大的发展。

从形制造型来看,许公墓有脊编镈的形制与眉县杨家村镈、克镈、秦公镈的基本造型更趋一致,有着更为接近的因素。陕西眉县杨家村编镈,时代为西周中后期器[1],其造型为在镈体的舞上置凤鸟繁纽,两侧置四虎扉棱,繁纽与扉棱相连,钲中置扁鸟形中脊,透雕纹饰写实、逼真。四虎形扉棱与许公墓镈扉棱在造型上有一定的差异。显然,眉

---

[1]　方建军《中国音乐文物大系·陕西卷》,大象出版社1996年版,第101页。

县杨家村镈要早于许公墓有脊镈。

扶风法门寺任村窖藏的克镈,被认为是西周后期器①,克镈的繁纽为蟠夔纹纹饰,并与两侧相同纹饰的透雕扉棱相链接,两侧扉棱的夔纹以及腔体兽面纹饰都具有一定的写实性,体现出一种具象的风格。显然与许公墓有脊镈有着较远的差距。如图4-5所示。

图4-5　眉县杨家村镈②(左)、克镈③(右)

宝鸡太公庙春秋窖穴出土的秦武公镈,据其铭文时代是在春秋前期④。在秦武公镈的繁纽与扉棱上以及中脊的透雕纹饰均出现了不同程度的变形,在写实造型的基础上注入了抽象化的倾向与写意性的装饰图案。这种风格上的改变显示出纹饰装饰性的概念更加先进,纹饰的设计理念更加先进。这种纹饰上抽象性变化,显然更加接近于许公墓有脊镈。在许公墓有脊镈的纹饰中,原有写实性的具象性的动物造

---

① 方建军《中国音乐文物大系·陕西卷》,大象出版社1996年版,第60—67页。
② 王子初《中国音乐文物大系·河南卷》,大象出版社2007年版,第123页。
③ 方建军《中国音乐文物大系·陕西卷》,大象出版社1996年版,第60—67页。
④ 卢连成《陕西宝鸡县太公庙村发现秦公钟、秦公镈》,《文物》1978年第11期。

型已经隐去,取而代之的是抽象的、带有强烈象征意义的透雕图案,出现了较多无写实意义的装饰性设计。除了在透雕繁纽上还能找到一点原始凤鸟主题的某些特性以外,在有脊镈两侧扉棱与中脊上的夔龙纹透雕和龙凤合体的变形纹饰,以及繁纽与扉棱相衔接的造型设计,都带有更强的象征性意义,这种纹饰风格上的抽象特征和繁复华丽的透雕造型设计则更接近于秦武公镈的纹饰风格。秦武公镈与许公墓有脊镈的形制造型间具有更强的承袭性因素和一脉相承的过渡性。如图4-6所示。

图4-6　秦武公镈（左）、许公墓镈[①]（右）

从新干镈到杨家村窖藏编镈,从克镈再到秦武公编镈继而到许公墓有脊编镈,其间所体现出来的一种由写实到抽象、由繁复到简洁的纹饰发展趋势,从中可以看到从新干镈到许公墓有脊镈之间镈钟形制

---

① 王子初《河南叶县旧县四号春秋墓出土的两组编镈》,《文物》2007年第12期。

① 王子初《河南叶县旧县四号春秋墓出土的两组编镈》,《文物》2007年第12期。

中国音乐考古丛书·春秋许公墓青铜编钟研究　　　　194

造型发展的一脉相承的历程。从有脊镈钟的造型与纹饰运用的由繁而简、由具象到抽象的发展脉络分析，许公墓有脊镈产生的时代应与秦公镈相距不远或相当，大致也应在春秋前期。但是，许公墓有脊镈钟内部的音梁设置状况和其调音锉磨手法的运用特点看，许公墓有脊镈钟所透露出的春秋早至中期之间镈钟的特征还是很明显的。

2.有脊镈钟音梁

许公墓4件有脊镈钟的内部，可清晰地见到四侧鼓部的音梁设置，在于口至侧鼓部内大多都有略微凸起的椭圆形或不规则形的圆状音梁，音梁的一端与内唇相接，另一端呈圆形，钟腔正鼓部和两铣部均有明显的锉磨痕迹。在正鼓部的中心部位和于口内侧与音梁上有大量的调音锉磨凹槽，但在侧鼓部则未见有太明显的痕迹，钟腔内上部平整，残留有铸造时所用的芯撑遗孔。在4件有脊镈钟的其中两件上，调音锉磨遗痕较为明显。

具体音梁设置情况分析如下：

（1）M4:10号（b1）：保存基本完整，于口大部分被锉磨，音梁锉去较多，留有半圆下凹形痕迹。内腔上部平整，内壁光滑。镈钟发音洪亮，侧鼓音极弱，双音性能不佳。耳测正、侧鼓音高基本相同。

音梁：长宽约为8cm×5.5 cm（半圆形）。

（2）M4:11号（b2）：保存不太完好，于口一侧有磕缺，一面有裂痕，长约4cm。钟壁内腔上部平整，内壁光滑，音梁结构和调音锉磨情况与1号镈钟相似。据测音，双音性能不佳，侧鼓音不明显。

音梁：长宽约为8 cm×5.5 cm。如图4-7所示。

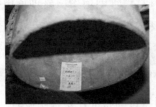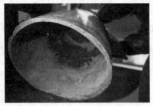

图4-7　M4:10有脊镈于口图（左）、M4:11有脊镈于口图①（右）

（3）M4:16号（b3）：保存基本完好，于口一周有明显的棱形内唇，内侧鼓部有明显的锉磨痕迹，中间有锉槽，四侧鼓部的内唇残留较多。于口内两正鼓、两铣角多被挫磨。耳测正、侧鼓音音程关系呈偏窄的纯五度。

音梁：长宽约为5cm×3.5cm。

（4）M4:17号（b4）：保存完好，侧鼓部有明显音梁，呈椭圆形。耳测正、侧鼓音音程关系呈略偏窄小三度。两侧音梁大小不同。

音梁：一侧音梁长宽约为7.8cm×5.5cm；另一侧音梁长宽约为7.2cm×5cm。如图4-8所示。

图4-8　M4:16有脊镈于口图（左）、M4:17有脊镈于口图②（右）

---

① 许公墓有脊镈钟于口音梁结构图片由作者拍摄于河南平顶山叶县县衙博物馆，作者提供。

② 许公墓有脊镈钟于口音梁结构图片由作者拍摄于河南平顶山叶县县衙博物馆，作者提供。

4件有脊镈上呈现出的音梁形状与调音锉磨痕迹不尽相同，在1号镈钟的于口锉磨严重，音梁被锉去较多，仅留下半圆下凹形痕迹。2号镈钟于口有磕缺和裂痕，双音性能不佳，其音梁结构与调音情况近似1号镈钟。3号镈钟于口有明显棱形内唇，内侧鼓部留有明显的锉磨痕迹，中间有锉槽，四侧鼓部内唇残留较多。4号镈钟保存较好，侧鼓部音梁明显，形状较大，呈凸起的剑锋状，两侧音梁大小不一。经测音，正、侧鼓音程呈略偏窄的小三度关系。

据分析可见：4件有脊编镈均有音梁设计，虽然音梁大小不一，但其均经过精心的调音锉磨，且调音技术已具有一定的规范性。乐钟内侧鼓部音梁的设置，是春秋早期后青铜乐钟铸造上的大发展和明显的标志，王子初先生通过对4件编镈调音锉磨技术的分析认为："这组编镈的时代只能与秦公镈相当或稍晚而不能更早，大约在春秋早中期。"[①] 其所言有据。可见，4件有脊镈钟为明显的实用器，而非明器，这在有脊镈钟中是极为少见的，特别是四翼有脊镈钟，最为明显。该组有脊镈钟价值非凡。

二、无脊镈钟形制与音梁

从音乐考古学的角度，无脊镈钟应晚出于有脊镈钟。有脊镈钟因其形制的原因，使其在音乐性能方面受到较大的局限，而无脊镈钟在音乐性能上却远远超出了有脊镈钟，春秋初期后，无脊镈钟占主导地位。

---

① 王子初《河南叶县旧县四号春秋墓出土的两组编镈》，《文物》2007年第12期。

1. 无脊镈钟形制

许公墓无脊镈钟，4件成编。出土于墓葬椁室的东北角，位于4件有脊镈的北端，分双排摆放在椁室的北侧。

无脊镈钟钟体呈典型的合瓦形态，正视略呈正梯形，断面呈椭圆形。平舞，舞面置复式繁纽，顶端置一小方形环。弧铣，铣部向下渐阔，于口部平齐。

如图4-9所示。

图4-9 许公墓无脊镈钟①（左）、无脊镈钟局部图②（右）

无脊镈钟的正、背两面纹饰相同，正鼓部饰两对4条相对的夔龙纹饰，凹槽、线条清晰。舞面纵向设置复式繁纽，为透雕，由8条龙盘错纠结而成，繁纽的龙身上刻有细致的雷纹为纹。舞、篆区圆梗线上饰绚索纹，镈体正背两面置4组36颗螺形枚，枚间篆部饰蟠螭纹，在枚的周边与篆带之间界以阳线式边框，钲部素面。4件无脊镈钟形制纹饰基

① 许公墓无脊镈钟图片由平顶山叶县县衙博物馆提供。
② 许公墓无脊镈钟局部图片由平顶山叶县县衙博物馆提供。

本相同,大小相次。

如图4-10(从左到右)所示。

图4-10　无脊镈钟局部[①]

4件无脊编镈造型优美,铸造工艺精良,镈体铜胎保存较好,但镈胎较为轻薄,通体覆锈,锈蚀较轻,能够较完美地展示出无脊镈钟的独特风采。

按照出土编号由大到小分别为:M4:5(b5)、M4:8(b6)、M4:9(b7)、M4:7(b8)。

无脊编镈具体形制分析如下:

(1)M4·5号(b5):镈钟于口有裂痕,钲中的遗孔已透。一面钲部和舞底部中心各有一长方形芯撑遗孔,内大外小,音已哑。

(2)M4·8号(b6):腔内上部一周有芯撑遗孔6个,一面钲中的遗孔已透。在于口的一面有三条裂纹,长约6～7厘米,另一面有一条裂纹,长约4.5厘米。据测音,音色不佳,音质含混。

(3)M4·9号(b7):该镈保存完好,无破损。于口内一周均有调音锉磨遗痕,音梁较短小,具有一定的原始性。经测音,音质含混,音色不佳。

---

① 许公墓无脊镈钟局部图片由平顶山叶县县衙博物馆提供。

（4）M4·7号（b8）：该镈保存完好，无破损。于口内唇保留较多，锉磨较均匀。钲面有芯撑遗孔，螺形枚较为清晰，锈浊较轻，呈铜锈绿色。经测音，音质含混，音色较差。

具体形制数据如表4-2所示。

表4-2 许公墓无脊编镈形制数据统计表[①]（单位：厘米 千克）

序号	b5	b6	b7	b8
出土号	M4:5	M4:8	M4:9	M4:7
通高	42.3	40.0	37.8	34.8
钮高	10.9	10.7	10.2	9.8
钮上宽	4.4	3.4	3.3	3.0
钮下宽	21.8	21.1	19.7	19.0
舞修	23.7	22.2	21.0	19.5
舞广	17.9	17.0	14.6	14.5
中长	30.4	28.3	26.7	24.5
铣长	31.4-31.8	29.2-29.5	27.6-27.7	25.2-25.3
上周长	68	61	56	53
下周长	79	72	69	60
鼓间	21.9	20.7	18.8	16.9
铣间	27.8	26.5	24.5	22.1
正鼓厚	0.5	0.4	0.7	0.7
侧鼓厚	1.1	1.0	1.2	1.0
重量	8.0	6.8	5.8	4.6
枚形	螺形枚	螺形枚	螺形枚	螺形枚

4件无脊编镈胎体轻薄，初看似明器，但在于口内三棱状内唇上有多处调音锉磨遗痕，编镈四侧鼓内却有明显的音梁设置。钟腔内遗有4个芯撑遗孔，于口四侧鼓部口沿留有浇冒口，铸成后未经修磨，铸疵

---

① 参见王子初《河南叶县旧县四号春秋墓出土的两组编镈》，《文物》2007年第12期。

尚存①。从其音梁结构的设置与调音锉磨技术推断,应为实用器。

从无脊镈的形制与造型观察,其产生的年代要比同出的有脊镈晚。

2. 无脊镈钟音梁

4件无脊镈钟的4侧鼓内有着明显的音梁设置[如M4:8:(b6)号镈钟],特别是在于口的正鼓部与两铣角处留有非常明显的调音锉磨缺口[(如M4:9(b7)、M4:7(b8)],无脊镈钟于口内部有三棱状内唇。这充分说明,4件无脊镈钟在铸造和使用时不是明器。

具体音梁结构情况分析如下:

(1)M4:5号(b5):保存基本完好,于口有裂痕,两侧鼓部均有音梁设置,音梁呈半椭圆形,内唇在调音时大部分已被锉平,于口内音梁形状不一。钲中遗孔已透,一面钲部及舞底中心各有一长方形芯撑遗孔,内大外小的。音已哑。

音梁:一侧音梁长宽约为6cm×5cm,另一侧音梁长宽约为6.5cm×5.8cm。

(2)M4:8号(b6):保存尚好,侧鼓部有半椭圆形音梁,于口内唇凸起,内唇呈方棱形,于口有明显锉磨痕迹,调音锉磨较均匀。于口一面有3条裂纹,长约6至7厘米,另一面有1条裂纹,长约4.5厘米。在腔内上部有芯撑遗孔一周环6个,一面钲中的遗孔已透。音质含混,音色不佳。经测音,正、侧鼓音程呈略偏窄大三度关系。

音梁:一侧音梁宽约为长5cm×4cm,另一侧音梁长宽约为

① 王子初《河南叶县旧县4号墓编钟印象》,《湖北省博物馆馆刊》2008年第5辑。

5cm×4.5cm。

如图4-11所示。

图4-11　M4:5无脊镈于口图（左）、M4:8无脊镈于口图[①]（右）

（3）M4:9号（b7）：两正鼓与两铣角有对称的调音锉磨槽，锉磨较深，可见明显缺口。于口内唇隆起，于口内均有调音锉磨遗痕。有音梁设置，音梁较短，呈半圆形，带有一定的原始性。镈钟音质含混，音色较差。经测音，正、侧鼓音音程关系呈稍偏窄大二度，侧鼓音低于正鼓音。

音梁：长宽约为4cm×4cm。

（4）M4:7号（b8）：锉磨严重，正鼓部与两铣角锉磨痕迹明显，可见有明显的缺口。于口内唇有明显锉磨槽，锉磨深入及钟壁。侧鼓内设有音梁，音梁为半椭圆形，音质含混，音色较差。经测音，正、侧鼓音音程关系呈稍偏窄大二度。

音梁：长宽约为5cm×4cm。

如图4-12所示。

---

① 许公墓无脊镈钟于口音梁结构图片由作者拍摄于河南平顶山叶县县衙博物馆，由作者提供。

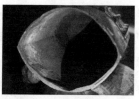

图4-12 M4:9无脊镈于口图（左）、M4:7无脊镈于口图[①]（右）

　　一般来讲，无脊镈的产生时代应该晚于有脊镈。但是在许公墓4件无脊镈的音梁结构设置与调音手法上却与同墓所出的有脊镈处于同一水平。不仅如此，两者在音梁设置的位置与钟腔的长度比例上如此惊人的一致。王子初曾将两组编镈首钟的音梁长度与腔体高度做了一个有趣的比较，发现"无脊镈M4:5（b5）号镈，腔体高度为30CM（以中长为准），音梁长约6CM，两者间之比为5:1。有脊镈M4:10（b1）号镈，腔体高度为40CM（以中长为准），音梁长约8CM，两者间之比为5:1。"[②] 在两组编镈中出现如此相同的比例结构，虽不排除一定的偶然因素，但至少说明两者之间音梁结构设置与发展程度处在相近的水平上。不但如此，在两组编镈的调音锉磨手法上也具有相同之处，如M4:9（b7）号和M4:7（b8）号镈钟锉磨部位相同，都位于两铣角、两正鼓四个位置上。音梁的设置与调音技术是在春秋早期以来建立的，但其调音位置的建立则应是在春秋早中期前后。按一般规律而言，这两组编镈的时代应该稍有先后，但从反映在两组编镈上音梁形态与调音

---

　　① 许公墓无脊镈钟于口音梁结构图片由作者拍摄于河南平顶山叶县县衙博物馆，由作者提供。

　　② 王子初《河南叶县旧县四号春秋墓出土的两组编镈》，《文物》2007年第12期。

技术方面的现象,则相差不会太远。

"中国青铜乐钟的音梁结构由发端至成熟,在各个历史阶段留下了较为稳定的印记。"①根据这些历史的印记推测,许公墓两组编镈在音梁发育程度相近,调音技术相当。所以,它们产生的时代应该也不会相差太远。如果将许公墓有脊镈的时代定位在春秋早期的话,那么无脊镈的时代应该在春秋早期偏晚。

从许公墓无脊镈钟的形制所体现出的文化属性来看,无论从其镈体两铣弧曲外凸腔体呈典型的合瓦型;还是从舞面上复式繁纽8条龙蟠交错纠结;以及舞、篆、鼓间相同的蟠螭纹饰与造型等等,对比以往中原地区出土的同类器物,不难找到大量的相同参照因素。但若与所见楚式编钟的风格相比,则可看到有着明显的差距。就文化属性的特点而言,许公墓无脊编镈的形制具有明显的中原文化色彩。

然而,在无脊镈钟上所置的36个螺形枚,却反映出一种异域的风格。"螺是一种南方常见的水生动物,螺形枚很可能来自南方越、楚文化的习俗。"②同时,螺形枚式上精细的纹饰造型,也是南方楚人的风格。对比以往所见较早出现螺形枚的标本,可见1978年河南淅川下寺1号墓出土的"敬事天王"纽钟(春秋中期);1979年河南淅川下寺10号墓出土的䵼镈和䵼钟(春秋中期);1923年河南新郑李家楼的郑公特镈(春秋中晚期);1978年固始城关出土的鄱子成周镈(春秋晚期)等。但以上各例的出土地、葬制、葬式和随葬品,均与楚文化有着

---

① 王子初《河南叶县旧县四号春秋墓出土的两组编镈》,《文物》2007年第12期。
② 王子初《河南叶县旧县四号春秋墓出土的两组编镈》,《文物》2007年第12期。

密切的关联。但也有见于山东长清仙人台6号墓出土的纽钟（春秋早期偏晚），当然，还有出土于江苏六合程桥1、2号墓的两批编纽钟和编镈（春秋晚期）；出土于丹徒北山顶的遱邡钟镈（春秋晚期）；以及出土于邳州九女墩的两批钟镈（战国早期）等，在这些镈钟上均设有典型的螺形枚。如此看来，有关螺形枚与吴文化的关联"这种可能性较小。一来这些标本的时代较晚；二来吴国地处蛮荒，虽因最早用铁，其兵器铸造独步天下，但其乐悬制作并不发达。正因为此才仰慕中原礼乐，有了'季札观乐'的故事。"① 在许公墓无脊镈钟与同墓出土的甬钟和纽钟上36个螺形枚，应该是最早出现的螺形枚设置，虽然体现出一定的楚文化风尚，但对于螺形枚的演变脉络与文化属性的定位，还需做进一步的讨论。

总而言之，许公墓出土的两组不同形制的编镈组合呈现出春秋时期镈钟发展的诸多信息，体现在形制、铸造、纹饰、调音等方面，并彰显出多元文化的色彩，对研究中国青铜镈钟的发展流变史，以及地域间的文化交融，有着重要的学术价值。

第二节　许公墓镈钟编列

西周晚期，镈是从长江流域进入中原地区的乐悬，成为天子、三公

---

① 王友华《大型组合编钟研究》，中国艺术研究院2009年博士论文，第117页。

及上卿方可享有的礼乐重器[①]。镈从诞生之初，在南方一般以单件的形式出现，属"特镈"而非"编镈"。入北方后，被周人引入"乐悬"，则多以编列的形式出现。编镈的加入成为"乐悬"乐器向大型化组合方向发展的重要标志。

许公墓两组编镈，均4件成编，符合春秋中期镈钟发展的编列规范。镈钟以4件组的编列现象是春秋中期中原地区，特别是郑国一带的突出编列现象。在新郑出土的11套编钟中无一例外的均为4件编组，这绝非是巧合。

镈钟的编列在不同时期有其不同的特征，在中国青铜编钟向大型组合化方向发展的过程中起着重要的作用。我们试从西周晚至春秋晚期镈钟编列的演变分析，对比许公墓两组编镈编列所呈现出的文化现象，分析其在镈钟发展过程中的地位与作用。

一、早期镈钟编列

西周晚期，镈成为周人"制礼作乐"的重器之一。目前，在我国考古资料中，早期的镈具有编列的为数不多。迄今为止，仅见有5例，分别为：陕西眉县杨家村镈、宝鸡秦武公编镈、克镈、礼县大堡子山秦公镈、茂县牟托1号墓镈。如表4-3所示。

---

① 王清雷《西周乐悬制度的音乐考古学研究》，文物出版社2008年版，第190页。

表4-3　西周晚与春秋早期编镈统计表

序号	乐器名称	时代	数量	出土地	资料来源
1	陕西眉县杨家村镈	西周晚期	3	1985年出土于陕西眉县马家镇杨家村青铜器窖藏	《中国音乐文物大系·天津　陕西卷》
2	克镈	西周晚期	1（3）	1890年出土于陕西省扶风法门寺任村	《中国音乐文物大系·天津　陕西卷》
3	四川茂县牟托M1镈	西周晚期	3	1992年出土于四川阿坝藏族羌族自治州茂县牟托一号墓	《中国音乐文物大系·四川卷》
4	宝鸡秦武公镈	春秋早期	3	1978年1月出土于陕西宝鸡县杨家沟太公庙窖藏	《中国音乐文物大系·天津　陕西卷》
5	大堡子山秦公镈	春秋早期	3	2006年出土于甘肃礼县大堡子山遗址祭祀坑K5	《文物》1（早期秦文化联合考古队）

以上5例编镈均以3件成编，说明此时镈钟的编列已初步形成规范，其中除克镈目前仅存一件外，其余3件保存良好。

1. 编列具体分析

（1）眉县杨家村镈

陕西眉县杨家村镈，共3件，1985年8月出土于陕西省眉县马家镇杨家村西周青铜器窖藏。眉县杨家村镈是目前所知最早的编镈，原断代为西周中期[①]，据2003年出土的逑钟、逑盘等西周晚期标准器看，当以西周晚期宣王之世的单氏家族逑为器主。逑是西周王室的重臣，级别高至卿大夫[②]，曾任管理四方虞林、官司历任等职。编镈3件成组，形制一致，大小相次，纹饰相同，属一组。

---

① 方建军《中国音乐文物大系·陕西卷》，大象出版社1996年版，第60—67、101页。

② 刘怀君《眉县杨家村西周窖藏青铜器的初步认识》，《文物与考古》2003年第3期。

（2）克镈

克镈，于1890年出土于陕西省扶风县法门寺任村一青铜窖藏。仅藏一件。《贞松堂集古遗文》据王文焘言，克鼎、克镈等出自宝鸡南渭水南岸，时间为光绪十六年，克钟、克镈、克鼎、中义父鼎等出于一窖。罗振玉认为：克镈诸器出自宝鸡属误传，克之故都在渭水之北，未及渭南，故扶风县法门寺任村一说可信[1]。后世多从此说。郭沫若曾根据铸器全部的铭文推断：克钟、克镈为夷王时器物[2]；唐兰通过对铭文"剌宫"的考证，推断克钟、克镈为宣王时器物[3]。

由于克镈的形制与眉县杨家村镈的风格比较相像，若参考其与眉县杨家村编镈的"8（甬钟）+ 3（镈）"组合方式，克镈也很有可能为3件成编。

（3）茂县牟托M1镈

四川茂县牟托M1镈，1992年出土于四川省阿坝藏族羌族自治州茂县南新乡牟托1号墓葬。镈钟3件，出土时按大小顺序排列于石棺右侧前部，并以竹编索相连，为一组编列[4]。

茂县牟托1号墓葬，包括一座石棺墓和三个陪葬坑，牟托石棺墓被推测为战国蜀人墓。关于编镈的时代，王子初认为："一般来讲，墓中出土的器物，未必一定与墓葬的时代同时，随葬器物有可能是墓主生前珍爱之物或传世之品，后被用于殉葬。3件牟托镈与新干三器造型

---

① 罗振玉《贞松堂集古遗文》，北京图书馆出版社2002年版，第262—263页。
② 郭沫若《两周金文辞大系图录考释》（七），科学出版社1957年版，第112页。
③ 唐兰《关于大克钟》，载《出土文献研究》，文物出版社1985年版，第121页。
④ 严福昌、肖宗弟《中国音乐文物大系·四川卷》，大象出版社1996年版，第28页。

中国音乐考古丛书·春秋许公墓青铜编钟研究　　　　　　208

风格有相近之处，比新干等三器更为进一步，从牟托镈3件编组的形式说明将其定为西周中、晚期，较为合理。"①

牟托镈从形制上看，3件编镈形制、纹饰基本一致，大小相次，钟体呈合瓦形，上小下大，于口平直。镈体两侧有鱼尾形扉棱，重要的是，出土时3件镈由藤条连在一起，明显传达为1组器的信息。不同的是，同墓出土的其他青铜乐钟则单独放置。

（4）秦武公镈

宝鸡秦武公镈，3件成编。1978年出土陕西省宝鸡县杨家沟太公庙窖藏，年代为春秋早期，器主为春秋早期的秦武公②。秦武公镈形制、纹饰、铭文相同，大小相次，惟铭文行款有异，每件镈钟铭文自成一篇③。

（5）秦公镈

大堡子山秦公镈，3件成编。2006年于甘肃礼县大堡子山遗址祭祀坑K5出土，同出乐器有甬钟8件，石磬10件④。

资料表明，墓坑保存完好，无盗扰现象，出土乐器排列有序，真实反应了出土乐器的原始编列状况。镈钟鼓部有铭文26字，为："秦子作宝龢钟，以其三镈，……。"明确表示这组镈3件成编，属于镈的原始编列。秦公镈3件成编，形制、纹饰一致，大小有序。

如图4-13所示。

---

① 王子初《礼乐重器镈的发掘与研究》，载《残钟录》，上海音乐学院出版社2004年版，第310页。

② 卢连成《陕西宝鸡县太公庙村发现秦公钟、秦公镈》，《文物》1978年第11期。

③ 方建军《中国音乐文物大系·陕西卷》，大象出版社1996年版，第104页。

④ 王刚、方志军《2006年甘肃礼县大堡子山祭祀遗址发掘简报》，《文物》2008年11期。

图4-13 礼县大堡子山遗址祭祀坑编镈[1]

综上所述，早期的镈钟具有以下特征：其一，从商末镈诞生于湘、赣流域以来，一直是南方重要的礼器，一般单件使用，从新干大洋洲镈上可见遗迹。西周早期，镈在北方的使用并不普遍，数量较少，目前仅见5例。其二，西周晚春秋早期，镈钟以3件成编，并成为北方早期镈钟的编列常制。其三，早期镈一般使用于高级贵族，但其编列并不以使用者的等级地位而改变编列。在已知早期的5例编镈中，拥有者的身份从国君到下卿、至善夫，均不相同。

早期编镈以3件成编为编列常制，均用于上层国君与三公贵族，其编列不以拥有者的等级而改变。

二、许公墓镈钟编列

1. 许公墓镈钟编列

许公墓编镈分两种形制，共8件，以"4+4"的形式出现。

---

[1]　图片来源：《2006年甘肃礼县大堡子山祭祀遗址发掘简报》，《文物》2008年11期。

4件制编镈,是春秋中期镈钟的典型编列。据不完全统计,春秋中期4件及以上编镈达18例,计79件。其中,有15例为4件组成编,3例为5件、6件、8件组成编。见表4-4所示。

表4-4　出土春秋中期镈钟统计表

序号	名称	数量	时代	出土地	资料来源
1	许公墓有脊编镈	4	春秋中期	2002年出土于河南平顶山市叶县旧县村M4	《中国音乐文物大系·江西 续河南卷》
2	许公墓无脊编镈	4	春秋中期	2002年出土于河南平顶山市叶县旧县村M4	《中国音乐文物大系·江西 续河南卷》
3	新郑金城路编镈	4	春秋中期	1993年出土于河南新郑金城路2号窖藏坑	《中国音乐文物大系·河南卷》
4	新郑城市信用社编镈	4	春秋中期	1995年出土于河南新郑市信用社第K8号	《中国音乐文物大系·河南卷》
5	新郑中行工地T595K1编镈	4	春秋中期	1996—1997年出土于河南新郑中行工地K1	《中国音乐文物大系·江西 续河南卷》
6	新郑中行工地T606K4编镈	4	春秋中期	1996—1997年出土于河南新郑中行工地K4	《中国音乐文物大系·江西 续河南卷》
7	新郑中行工地T594K5编镈	4	春秋中期	1996—1997年出土于河南新郑中行建工地K5	《中国音乐文物大系·江西 续河南卷》
8	新郑中行工地T594K7编镈	4	春秋中期	1996—1997年出土于河南新郑中行建筑工地K7	《中国音乐文物大系·江西 续河南卷》
9	新郑中行工地T615K8编镈	4	春秋中期	1996—1997年出土于河南新郑中行工地K8	《中国音乐文物大系·江西 续河南卷》
10	新郑中行工地T605K9编镈	4	春秋中期	1996—1997年出土于河南新郑中行工地K9	《中国音乐文物大系·江西 续河南卷》
11	新郑中行工地T613K14编镈	4	春秋中期	1996—1997年出土于河南新郑中行工地K14	《中国音乐文物大系·江西 续河南卷》
12	新郑中行工地T615K16编镈	4	春秋中期	1996—1997年出土于河南新郑中行工地K16	《中国音乐文物大系·江西 续河南卷》
13	新郑中行工地T566K17编镈	4	春秋中期	1996—1997年出土于河南新郑中行工地K17	《中国音乐文物大系·江西 续河南卷》

序号	名称	数量	时代	出土地	资料来源
14	鼺编镈	8	春秋中期	1979年出土于河南淅川县仓房乡下寺M10	《中国音乐文物大系·河南卷》
15	新郑李家楼编镈	4	春秋中期（偏晚）	1923年秋出土于河南新郑李家楼村	《中国音乐文物大系·河南卷》
16	虺螭纹编镈	4	春秋中期（偏晚）	1923年河南省新郑李家楼出土	《中国音乐文物大系·河南卷》
17	山东沂水刘家店子编镈	6	春秋中期	1978年出土于山东沂水县刘家店子春秋墓	《中国音乐文物大系·山东卷》
18	湖北随州季氏梁编镈	5	春秋中期	1979年出土于湖北随州东郊义地岗春秋墓	《中国音乐文物大系·湖北卷》

由上表可见，春秋中期，编镈的发展进入繁盛时期，其编列形式更加稳定。

2.4件组编列

4件制编列现象成为春秋中期镈钟编列的常制，并以河南为主要区域。在以上18例中，有16例出土于河南境内，有12例出土于河南的新郑。

如图4-14所示。

图4-14　新郑金城路编镈（左）、新郑城市信用社镈[①]（右）

在以上实例中，以8件编列出现的编镈仅有一例，即是河南省淅

---

① 图片来源：《中国音乐文物大系·河南卷》，大象出版社1996年版。

川县仓房乡下寺M10出土的黝镈,8件成编,较为特殊。其中,仅有一例出土于山东的沂水刘家店子编镈(6件),一例出土于湖北的随州季氏梁编镈(5件),且编列不明确,占极少数,属个案。

黝镈,8件成编。1979年出土于河南省淅川县仓房乡下寺M10。黝镈位于墓室东部,由北向南从大到小一字排列。出土时,有腐朽钟架痕迹。同出乐器有编纽钟9件,石磬13件。据考证,吕国在吕定公14年灭于楚(前595年),黝镈、黝钟的年代应在此之前。黝镈铭文有"楚成王之盟仆",成王是楚熊恽的谥号,根据楚谥法制度国君死后方尊谥号,从钟铭看,黝镈与黝纽钟为吕国器①。因此,其上限不能超过楚成王卒年。所以,黝镈的确切年代应在公元前625年至公元前595年之间,属春秋中期器。

目前,黝镈是所知最早的8件组编镈。从形制上看,8件镈钟形制纹饰相同,大小相次,系同时铸造,同属一个编列,但其8件组编列形式中仍可看成是4件编列的扩充,似同西周4件甬钟编列拓展为8件编列相同。从中可见明显的4件编列镈钟之踪影。

春秋中晚期镈钟以4件成编为常制,也是春秋至战国时期中原编镈的一种常见组合编制。此类组合多为无脊镈,个别有脊镈钟,多见于河南境内。

如表4-5所示。

---

① 赵世纲《中国音乐文物大系·河南卷》,大象出版社1996年版,第100页。

表4-5　春秋中期4件编镈统计表

序号	名称	件数	时代	调音	钟脊
1	许公墓编镈	4	春秋中期	有	有
2	许公墓编镈	4	春秋中期	有	无
3	新郑城市信用社编镈	4	春秋中期	有	无
4	新郑金城路编镈	4	春秋中期	有	无
5	新郑李家楼虺螭纹镈	4	春秋中晚期	有	无
6	辉县琉璃阁镈	4	春秋晚期	有	无
7	长治分水岭25号墓编镈	4	春秋晚期	有	无
8	滕州庄里西村编镈	4	春秋晚期	有	无
9	洛阳解放路编镈	4	战国	有	无
10	新郑无枚编镈	4	战国	有	无

　　总而言之，春秋中期，镈钟的发展比较兴旺，编列也相对成熟和稳定。归纳为以下特征：其一，镈钟以规整的4件制编列形式为编列常制，并普遍使用于乐悬。其二，主要以中原地区为发展区域，相对集中在河南新郑一带，具有典型的中原文化色彩。其三，虫戜镈8件成编，属个案，是至今所见最早编镈的8件制编列，为一次性铸造。其四，许公墓8件镈钟，虽出土于楚地，但其却具有典型的中原编镈的编列特征，其与8件组虫戜镈有着质的差别。许公墓镈钟虽同出8件编镈，但其按形制仍属于4件组编列，并以两组"4+4"的组合方式运用于大型组合编钟之中。

　　综上所述，许公墓两组不同形制的编镈，形成"4+4"的编列形式编组于大型多元化组合编钟的低音声部。其虽出土于楚地（今河南叶县，春秋时属楚国领地），但其却具有明显的春秋中期中原编镈编列的典型特征。相比于早期编镈的编列有相当的差距。由此推测：许公墓两组镈钟产生的年代，应在编镈的编列从3件制转向4件制的春秋早中期。

图4-15　无脊编镈

三、春秋晚期镈钟编列的流变

镈钟成熟于春秋中期，繁荣于春秋晚期。春秋晚期，镈钟的编列呈现出多样化形式的发展和流变，不再拘泥于一种形态。其发展区域也在逐步扩大，包括河南、山东、山西、安徽、江苏等地。目前，据不完全统计，出土地明确且断代清晰的春秋晚期编镈有20例，计136件。

春秋中期到晚期，4件组编列的编镈是镈钟编列走向成熟的标志之一。但此时镈钟的编列类型产生多样化，具体可概括为以下几种：4件组编列；8件组编列；9件组编列；其他编列等。

1.4件组编列

从出土资料显示，春秋晚期，4件组镈钟依然存在。目前，所知4件组镈钟共3例。如表4-6所示。

第四章　镈钟研究

表4-6　春秋晚期4件组编镈统计表

序号	名称	数量	时代	出土地	资料来源
1	长治分水岭M25编镈	4	春秋晚期	1959—1961年出土于山西长治市东周墓M25	《中国音乐文物大系·山西卷》
2	山东滕州里西村编镈	4	春秋晚期	1982年出土于山东滕州姜屯里西村一墓葬	《中国音乐文物大系·山东卷》
3	辉县琉璃阁甲墓特镈	4	春秋晚期	1936年出土于河南辉县琉璃阁甲墓	《中国音乐文物大系·河南卷》

2. 8件组编列

8件组编镈，首见于春秋中期偏晚的黝镈。春秋晚期，8件组编镈明显增多。目前，所知有5例。如表4-7所示。

表4-7　春秋晚期8件组镈统计表

序号	乐器	数量	时代	出土地	资料来源
1	伵子受编镈	8	春秋晚期	1990年出土于河南淅川丹江口水库和尚岭M2	《中国音乐文物大系·河南卷》
2	鄱子成周编镈	8	春秋晚期	1978年出土于河南固始城关砖瓦厂M1陪葬坑	《中国音乐文物大系·河南卷》
3	蔡侯编镈	8	春秋晚期	1955年出土于安徽寿县蔡侯墓	《中国音乐文物大系·北京卷》
4	淅川徐家岭M3编镈	8	春秋晚期	1990年出土于河南淅川丹江口水库徐家岭M3	《中国音乐文物大系·河南卷》
5	淅川徐家岭M10编镈	8	春秋晚期	1991年出土于河南淅川丹江口水库徐家岭M10	《中国音乐文物大系·河南卷》

如图4-16所示。

图4-16　鄀子成周编镈[1]

3. 9件组编列

9件组编镈的编列现象，仅见于春秋晚期。据统计，所见有3例，出土于河南、山西、山东一带。如表4-8所示。

表4-8　春秋晚期9件组编镈编列统计表

序号	名称	数量	时代	出土地	资料来源
1	山东临沂凤凰岭编镈	9	春秋晚期	1983年出土于山东临沂王家黑墩春秋墓	《中国音乐文物大系·山东卷》
2	辉县琉璃阁甲墓编镈	9（8）	春秋晚期	1936年出土于河南辉县琉璃阁甲墓	《中国音乐文物大系·河南卷》
3	山西侯马上马M1004编镈	9	春秋晚期	60年代出土于山西侯马上马墓葬群M1004	《中国音乐文物大系·山西卷》

4. 其他编列

春秋晚期，除上述4件、8件、9件制编列形式外，还存在有5件、6件、13件、14件、19件组等不规则的编列现象。但这些镈钟多数出土于江苏一带，少数出土于山西。如表4-9所示。

① 《中国音乐文物大系·河南卷》，大象出版社1996年版。

表4-9　春秋晚期编镈其他编列统计表

序号	名称	数量	年代	出土地	资料来源
1	六合程桥2号墓编镈	5	春秋晚期	1968年出土于江苏六合程桥镇陈岗坡M2	《中国音乐文物大系·江苏卷》
2	谌邡编镈	5	春秋晚期	1984年出土于江苏丹徒大港吴国贵族墓	《中国音乐文物大系·江苏卷》
3	邳州九女墩M3编镈	6	春秋晚期	1993年出土于江苏邳州戴庄梁王城九女墩M3	《中国音乐文物大系·江苏卷》
4	太原赵卿墓编镈	19(5+14)	春秋晚期	1988年出土于山西太原春秋晚期墓M251	《中国音乐文物大系·山西卷》
5	山西侯马上马M5218编镈	13	春秋战国之际	于60年代出土于山西侯马上马墓葬群M5218	《中国音乐文物大系·山西卷》

从以上数表发现,春秋晚期的镈钟编列变化较大,编列现象多样。

春秋晚期镈钟具有以下突出特点:其一,此时编镈数量较少,不具典型意义。其二,基本仍以中原地区为主要区域。其三,数量较多的编镈一般体量较小。例如,13件侯马上马5218号墓出土编镈具有拼合现象。

春秋晚期,4件组编列依然存在,但同时出现了更多其他不同形式的编列现象,这种多样化编列现象是春秋晚期编镈的典型特征也是镈钟编列发展流变的必然趋势。另外,一个明显的特征是,编镈不规则编列多出现在中原地区以外的齐、吴地区,中原一带编镈的编列形式仍以4件、8件为主要编列形式。

纵观整个春秋时期,镈钟编列的发展具有明显的时段性特征。其表现在:

(1)商末,从镈诞生于湘、赣流域后即是南方重要的礼乐器,为单件使用。至西周末镈流入中原,以3件制的编列进入周人乐悬,并成为早期北方编镈的常制。

(2)早期镈的编列不以使用者的身份等级而改变,不同等级的贵族拥有一致编列的镈,此种现象不同于后来的乐悬制度。

（3）春秋中期,镈钟的发展比较兴旺,编列相对成熟,镈钟以4件制编列形式位于乐悬的低音区。使用范围主要集中在中原一带,以河南新郑为主。

（4）春秋晚期,镈的编列开始突破4件编列常制,发生了较大的变化,出现多种编列形式并存的局面。此时不规则的编列现象主要存在于远离中原中心地带的齐、吴越地区。

通过以上对比发现,镈钟编列的发展在各不同时期具有不同的典型特征,这些不同的特征与编列流变发展的趋势相吻合。从编镈编列发展脉络的规律分析可见,许公墓编镈的编列形式更为符合春秋早中期镈钟的编列形式,4件成编,并具备了明显的中原镈钟的文化色彩。其即不同于早期镈钟的3件制,也不同于春秋晚期以来的多种编列形式,具有典型的春秋早中期镈钟编列特征。

如此推断,许公墓两组编镈虽在形制上有明显的差异,但其编列的组合形式完全一致。所以,许公墓编镈产生的年代应在春秋早期至初中期之际。

第三节　许公墓镈钟音列

镈钟自从周人引入乐悬以来,改变了其始初时的单件制,以编列的形式作为"乐悬"组合中的低音声部。此种改变大大扩展了镈钟的实用价值,并给予镈钟更大的生存空间。一方面,为乐悬的编制与规模提供了更大扩展余地，更为重要的是，为大型组合编钟的音乐性能与音列的拓展提供了坚实的基础。

音列即是乐钟音乐性能的核心内涵，音列的发展标志着乐钟音乐性能的不断提高。从西周末春秋初时乐钟的音列挣破周礼的束缚以来，特别是纽钟的诞生与音列的突破，对青铜乐钟音乐性能的变革提供了极为重要的条件，相对于形制和纹饰来讲，音列的演变更具有时代特征。

一、西周晚期至春秋早期镈钟音列

自商周编铙起，青铜乐钟的音列即为三声。至西周中后期，出现了甬钟五声缺商的"四声音列"。镈钟进入乐悬以来，其音列的发展较为缓慢，但其具有一定的规范性。据目前考古资料表明，出土西周晚春秋早期的编镈共有5例，分别为：眉县杨家村镈、秦武公镈、克镈、礼县大堡子山秦公镈、茂县牟托1号墓镈。其中仅有3例具有测音数据，而其中礼县大堡子山秦公镈的测音资料尚未公布。

1.音列分析

（1）眉县杨家村镈

陕西眉县杨家村镈，共3件，1985年出土于陕西眉县马家镇杨家村青铜器窖藏，西周晚期器。镈体为椭方形，平口，有内唇，在内唇的正、侧鼓部有经过调音锉磨留下的4个小缺口，证明该组编镈经过调试，为实用器。测音数据如表4-10所示。

表4-10　眉县杨家村镈的测音数据表[①]（单位:音分）

编号	1306	1307	1308
序号	1	2	3
正鼓音	a^1+36	c^2+34	$^\sharp d^2$+10

从上表数据分析,3件镈的正鼓音呈小三度叠置，与传统五声调式的音程关系不符。对于陕西眉县杨家村编镈测音数据的分析,学者们的意见不一，有人认为,"三件镈的正鼓音可以构成A羽调三音列"羽—宫—角"[②],这样编镈的音列符合西周早期三件组甬钟的编列,也符合西周中、晚期八件套甬钟正鼓音音列规范。也有认为:"如果将1307与1308两镈正鼓音的音程关系视作'宫—角',则在两音之间的音程关系则会略显得狭窄或误差较大。"[③]所以，仅从3件镈钟的音列分析,是不容易断定其调式关系的。

（2）秦武公镈

宝鸡秦武公镈,3件编列。于1978年出土于陕西宝鸡县杨家沟太公庙,秦武公镈的年代比眉县杨家村镈晚近百年,属春秋早期器[④]。同墓出土的还有秦公钟5件。从形制上看,秦武公镈与眉县杨家村镈基本一致,椭方形镈体,鼓腹,于口平直,有内唇,唇上有4.5厘米的缺口,共4个（2755为2个）[⑤]。测音数据如表4-11所示。

---

① 方建军《中国音乐文物大系·陕西卷》,大象出版社1996年版,第60页。
② 王清雷《西周乐悬制度的音乐考古学研究》,文物出版社2007年版,第153页。
③ 王友华《先秦大型组合编钟研究》,中国艺术研究院2009年博士论文,第121页。
④ 卢连成《陕西宝鸡县太公庙村发现秦公钟、秦公镈》,《文物》1978年第11期。
⑤ 卢连成《陕西宝鸡县太公庙村发现秦公钟、秦公镈》,《文物》1978年第11期。

表4–11　秦武公镈测音数据表[①]（单位:音分）

出土编号	2754	2755	2756
序　号	1	2	3
正鼓音	$^\sharp g^1$+25	b^1+50	$^\sharp c^2$+22

　　3件秦公镈的测音结果分别为:$^\sharp g^1$+25、b^1+50、$^\sharp c^2$+22。其音列不易确定。但同墓出土的5件秦公钟[②]的音准则较好，呈升F羽四声音列排列，其音阶结构可简排列为:$^\sharp$f羽—a宫—$^\sharp$c角—e徵。如果将秦公镈的音列对应于其中，则分别应为:$^\sharp$g变宫、b商、$^\sharp$c角的三声音列形式。但在三件镈中再次出现了变宫与商音。

　　在对眉县杨家村编镈和宝鸡秦武公镈的音列分析上，多位学者曾持有不同的见解。冯卓慧认为周人从南方引进镈是为了解决西周甬钟音列中缺"商"的问题[③]，"从眉县杨家村镈的下限宣王十六年到秦公镈的器主秦武公时期，大约相距100年的时间。在这样的一个时间跨度里，两套三件组镈与甬钟的组合在音列构成方面体现出了高度的一致，这绝不可能是巧合所能解释的。"[④] 冯卓慧从三件组编镈音列设置的数理逻辑理念解释编镈与甬钟组合的音乐逻辑。王清雷认为:"西周时期，镈是周天子、三公以及上卿才可享用的礼乐重器。"[⑤]器主位于统治阶级的最高层，是礼乐制度的最大受益者，也应该是礼乐制

---

①　方建军《中国音乐文物大系·陕西卷》，大象出版社1996年版，第92页。
②　根据铭文与测音结果来看，秦公钟应有六件，现缺少第6钟。详见方建军《中国音乐文物大系·陕西卷》，大象出版社1996年版，第92页。
③　冯卓慧《商周镈研究》，中国艺术研究院2008年学位论文，第60页。
④　冯卓慧《商周镈研究》，中国艺术研究院2008年学位论文，第51页。
⑤　王清雷《西周乐悬制度的音乐考古学研究》，文物出版社2007版，第190页。

度的最忠实守护者。""镈的理念是礼重于乐。率先用'商'实乃'乐'的革命,是'礼'的让步。在这场'礼'与'乐'的博弈中,镈应该是最保守的。"①所以,镈钟不可能率先用商音。春秋中期镈的音列基本无"商",中晚期却有了"商"声。陕西眉县杨家村编镈和宝鸡秦武公镈的时代为西周末期和春秋早期,陕西眉县杨家村编镈的正鼓音分别为"变宫""商""清角",宝鸡秦武公镈的正鼓音分别为"变宫""商""角",两组编镈的正鼓音除了出现"商"外,还有"变宫""清角"等五声之外的偏音,这显然不符合西周的乐制与钟以"偏音不上正鼓"的规范。

从两组镈的测音数据表明,此时的编镈音列尚不成熟。其原因可能与镈的特殊结构有关,镈钟的腔体结构与甬钟和纽钟的合瓦钟体不同,镈钟腔体呈椭方圆形、于口平直,钟体厚重,并且置有繁复的扉棱和中脊,这一特殊的结构形式增加了调音难度。因此,西周晚春秋早期由于编镈的音列尚不成熟,所以,音列没有形成定制。

二、许镈与春秋中期镈钟音列

1.许公墓镈钟音列

许公墓编镈分为两组,每组4件。两组镈钟音乐性能不佳,音高含混,其中4件有脊编镈中的第二件镈钟音哑比较明显。4件无脊编镈同样音高含混不清,第二件无脊镈钟因破裂而无法测音。两组编镈均音准较差,具体测音数据如表4-12,4-13所示。

---

① 王友华《先秦大型组合编钟研究》,中国艺术研究院2009年博士论文。

表4-12　许公墓有脊编镈4件测音数据表[①]（单位：音分、赫兹）

编号	M4:10（b1）	M4:11（b2）	M4:16（b3）	M4:17（b4）
正鼓音	e^1+26	g^1+15	$♯f$-44	$♯g$+25
侧鼓音	e^1+21	音高不明确	g+13	$♯a$+28
备注	音高含混	音高含混	音高含混	音高含混

表4-13　许公墓4件无脊编镈测音数据表[②]（单位：音分、赫兹）

编号	M4:5（b1）	M4:8（b2）	M4:9（b3）	M4:7（b4）
正鼓音	$♯g$+20	不测	f-3	c-50/$♯g^1$+1
侧鼓音	b-20	不测	$♯a$+28	$♯g^1$-26/e^2-44
备注	音高含混	破裂	音高含混	音高含混

　　经测音[③]表明，许公墓两组编镈虽然音高比较含混，但其两组的音域相连，并且与甬钟的低音区音域相衔接。虽然音区的音列因镈钟的破损无法确定，但从大致的音区可以断定，两组编镈在整套编钟中起到了低音支撑的作用，从而扩大了全套编钟的总体音域，使之达到5个八度。从这一点上，即能看到春秋中期编镈发展的盛况，两组编镈展现出了编钟向大型多元组合发展的趋势。同时，体现出春秋中期典型的社会风尚及"礼"与"乐"之泛滥。

　　镈钟4件组编列是春秋中期发展的主要编列形式，并以中原地区为主要区域，相对集中在河南新郑一带。春秋中期，诸侯势力日盛，并

①　王子初《中国音乐文物大系·江西 续河南卷》，大象出版社2009年版，322页。

②　王子初《中国音乐文物大系·江西 续河南卷》，大象出版社2009年版，322页。

③　测音表均出于发掘简报之附表《河南叶县旧县四号春秋墓出土编钟测音报告》，以及《中国音乐文物大系·江西 续河南卷》中国艺术研究院音研所总编辑部测音报告的对照。

以郑国为首率先形成小霸，周王室积弱难返，天子受"射肩"之辱，不再具有号令诸侯的能力。但是，霸主纷争之初衷往往为"欲霸中国以全周室"，为彰显自身实力与假借权势，也常常以"包茅不入"之罪名问罪诸侯。王室虽衰微，但不乏礼制的维持者，反而，礼乐制度的外在形式与行为表现在此时更具有强盛的生命力。所以，编钟以一种身份与地位的象征，在春秋的中期风行而起，成为极盛的时期。

镈钟，自入乐悬后，其理念是"礼"重于"乐"。西周以往曾是天子显贵们才能拥有的礼乐器。镈因其精美华丽的造型、高贵典重的气质成为三种青铜乐器中的贵族，是少数高级统治者才能拥有的重器，也是身份和地位的象征，不为一般贵族所享用。春秋中期，中原是镈钟发展的主要区域，在18例4件制编镈中有16例出土于河南境内，其中，有12例出土于河南的新郑。

新郑，位于今河南省中部以南地区，地处颍河支流双洎河中上游。夏代禹分九州，新郑属豫州。西周时期，属夏禹之后裔妘姓的郐国所辖，其国都当在今新密至新郑一带。东周以降，公元前769年郑武公灭郐东迁，在双洎河与黄水河交汇处另建新都，国名仍称郑。

春秋中期，郑国小霸初现，其势力范围在不断扩大，从政治、经济、战争、文化等方面都尽显其霸气与实力。仅从新郑地区一带出土的大量青铜礼乐器，便可见其一斑。

2. 新郑出土编镈音列

（1）新郑中行工地9个祭祀坑编镈音列

1996年至1997年，在河南新郑中行工地发掘了9个祭祀坑，分别为T595K1、T606K4、T594K5、T594K7、T615K8、T605K9、T613K14、T615K16、T566K17，各坑均出土一套4件组编镈，王子初曾对这9组编镈进行了测音与数据分析①。音列结构形式如表4-14所示。

表4-14　新郑中行祭祀坑编镈音列统计表

序号	名　称	正鼓音列	正、侧鼓音列	宫音高
1	新郑中行工地T595K1编镈	羽—宫—角—徵	商—宫曾—？—宫	#G-22
2	新郑中行工地T606K4编镈	羽—宫—角—徵	宫—徵—羽—商曾	G-6
3	新郑中行工地T594K5编镈	羽—宫—角—徵	宫—角—徵—变宫	G
4	新郑中行工地T594K7编镈	羽—宫—角—徵	宫—角—徵—变宫	G
5	新郑中行工地T615K8编镈	羽—宫—角—徵	宫—角—徵—变宫	G
6	新郑中行工地T605K9编镈	羽—宫—角—徵	宫—角—徵—变宫	G
7	新郑中行工地T613K14编镈	羽—宫—角—徵	宫—角—徵—变宫	G
8	新郑中行工地T615K16编镈	羽—宫—角—徵	宫—角—徵—变宫	G
9	新郑中行工地T566K17编镈	（哑）—宫—角—徵	（哑）—角—徵—变宫	G

（2）新郑金城路编镈音列

新郑金城路编镈，4件成编，镈钟保存较好，音质尚佳。镈腔内无音梁设置，但均经过调音，调音方法主要是在采用在钟口内进行锉磨

---

① 王子初《郑国祭祀遗址出土编钟的考察与研究》，载《新郑郑国祭祀遗址》，大象出版社2006年版，第959、960、966、970、975、979、983、987、991页。

或锉成凹弧形[①]。由此可见,这套编镈的音高经过调试,为实用器。测音数据如表4-15所示。

表4-15　新郑金城路编镈测音数据表[②]（单位:音分）

序号	编号	正鼓音音高	正鼓音阶名	侧鼓音音高	侧鼓音阶名
1	21	e^1-28	羽	$^\#g^1$+14	羽角
2	22	g^1-24	宫	a^1+15	商
3	23	b^1-2	角	$^\#d^2$-15	宫曾
4	24	d^2+1	徵	f^2-15	商曾

（3）新郑城市信用社编镈音列

新郑城市信用社编镈,4件成编,镈腔内无音梁设置,但均经过调音,调音方法主要是锉磨于口内唇,为实用器。其中,除最小的一件破裂外,其余3件保存完好[③]。第2、3件镈的正鼓音与新郑金城路以及中行工地出土的10组镈的第2、3件音高基本一致,分别为g^1-16、b^1+6,第1件则不一样,结合测音结果和新郑出土其余10例编镈的测音数据分析的结果推测,破裂的一件镈钟的正鼓音应为"徵"。测音数据如表4-16所示。

---

① 蔡全法、马俊才《新郑郑韩故城金城路考古取得重大成果》,《中国文物报》1994年1月2日。

② 测音数据参见:赵世纲《中国音乐文物大系·河南卷》,大象出版社1996版,第94页。

③ 赵世纲《中国音乐文物大系·河南卷》,大象出版社1996年版,第96页。

表4-16　新郑信用社出土编镈测音数据表[①]（单位：音分）

序号	编号	正鼓音音高	正鼓音阶名	侧鼓音音高	侧鼓音阶名
1	21	d^1+32	徵	f^1-24	商曾
2	22	g^1-16	宫	$^\sharp a^1+14$	徵曾
3	23	b^1+6	角	d^2-47	徵
4	24	破裂	（徵）	破裂	——

　　以上分析表明，新郑出土的11组编镈的正鼓音音列基本相同，10组均为四声音列"羽—宫—角—徵"，仅新郑城市信用社编镈的第一件不同，为"徵—宫—角—（徵）"。此种情况可能非主观因素所致。我们可以看到"羽—宫—角—徵"这一音列形式与西周早中期的4件组甬钟和西周晚春秋早期的8件组甬钟的正、侧鼓音的音列结构一致，其中仅有的区别是"徵"的位置不同，位于镈钟正鼓部。

　　另外，各组编镈宫音的高度基本一致，10组镈的宫音高度均为G，其中新郑中行工地T595K1和T615K8有偏高现象，"这两套编钟的音律偏高，当与编钟铸成以后调音工作没有完成有关。"[②]这种分析符合编镈的现有状况。

　　由于铸造、调试精粗不一，各组编镈在音准方面略有参差，侧鼓音上出现了大量的偏音，如"商""羽角""宫曾""商曾""徵曾""徵角"等，其中"徵角"的出现频繁较高。可此种现象与镈钟的特殊结构与调音难度较大有直接的关系，同时，不排除当时编镈根本不曾利用侧鼓音

---

　　① 赵世纲《中国音乐文物大系·河南卷》，大象出版社1996年版，第97页。
　　② 王子初《郑国祭祀遗址出土编钟的考察与研究》，载《新郑郑国祭祀遗址》，大象出版社2006年版，第993页。

的可能性。

3. 8件组编镈音列

春秋中期,8件组编镈仅有一例,即是1979年出土于河南省淅川县仓房乡下寺M10的黝镈,较为特殊,也是迄今见到的最早的8件制编镈。黝镈镈体为合瓦形,镈体较长,于口近平,内壁突起,鼓部内壁有长条状突起的音梁。8件镈钟的口沿内壁均有调音锉磨痕迹,主要调音部位集中在镈口内壁、音梁及两铣夹角。[①]可见,黝镈的是一组经过精心调音锉磨过的实用器。

测音数据如表4-17所示。

表4-17　淅川下寺M10黝镈测音数据表[②]（单位:音分）

序号	编号	正鼓音音高	正鼓音音位($^\#$F宫)	正鼓音位(B宫)	侧鼓音音高	侧鼓音位($^\#$F宫)	侧鼓音位名(B宫)
1	M10:73	$^\#a$-29(b^1-129)	角	宫	d^1+10($^\#d^1$-90)	羽	角
2	M10:74	d^1-3($^\#d^1$-103)	羽	角	$^\#f^1$-29	宫	徵
3	M10:75	$^\#f^1$-14	宫	徵	$^\#a^1$+13	角	徵角
4	M10:76	$^\#g^1$-50	商	羽	b^1-14	羽曾	宫
5	M10:77	b^1-15	羽曾	宫	e^2-10	羽	角
6	M10:78	$^\#c^2$-10	徵	商	$^\#f^2$-42	徵角	商角
7	M10:79	$^\#d^2$-2	羽	角	$^\#f^2$-1	宫	徵
8	M10:80	$^\#f^2$-1	宫	徵	$^\#a^2$+40	角	徵角

从测音数据显示,8件黝镈正鼓音存在两种不同音列的可能性:一种为$^\#$F宫体系,一种为B宫体系。与同墓出土的纽钟相似。

①$^\#$F宫:为$^\#$F宫时8件镈的正鼓音可构成"角—羽—宫—商—羽

---

① 赵世纲《中国音乐文物大系·河南卷》,大象出版社1996年版,第100页。
② 赵世纲《中国音乐文物大系·河南卷》,大象出版社1996年版,第314页。

曾—徵—羽—宫"的结构,构成六声音列,正鼓音出现"羽曾"。正、侧鼓音可构成下徵音阶。

②B宫:为B宫时8件镈的正鼓音可构成"宫—角—徵—羽—宫—商—角—徵"的结构,构成五声音阶,正、侧鼓音可构成正声音阶。

分析可见,以#F为宫和以B为宫都符合数理逻辑,不过,仅从两组编镈的测音数据以及数理逻辑分析是不够的,必须结合同时代编镈的音列规律以及同墓出土的纽钟音列组合关系进行分析,方能得到合理的结论。

从同时代编镈的音列规律表明,所有编镈正鼓音皆不出五正声,而且是"五音缺商""偏音不上正鼓"。春秋中期以前,成编列的青铜乐钟正鼓音从不设偏音,包括甬钟、纽钟,对于"礼"功能更强的镈来说,这种概念应该更强。所以,若以#F为宫,则在正鼓音则构成带"羽徵"的六声音列,这显然有悖于青铜乐钟音列设置的规律。另外,与镈镈同出的青铜乐器还有9件纽钟,通过对纽钟的音列分析发现,纽钟与编镈一样,也同样存在着#F和B两宫的两种可能,通过分析①发现,以B宫音列更符合纽钟的音列规范。既然,编镈与编纽钟同出一墓,他们的音列设置应该相互关联,应属一套组合编钟,编镈当然应该与编纽钟同宫。所以,基于以上分析,B宫正声音阶应更符合8件镈镈的音列设置规范。

但是,由于编镈和编纽钟同时具有#F和B两宫的逻辑上的可能性,我们也不能排除#F宫在实践中的可能性。

---

① 见本文第三章纽钟音列分析部分。

综合春秋中期编镈音列规律，可见以下规律。如表4-18所示。

表4-18　新郑编镈正鼓音音列表

序号	名称	正鼓音音列
1	金城路编镈	羽—宫—角—徵
2	中行工地T595K1编镈	羽—宫—角—徵
3	中行工地T606K4编镈	羽—宫—角—徵
4	中行工地T594K5编镈	羽—宫—角—徵
5	中行工地T594K7编镈	羽—宫—角—徵
6	中行工地T615K8编镈	羽—宫—角—徵
7	中行工地T605K9编镈	羽—宫—角—徵
8	中行工地T613K14编镈	羽—宫—角—徵
9	中行工地T615K16编镈	羽—宫—角—徵
10	中行工地T566K17编镈	羽—宫—角—徵
11	城市信用社编镈	徵—宫—角—(徵)
12	黝镈(8件)	B宫：宫—角—徵—羽—宫—商—角—徵 ♯F宫：角—羽—宫—商—羽曾—徵—羽—宫

春秋中期编镈的音列具有以下特征：

其一，在春秋中期编镈正鼓音音列形式主要为四声音列“羽—宫—角—徵”。在18例编镈中有12例具有测音数据，在12例中有10例编镈的正鼓音音列一致。

其二，春秋中期，大部分编镈的侧鼓音不纳入音列之中，编镈正、侧鼓音之间的音程没有规范。

其三，4件组编镈的正鼓音音列出现“徵”声，不同于西周中期4件组编甬钟的音列“徵不上正鼓”的规范。

其四，黝镈在春秋中期编镈发展过程中属一个例外，其不仅在正、侧鼓音列结构突破了春秋中期编镈音列之常制，并构成两种调高的形式。而且，在鎛镈的编列上也体现了突破，其8件组的编列形式将预示着鎛钟的进一步发展。

其五，许公墓两组编镈的音乐性能虽然不佳，因鎛钟的破损而无法确定音列，但是，两组编镈的音域相连，更重要的是两组编镈的音列与同套甬钟的低音区音域相衔接。从整套编钟的音区判断，该两组编镈的音区在整套编钟中的音区中起到了低音的支撑作用，从而扩大了全套编钟的总体音域，使整套编钟的音域达到5个八度。这一现象，说明了许公墓编镈的音列是为其整套编钟的整体音域所打造的，而非随意的拼合现象。

许公墓编钟的组合类型也是其前所未有的大型多元组合编钟，其两组编镈在整套编钟中所起到的音乐性能的作用与音域的扩展，这种现象不见于其他多元组合编钟之中。所以，可以确切地说，许公墓编钟是使我国青铜编钟向大型组合编钟发展的坚实基础，是战国初期辉煌的大型曾侯乙编钟的前身与雏形。

其六，从礼乐的角度剖析，春秋中期编镈的音列保持4件成编的规范，并以大量的器物出现在郑国，此种现象应与鎛钟自身礼大于乐的特点有关，是其成为春秋时期捍卫和维护礼乐制度的最后一道防线。编镈音列的固守，与春秋中期的政治、经济、形势是相吻合的。

三、春秋晚期编镈音列的流变

春秋晚期，编镈的音列状况呈现出不同形态的发展，此时出现4件、8件、9件组以及其他编列的不同形式。

1.4件组编镈音列

春秋晚期,4件组编列形式依然存在,目前所知共有5例,其中仅有两例有测音数据,分别是:滕州庄里西村编镈和辉县琉璃阁甲墓特镈。其余均未见有测音资料。

（1）滕州庄里西村编镈的音列

山东滕州庄里西村编镈于1982年出土于山东滕州姜屯镇庄里西村,同出乐器有9件组钟。编镈音梁清晰,均有调音锉磨痕迹,为实用器。

编镈的第一件镈破裂,无测音,其余各镈的正鼓音与春秋中期4件组编镈的音列一致,由此推测,第一件镈（编号00608）的正、侧鼓音应分别为"羽""宫",其正鼓音构成四声音列"羽—宫—角—徵",侧鼓音亦不出四声。

测音数据如表4-19所示。

表4-19　滕州庄里西村编镈的测音数据表[①]（单位:音分）

序号	编号	正鼓音音高	正鼓音音位	侧鼓音音高	侧鼓音音位
1	00608	破裂	（羽）	破裂	（宫）
2	00609	e^1+6	宫	$^\sharp g^1$-26	角
3	00610	$^\sharp g^1$-36	角	$^\sharp a^1$+36(b^1-64)	徵
4	00611	b^1+10	徵	$^\sharp c^2$+22	羽

（2）琉璃阁甲墓特镈的音列

辉县琉璃阁甲墓特镈,4件成编,1936年出土于河南省辉县琉璃

---

① 周昌富、温增源《中国音乐文物大系·山东卷》,大象出版社2001年版,第46页。

阁甲墓，镈腔内两铣及鼓部有调音锉磨痕迹，为实用器。同出乐器乐器有9件编镈、8件甬钟、9件纽钟、11件石磬[1]。

测音数据如表4-20所示。

表4-20 琉璃阁甲墓特镈测音数据表[2]（单位:音分）

序号	正鼓音高	正鼓音位	侧鼓音高	侧鼓音位
1	F+21	羽	未测	—
2	♯G-42	宫	未测	—
3	c-17	角	未测	—
4	♯d+23	徵	未测	—

分析表明，这两组编镈的正鼓音音列与春秋中期4件组编镈正鼓音音列一致，为"羽—宫—角—徵"四声音列。

2.8件组编镈音列

春秋晚期8件组编列编镈有5例，分别是：鄱子成周镈、伵子受镈、淅川徐家岭M3镈、淅川徐家岭M10镈和蔡侯编镈。其中，只有鄱子成周编镈和淅川徐家岭M3编镈具有测音数据。

（1）鄱子成周编镈音列

鄱子成周编镈，8件。于1978年出土于河南省固始县城关镇砖瓦窑厂第1号墓陪葬坑，同出9件纽钟。镈内壁皆有音梁，除M1:4外，各件皆有调音痕迹[3]，为实用器，测音数据如表4-21所示。

---

① 郭宝钧《山彪镇与琉璃阁》，科学出版社2001年版，第70页。

② 袁荃猷《中国音乐文物大系·北京卷》，大象出版社1996年版，第51页。

③ 固始侯古堆一号墓发掘组《固始侯古堆一号墓的发掘见报》，《文物》1981年第1期。

表4-21　鄱子成周编镈测音数据表[①]（单位：音分）

编 号	正鼓音音高	正鼓音阶名	侧鼓音音高	侧鼓音阶名
M1:1	$^\sharp$g+0	宫	b+17（$^\sharp$b−83）	角
M1:2	c^1−30（$^\sharp$b+70）	角	$^\sharp$d^1−18	徵
M1:3	$^\sharp$d^1+17	徵	g^1+4	徵角
M1:4	d^1−31（$^\sharp$e^1−331）	羽	b^1−30	角
M1:5	$^\sharp$g^1+6	宫	c^2−10（$^\sharp$b^1+90）	角
M1:7	$^\sharp$a^2−5	商	$^\sharp$d^2−84	徵
M1:6	c^2+4（$^\sharp$b^2+4）	角	$^\sharp$d^2+35	羽
M1:8	$^\sharp$d^2+19	徵	$^\sharp$f^2−2	徵角

　　测音数据的分析表明，M1:6和M1:7的顺序排列有误，重新排列后音高方成序列。镈M1:4的正鼓音过低，当设计、铸造失误所致，这一点可以从各镈调音痕迹上得到印证，整组镈中，唯独M1:4没有锉磨痕迹。根据春秋中、晚期镈的正鼓音设计规律判断，M1:4正鼓音设计音高为"羽"。

（2）淅川徐家岭3号墓编镈音列

　　淅川徐家岭3号墓编镈共8件，于1990年出土于河南省淅川县城南47千米丹江口水库西岸徐家岭3号墓，8件镈中5件有调音锉磨痕（M3:12、13、15、16、18），调音部位在鼓部内唇和两铣夹角[②]。可见，为实用器。

　　测音数据如表4-22所示。

---

①　赵世纲《中国音乐文物大系·河南卷》，大象出版社1996年版，第314页。

②　赵世纲《中国音乐文物大系·河南卷》，大象出版社1996年版，第105页。

表4-22　淅川徐家岭3号墓编镈的测音数据表（单位：音分）

序号	编号	正鼓音音高	正鼓音阶名	侧鼓音音高	侧鼓音阶名
1	M3:12	♯g −46	宫	b −7	徵曾
2	M3:13	c¹ −26(♯b¹ +74)	角	f¹ −42(e¹ +58)	羽
3	M3:14	d¹ +49(♯d¹ −51)	徵	g¹ −32	商曾
4	M3:15	f¹ −33(e¹ +67)	羽	a¹ +19	羽角
5	M3:16	♯g¹ −28	宫	d² −29	（角）
6	M3:17	♯a¹ −10	商	d² −1	羽曾
7	M3:18	c² −32(♯b¹ +68)	角	♯d² −24	徵
8	M3:19	♯d² +21	徵	♯f² +39	商曾

　　该两组8件制编镈的正鼓音列均为："宫—角—徵—羽—宫—商—角—徵"，构成五声音列"宫—商—角—徵—羽"。鄁子成周侧鼓音构成"宫—商—角—徵—羽—徵角"六声音列。淅川徐家岭3号墓编镈正、侧鼓音构成"宫—羽角—商—徵曾—角—羽曾—徵—羽—商曾"九声音列。

　　3.9件组编镈音列

　　春秋晚期9件组编镈有3例，分别为：侯马上马1004号墓编镈、侯马上马5218号墓编镈和辉县琉璃阁甲墓编镈。其中，仅辉县琉璃阁甲墓编镈具有测音资料。

　　辉县琉璃阁甲墓编镈共9件，1936年出土于河南省辉县琉璃阁甲墓，该墓出土物极为丰富，乐器有特镈4件、镈钟9件、纽钟9件、甬钟8件、石磬11件。抗日战争后，铜器分散于各地。河南省今存编镈8件[1]。从形制、纹饰、体量上看，所缺镈为第6件[2]。在3号编镈腔残，焊接

----

① 相关发掘报告中称该编镈为复纽镈。
② 赵世纲《中国音乐文物大系·河南卷》，大象出版社1996年版，第316页。

后难辨痕迹外，其余各镈口部内唇凸起，唇内两铣角及正鼓部均有锉磨痕迹，为实用器。

测音数据如表4-23所示。

表4-23　辉县琉璃阁甲墓编镈测音数据表[①]（单位:音分）

序号	正鼓音音高	正鼓音阶名	侧鼓音音高	侧鼓音阶名
1	f+7	羽	♯a+4	商
2	破裂	（宫）	f¹-1	羽
3	—	（角）	—	（徵）
4	d¹+0	商角	g¹-39	徵角
5	f¹-6	羽	a¹+26	羽角
6	—	（宫）	—	—
7	♯a¹+18	商	d²-10	商角
8	c²+19	角	e²-38	徵
9	♯d²+28	徵	g²-35	徵角

第5、7号镈正鼓音分别为"羽""商"，6号镈正鼓音当为"宫"。春秋中期以来，4件组和8件组镈的前四件正鼓音一般为"羽—宫—角—徵"，因此，2、3号镈正鼓音当分别为"宫""角"。

编镈的正鼓音音位结构为"羽—宫—角—商角—羽—宫—商—角—徵"，可构成带"商角"的六声音列。这一结构与春秋中期以来8件组编镈常见的音列结构"宫—角—徵—羽—宫—商—角—徵"相比，多出了"羽"和"商角"。商角的出现显得很特殊，这是编镈正鼓上首次出现五正声之外的偏音。按常规，4号镈正鼓音当为"徵"，这

---

① 赵世纲《中国音乐文物大系·河南卷》，大象出版社1996年版，第108页。

组编镈中，4号镈正鼓以"商角"代替"徵"，"徵"则安排于3号镈的侧鼓。正、侧鼓音可构成八声音列："宫—羽角—商—角—商角—徵—羽—徵角"。

4. 其他编列镈钟音列

春秋晚期，其他编列的编镈数量相对较少，有六合程桥2号墓镈（5件）、太原赵卿墓一组编镈（19件）、遅邡编镈（5件）及邳州九女墩3号墓镈（6件），其中，仅太原赵卿墓编镈具有测音数据。

太原赵卿墓编镈分两式，I式5件，镈腔内唇较厚，上有对称的两组共四个椭圆形音脊，各镈内唇和音脊上都经锉削，铣角处锉削较甚。II式14件，皆有内唇、音脊。音高的设计和调试痕迹显示，编镈为实用器。19件镈大多保存完好，锈蚀不严重，2、6号镈出土时已破碎，经焊接复原，基本不能出声。1、5、10、11、12、13号镈外观完好，但发音有不同程度的哑音现象，内有破损，其余11件镈均可测音[①]。王子初曾对这套编镈的测音结果进行过详细分析，结果显示，5件组编镈和14件组编镈的正鼓音皆可构成五声音列"宫—商—角—徵—羽"，正、侧鼓音皆可构成七声音列"宫—商—角—羽曾—徵—羽—徵角"，正鼓音音位排列结构分别为：I式5件"徵—羽—宫—商—角"；II式14件"徵—羽—宫—商—角—徵—羽—宫—商—角—羽—宫—羽—宫"[②]。

---

① 项阳、陶正刚《中国音乐文物大系·山西卷》，大象出版社2000年版，第360页。
② 王子初《太原金胜村251号春秋大墓出土编镈的乐学研究》，《中国音乐学》1991年第1期。

春秋晚期，镈的编列有比较大的变化，同时音列也相继改变。4件组编镈的音列与春秋中期编镈的音列相同，正鼓音构成"宫—角—徵—羽"四声音列，五声缺商；8件组编镈正鼓音音位排列结构为"宫—角—徵—羽—宫—商—角—徵"，构成完整的五声音列"宫—商—角—徵—羽"，正鼓出现"商"声，正、侧鼓音列已经突破五正声，出现六声音列"宫—商—角—徵—羽—徵角"，九声音列"宫—羽角—商—徵曾—角—羽曾—徵—羽—商曾"。侧鼓出现五声之外的"徵角"；9件组编镈音列无固定模式，正、侧鼓音至少可构成七声至九声音列。

春秋晚期，编镈的音列已趋向较大的突破，呈现出极为不规范的现象。此种现象恰恰说明了作为礼乐重器编钟的发展不是孤立的，是与社会的大局势相吻合，与当时的政治国情、经济战略相吻合，是与"礼"与"乐"的"崩坏"和"突破"相吻合，是社会历史文化的浓缩和实证。

春秋晚期编镈音列的发展现象，与许公墓编镈的音列现象相距较远，不具有共性，春秋晚期编镈音列的发展具有严重的突破现象。

第四节　小结

编镈的音列在春秋时期呈现出不同的特征。

1.春秋早期镈钟音列尚未成熟，早期的镈钟以三件成编，音列不成规范。

2.春秋中期,编镈以4件组编列成常制,其音列构成正鼓音"宫—角—徵—羽"四声音列,五声缺商。并以中原为主要发展区域。

3.许公墓编镈,4件成编,符合春秋中期编镈编列。因许公墓编镈音乐性能不佳和音高不准确,则无法与同时期编镈的音列做详细的比较。但是,从其大致的音域范围可以看出,其在整套编钟中所处的低音位置与音列的延续性。其一方面反映出音列的不成熟性,另一方面恰恰体现出镈钟音列从不成熟向成熟发展时期的过渡性因素。从而进一步体现出许公墓两组编镈的年代应早于春秋中期4件组编镈的音列成熟期,应在春秋早中期。

4.春秋晚期,编镈的音列呈现出多种形式的变化。并在编镈正鼓出现"商"声,侧鼓出现五声之外的"偏音"。春秋晚期的其他编列的编镈其音列无固定模式。

总而言之,春秋时期是镈钟大发展的时期,其从编列到音列都遵循着从不成熟到成熟的发展规范,进而再到音列的突破与裂变,集中反映了编镈音列发展的规律。许公墓编镈的编列与音列在镈钟的发展过程中起到了承上启下的作用,这也正是许公墓整套编钟的价值所在。同时,从镈钟的发展脉络更能清楚地看到春秋时期"礼崩乐坏"的演变轨迹,在青铜乐钟上的具体体现,更明确地佐证了文献资料的记载。同时,这也正是音乐考古学对先秦史学与先秦音乐史学的考证做出的卓越贡献。

第五章
音列、音梁与组合研究

　　随着社会经济的长足发展，阶层等级的逐渐分化，引发了春秋时代等级森严的社会制度发生巨变。诸侯国国君礼乐僭越现象严重，富甲一方的奴隶主追求享乐，使西周以往形成的礼乐制度呈现出崩坏现象，以无度的违礼僭乐为风尚，促使诸侯争相"八佾舞于庭""礼乐征伐自诸侯出"的格局逐步形成。社会政治的变革推动了礼乐重器编钟的发展，从而使得中国青铜编钟在春秋时期的发展突飞猛进。这些编钟，对于研究春秋文化史、礼乐制度的僭越、青铜冶炼铸钟技术和编钟音律、音阶、音乐性能的进化等方面，都具有不可替代的作用。编钟从最初的一元组合、二元组合，直到多元化组合的形成，其音阶、音律的发展具有重要的因素，在一定程度上反映出春秋礼乐文化的发展状况与礼乐崩坏的僭越特征。许公墓编钟的音阶结构、音梁设置与其典型的组合方式，是研究东周编钟发展的典型实物例证。

第一节　音列结构

音列结构，是多元组合编钟音乐性能的重要基础。据初步研究，许公墓5组编钟的音列结构具有典型性。

一、许公墓编钟结构形式

目前，许公墓5组编钟在簨簴上的悬挂方式分作3层，上层是9件编纽钟的位置；中层为2组"10+10"编甬钟的位置；下层是2组"4+4"编镈的位置。全套编钟保存尚好，特别是两组甬钟和一组纽钟，音色较好，发音清晰，正、侧鼓音关系准确，是一套工艺水平较高的双音编钟佳作。但是，其两组编镈音高含混，音质不佳。尤其是一组4件无脊编镈，胎体极薄，酷似明器，已经很难发声，只是在无脊编镈的腔体内设有音梁和留有明显的调音锉磨遗痕，所以，不能把它们看作是明器。在对两组编镈音列性能的考察发现，由于两组编镈音高、音准、音色均不佳，仅能从其大致所位居的音域做参考。尽管如此，我们可以确切地断定，许公墓全套编钟是当时用于宫廷礼仪乐舞实践中的大型实用之器。

根据对许公墓多元化组合编钟测音结果的研究，并通过现场耳测结果的印证，进一步对许公墓全套编钟的音列结构关系做全面细致的分析。

许公墓甲、乙两组甬钟和一组纽钟的音列关系比较明确，其绝大多数钟的双音性能是无可怀疑的，每一件单钟上均设有正鼓音和侧鼓音。根据前文对许公墓编钟的音列考察，仅发现有个别乐钟上未做调音处理,其余乐钟音阶结构关系明确。另外,甲、乙两组编甬钟的分组,是结合测音时所作的临时分组,其主要依据"一是依以往考古发现的类似器物所提供的信息。主要是近年河南新郑连续出土的11套编钟所提供的资料,其每套编钟中均有2组、每组有10件旋律钟组成,其音列一一对应。这与许公墓甲、乙两组编甬钟的情况基本相似;二是对许公墓这2组编甬钟的实际音律关系和编钟形制的分析。"[1] 根据测音情况,目前分组形式比较适合编甬钟的现状。当然,或因今后考古发掘资料的不断公布,主要是出土位置的明确确定,也许会对两组编甬钟的分组有新的调整。

二、音列结构形式

根据目前测音结果,将许公墓两组甬钟和一组纽钟的音列结构形式分析如下表(用简谱形式表达):

表5-1　甲、乙两组甬钟和一组纽钟的音列结构简谱形式表[2]

1.甲组甬钟音列(10件;A = **5**,**1234567**七声)

序号	(1)	(2)	(3)	(4)	(5)	(6)	(7)	(8)	(9)	(10)
符号		★[3]			★		★			
侧鼓音	3	3	5	1	3	5	7	1	6	1
正鼓音	6	1	3↓[4]	6	2↑	3	5	6	4	7

---

① 王子初《中国音乐文物大系·江西 续河南卷》,大象出版社2009年版,第123页。
② 数据参见:《中国音乐文物大系·江西 续河南卷》,大象出版社2009年版,第123页。
③ 有"★"号者钟腔内未见音梁设置。
④ "↓"表示比所示音位稍偏低;"↑"表示比所示音位稍偏高。

2.乙组甬钟音列（10件；A = 5，123$^\sharp$4567七声）

序号	（1）	（2）	（3）	（4）	（5）	（6）	（7）	（8）	（9）	（10）
符号	★				★					
侧鼓音	1	$^\sharp$4	5	7	1	5↑	1	5↓	5	7(1)
正鼓音	6	1	3	5	6	3	6	2	3	6

3.纽钟音列（9件；A = 4，123$^\sharp$4↓56↓7七声）

序号	（1）	（2）	（3）	（4）	（5）	（6）	（7）	（8）	（9）
侧鼓音	5	哑	1	哑	3	♭7	3	$^\sharp$4↓	♭7
正鼓音	3	哑	6	哑	1	5	1	2	5

从以上音列结构分析发现，许公墓编钟不仅音域宽广，而且音位和音列组合有着鲜明的特性。两组甬钟的音域从小字组的"b"至小字四组的"d⁴"，超出三个八度。甲、乙两组甬钟相对音位排列不同，构成的音阶也不尽相同。

甲组甬钟从1—10号，正、侧鼓音依次为：b-e¹、d¹-f¹、$^\sharp$f-a¹、b¹-d²、e²-$^\sharp$f²、$^\sharp$f²-a²、a²-↓$^\sharp$c³、b²-↓d³、g³-↓b³、c⁴-d⁴。

乙组甬钟从1—10号，正、侧鼓音依次为：b-d¹、↑d¹-g¹、↓$^\sharp$f-a¹、a¹-$^\sharp$c²、b¹-d²、$^\sharp$f²-a²、↑b²-d³、e³-a³、$^\sharp$f³-a³、b³-↓d⁴。

纽钟（2、4号钟已哑）从1—9号，正、侧鼓音依次为：g-b¹、已哑、$^\sharp$c²-f²、已哑、e²-g²、b²-d³、↓e³-g³、f³-a³、b³-↓d³。

甲组甬钟的音高构成了以sol为a¹（1=D）的"la do re mi sol la"五声音阶、"do re mi sol la si do"六声音阶，以及"fa la ♭si do"四音列。

乙组甬钟的音高构成了以sol为a¹（1=D）的"la do mi fa sol la"五声音阶、"la si do mi sol la"六声音阶，以及"do re mi sol la do"五声音阶。

纽钟的音高，若以sol为a¹，就很难构成任何常用音阶，但其后一段音列可以形成以 re 为 a^1（1=G）的"（ la do ）mi sol la $^\flat$si do re mi"的六声音阶。由此推测，该套多元组合编钟存在两种调高的现象。

　　许公墓两组镈钟的音乐性能欠佳，音高含混不清晰，其音位的排列无法与同出的编钟音列做详细的比较。但是，通过测音与耳测发现，有脊镈钟和无脊镈钟两组编镈的音域相互衔接，并且与甬钟的低音区音域相连接，在全套多元组合编钟音律中起到了低音支撑的主导作用，并可达到烘托旋律与低声部节奏性音律的效果。从而使该套组合编钟的总体音域扩大达到5个八度，这在以往的编钟组合中是不曾见到的。许公墓多元化组合编钟是春秋以往组合编钟中音域最宽、形制最全、组合最为复杂的大型多元化组合编钟的典范，为以后多元化组合编钟的蓬勃发展奠定了基础。

　　在该套编钟中还有一个特殊的现象，即在对甲、乙两组甬钟和一组纽钟的综合测音分析发现，三组编钟从横向上很难构成完整的七声音阶，但若横向与纵向相结合，则可以在每个八度区域内至少构成一个完整的七声音阶。如此看来，若使用该组合编钟演奏由七声音阶构成的乐曲时，则会相对较为复杂，需要演奏者相互配合、协调一致，才能够到达音乐内容所需要表达的效果。

　　因此，许公墓两组编甬钟和一组编纽钟的音列音位构成自成体系，分合有佳，无法复制，属于古代青铜编钟乐器的一种独特的演奏形式与方法。不可否认的是，该套组合编钟的音列综合构成完整的七声音阶，钟组之间相互协调，相辅相成，致使音乐功能相得益彰，构成较为完美的音乐体系结构。

甲、乙两组甬钟和一组纽钟音列结构对照，用简谱音阶形式^①表示。

表5-2　许公墓纽钟、甬钟音列结构对照表

以"sol"为a（1=D）

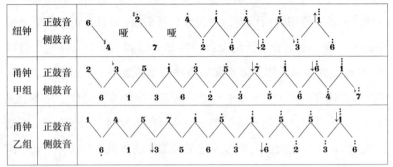

　　上表可见，三组音阶上下互补，相互结合，构成完整的七声音阶体系，这种音阶排列形式与战国初期曾侯乙墓编钟编磬组合中的音位音阶排列有着异曲同工之妙。在曾侯乙墓出土的编磬上超出两个八度的音域中，上下两排各自均难以构成常用七声音阶，但如果将上下两排编磬相结合演奏，则可获得每一个八度中十二律俱全的效果，还可转到其他的调上去。如果与曾侯乙编钟各组钟的音位排列对照，发现曾侯乙编钟亦存在超出两个八度的音阶，但上下两排各自不能形成类似许公墓编钟的七声音阶，仅依托上下两排编钟密切配合进行演奏，可以达到每一个八度中十二律俱全的效果，甚至可以随意变换诸多音

---

　　① 音阶结构对照表参见:《中国音乐文物大系·江西 续河南卷》，大象出版社2009年版，第124页。

调。这一点,许公墓编钟难以完成。

许公墓编钟的音阶构成,似与当今音列理念存有差异,这可能涉及古代的音列音阶的使用问题,与古代编悬乐器的特殊演奏方法有一定的关联,值得我们做进一步演奏方法方面的深入探讨。但从其音列排列分析中所反映出的综合构成的完整音阶体系,体现出了许公墓编钟音阶的相辅、相补的构成特点,这足以引起我们的重视。另外,纽钟的音列还可以构成另一个调高的六声音阶,这是否可以理解为是周人在"乐悬"乐器上对旋宫的特殊运用或探索,体现出繁复的音律体系向曾侯乙编悬乐器跨进的一种趋向和前奏,值得做进一步深入的思考与研究。

第二节　音梁设置与调音

乐钟的作用主要用于朝拜、祭祀、宫廷与宴会上的音乐演奏,目前出土发现的绝大多数先秦时期的编钟均属于乐钟。乐钟汇"礼""乐"于一体,在形制、铸造、工艺上要求精美、豪华、奢富;在音律、音准、音色等方面的设计则需要更为精确,这势必要求高超的铸造技术。随着西周晚春秋早期编钟铸造业的蓬勃发展,编钟铸造技术不断提高,对编钟音乐性能的要求也在逐步提高。此时,在编钟腔内设置"音梁"的技术应运而生,与不断发展的"调音锉磨"技术的使用相结合,构成了春秋时期发达的青铜编钟铸造业。"音梁"技术是区别于西周时期与春秋时期乐钟的一个重要的标志性识码。

一、音梁的形成与设置

"音梁"是青铜编钟上的一种特殊的声学结构，铸于编钟的内腔，是用于调整音准的专门性铸造技术。"音梁"的出现和使用标志着中国编钟铸造业技术中的一大成就，也是春秋时期编钟铸造工艺中的一个标尺。

1. 音梁的形成

根据考古发现，在整个西周时期，由商铙脱胎而来的编钟缺少音梁设立。"商铙乃至整个西周时期的编钟，均未见设有音梁结构，这一时期编钟的内腔是平整的。"[①] 在众多出土的商铙中，都没有发现有音梁的设置与调音锉磨的明显遗痕。"由此推测，商人还并不在意乐钟音调的精确性，当时的乐钟（即编铙）的音高可能主要决定于钟体本身的设计与铸造。"[②] 西周晚期，人们非常重视"制礼作乐"，尤其是对"乐"的追求成为西周礼乐仪式中的重要组成部分。西周晚春秋早期，随着社会政治经济的发展与春秋时代诸侯国的逐渐强盛，"违礼僭乐"现象非常普遍，引起人们对编钟的规模、形制与音乐性能更高的追求，注重编钟音乐性的表达与对感官享受的需求，从而促使了青铜编钟铸造业技术的迅猛发展。

"西周的编甬钟没有音梁结构，音梁最初出现于春秋以后的编组

---

① 王子初《晋侯苏钟的音乐学研究》，《文物》1998年第5期。
② 王子初《洛庄汉墓出土乐器述略》，《中国历史文物》2002年第4期。

钟和编镈上"① 西周时铸钟工匠发现，钟腔内面的四侧鼓部对编钟音高的影响最为敏感，在此处锉磨凹槽则可以极大地改善编钟音准。所以，在西周编钟的内腔常见到有长条形凹槽，又称为"隧"。可以推测，西周中晚期，在钟腔内磨隧的调音手法业已规范与普遍推广，但是，磨隧调音的方法可以获取较好的音准，却也可能改变了编钟的音色，不能使一钟双音之间的声音均衡发展。针对这些不足，人们在不断地实践过程中逐步完善铸造技术，总结出在编钟铸造设计上预先加厚钟腔内的四侧鼓部，为编钟铸成后的调音锉磨留有余地，同时也加固了编钟于口的牢固性，防止其损坏。这也就形成了在编钟内侧设置"音梁"结构的工艺设计。

2. 音梁的设置

编钟的音梁结构在不同时期有不同的形制，根据音梁形状的不同，将其划分为"音塬""音脊""音梁"三类。

（1）音塬。音塬的形状则比较不规则，似有椭圆形和圆形的凸起状，设置在乐钟内接近于口部位的四侧鼓部，具有原始性。

（2）音脊。音脊的形状较窄，形成条状的凸起状，设置在乐钟内四侧鼓部，具有发展中的形态。

（3）音梁。音梁形状似长条状的隆起的板块形状，顶端有剑锋状突起，设置在乐钟内四侧鼓部，属于比较成熟的形态。

---

① 王子初《河南音乐文物综述》，载《中国音乐文物大系·江西 续河南卷》，大象出版社 2008版，第123页。

第五章 音列、音梁与组合研究

"音梁"结构的出现，是古人在音响学、乐器学以及青铜铸造工艺技术中的一次飞跃，考古资料表明，音梁出现的时间应在春秋早期。王子初指出："西周时期的编甬钟上没有音梁结构，音梁最初出现于春秋以后的编纽钟和编镈钟上。"[①] 从大量出土编钟的音乐学考察研究看，也进一步证实了春秋早期出现音梁结构。例如春秋早期山西闻喜上郭村的211号墓编钟，已呈现音梁结构的雏形。

　　春秋时代，由于各诸侯国社会政治经济发展的不均衡性，社会动荡，僭越攀比，小霸形成。"礼崩乐坏"现象的加剧，使得人们对编钟规模与音乐性能追求日益扩张，对编钟的形制、结构、音乐性能等方面要求至臻求善，加速了青铜编钟铸造技术日新月异。至春秋早期在编钟腔内设置音梁的技术逐步成熟，使钟腔内呈不规则形状的"音塬"正在逐步演变成为在编钟腔体内四侧鼓部的一种长条状隆起形状"音脊"，至战国初期达到其成熟的顶峰，在曾侯乙墓编钟上形成的板块状"音梁"则是其典型的标志。根据考古发现，许公墓编钟上的音梁，具有"板块条形状"音梁结构，其具有板块状"音梁"的雏形，它比曾侯乙墓编钟上形成的板块状"音梁"结构早一百多年，具有里程碑式的作用，蕴含了春秋时期编钟铸造业丰富的科学价值。

---

　　① 王子初《河南音乐文物综述》，载《中国音乐文物大系·江西 续河南卷》，大象出版社 2008版，第123页。

二、许公墓编钟音梁设置

许公墓37件编钟，除极个别的钟以外，绝大多数钟上已存在清晰可见的"音梁"结构设置，在钟腔内近于口处留有三棱状内唇的残痕，并在每个钟的四侧鼓部内面有不规则长条状或椭圆状音梁。由此可见，许公墓编钟的铸造采用了春秋早期兴起的音梁设置铸造工艺与调音锉磨技术。

1. 音梁形态

许公墓编钟内侧鼓部的音梁形状不尽相同，不同钟上的音梁呈现差别比较明显。

镈钟音梁形态：在4件有脊镈钟的内部可明显地见到四侧鼓部清晰的音梁设计，于口至侧鼓部，均存在略微凸起的椭圆形或不规则的圆状音梁设置。音梁一端与内唇相接，另一端呈圆形，钟腔正鼓部和两铣部有明显的锉磨痕迹。在正鼓部的中心部位和于口内侧与音梁上均存在诸多的调音锉磨痕迹，而侧鼓部却未较明显的锉磨痕迹。内腔上部平整，残留有铸造时所用的芯撑遗孔。这说明，该组有脊编镈应为实用器。

另外，在4件有脊镈钟内腔及于口部的音梁与调音锉磨痕迹存在差异，内侧音梁的设置也存在差别，其中有两件有脊镈钟上的调音锉磨遗痕最为显著[①]。

---

① 全部有脊镈钟音梁结构图片，见本书第五章"镈钟研究"。

见图5-1所示。

图5-1　M4:17有脊镈于口音梁图[①]

　　4件无脊镈钟,钟胎体非常轻薄,初看似明器。在正、背两面侧鼓部尚保留有4个浇冒口,浇冒口位于于口4侧鼓部,周身有4个泥芯撑遗孔,铸成后未经修磨,可明显地发现铸疵仍然存在。无脊镈钟于口内部有三棱状内唇,4侧鼓内存在清晰可见的音梁设置与明显的锉磨痕迹。特别是在M4:7号无脊镈钟的于口部位锉磨痕迹比较严重,于口的锉磨程度深及钟壁。由此明显的现象可以证实,4件无脊编镈为实用器,即乐钟。但在4件无脊镈钟内腔及音梁的设置也各自存在差异,其调音锉磨遗痕亦然[②]。

　　见图5-2所示。

---

　　①　图片来源:图片由作者拍摄于河南叶县县衙博物馆,作者提供。
　　②　全部无脊镈钟音梁结构图片,见本书第四章"镈钟研究"。

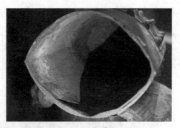

图5-2　M4:8无脊铸于口图（左）、M4:7无脊铸于口图[①]（右）

甬钟音梁形态：编甬钟钟体厚实，铸造精良，内腔上部基本平整，下部四侧鼓处大多数钟铸有音梁，音梁结构比较规整。虽有个别甬钟的音梁被忽略，但其音高、音准较好，或许是一次性铸成[②]。

见图5-3所示。

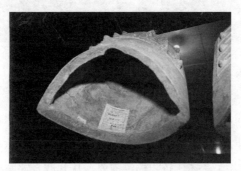

图5-3　M4:26(甲2）甬钟于口图[③]

纽钟音梁形态：许公墓9件编纽钟的内腔均设置有明显的音梁，纽钟音梁大小不一，或小或窄高。于口内存在三棱状内唇，唇上大都

---

① 图片来源：图片由作者拍摄于河南叶县县衙博物馆，作者提供。
② 全部甬钟音梁结构图片，见本书第二章"甬钟研究"。
③ 图片来源：图片由作者拍摄于河南叶县县衙博物馆，作者提供。

存在锉磨痕迹。在于口向上对应的四侧鼓部,存见有短小的音梁设置,其整齐划一的程度足以说明,当时青铜乐钟铸造技术水平的高超与其使用目的的明确性[1]。

见图5-4所示。

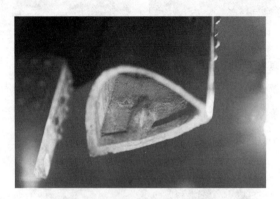

图5-4　M4:22(n6)纽钟于口图[2]

从许公墓编钟的"音梁"铸造工艺与制作设计考察;从其音梁设置的规范性和铸造工艺水平的精细性观察;发现有这些特点:许公墓编钟音梁正处在编钟音梁的发展期,体现出音梁形状大小不一、形制不够规范、制作工艺还比较粗糙等现象。从其调音锉磨技术方面观察有明显的改进,是在西周"磨槽调音"手法锉磨凹槽"隧"的基础上进一步的科学改良,这种改良和发展促进了春秋中晚期至战国时期乐钟腔内侧鼓部"板块状音梁"设置技术的成熟和发展。这种音梁设置与

---

[1]　全部纽钟音梁结构图片,见本书第三章"纽钟研究"。

[2]　图片来源:由作者拍摄于河南叶县县衙博物馆,作者提供。

调音锉磨技术彰显着春秋时代中国青铜乐钟发展进程中科学技术的先进性。同时，许公墓编钟腔内侧鼓部圆凸长条状音梁的设置，充分体现了它所在年代的典型性，也进一步框定出许公墓编钟的产生年代与其所具有的时代性特征。

2. 音梁特征

不同时期的编钟在其音梁形态上存在着其自身的时代性特征。从许公墓编钟音梁结构的形态特征考察，其已具备了春秋初期青铜编钟铸造音梁设置的典型性特征。归纳如下：

（1）多数镈钟上已存在明显音梁。在许公墓镈钟的腔内四侧鼓部，很容易发现从于口部分向内部延伸并隆起的音梁形状。这说明在该套编钟的铸造过程中，音梁的声学性能与编钟乐器的结构密切关系，是造钟工匠充分考虑到铸造技术与音乐声学关系的二者运用与结合。音梁设计结构的肯定，也进一步框定了具有西周或更早期现象的20件甬编钟和4件有脊编镈的时代不会太早，具有说明许公墓编钟只能是春秋初时代产物的具体特征。

（2）音梁形状具有初级阶段的表征。许公墓编钟的绝大多数乐钟上已呈现出清晰的"板块条形状"音梁结构，与春秋晚期的镈钟上发育较完善的音梁比较，许公墓编钟上的音梁结构略显逊色，例如短小和低平。可见，在一定程度上还处于原始过渡阶段。但是，从其大小和形状来看，它却又已超越了音梁产生最初时期的雏形阶段，出现了音梁发展中过渡期的基本特征。在某种意义上，从这些音梁形状可以推测，许公墓编钟的产生年代应在春秋早中期之际。

（3）音梁设置的不稳定性。许公墓甬钟除了个别钟的音梁被忽略以外，在多数甬钟上的音梁上也存在大小不一、形状不同的现象。在20件甬编钟中，除甲组最大的一件（标本M4:18）外，其余钟在侧鼓部近口缘部位的正背两面，均各设计由两个长宽不一的竖向音梁，于口缘上或正背面的腔体内壁上有锉磨的调音凹槽。其中，甲组最小一件（标本M4:35）腔体内壁有凸起扁脊带状音梁。从一定程度上反映出，该套编钟在铸造设计上存在着发展阶段中的变化与不稳定性因素。

另外，在许公墓全套37件编钟中，有5件钟上没有音梁，1件钟上有一面有音梁的现象。体现出许公墓编钟音梁结构的设置具有初级阶段中铸造工艺技术使用的普遍性，又具有一定程度的不成熟性。这说明该套编钟的音梁铸造技术还处于音梁发展过程中的早期阶段。从全套编钟音梁设置的所有特征指向来看，即可推断：许公墓编钟的产生年代应在春秋中期早段。

三、许公墓编钟调音手法

编钟的调音，是通过"锉磨"技术对铸造成型的编钟进行音高的调试。"调音锉磨"手法是中国青铜编钟铸造工艺中最能体现技术因素的重要工序，在编钟的制作过程中，"无论铸钟的工匠技艺如何高超，或其钟体造型和音律的设计如何完善，在经过编钟的翻模、浇铸成形等一系列工艺流程以后，编钟的音高总会出现一些偏差。"① 因此，调音锉磨是铸造编钟的最后一道工序，也是最重要的一道工序。

西周时期，编钟的调音主要是采用在钟腔内部磨"隧"的手法，以期达到实现调音的效果。春秋时期这种磨"隧"的调音手法业已被废弃，替代为在编钟内的音梁上进行锉磨调音的手法，该手法在许公墓编钟上获取了广泛的运用。

许公墓全套37件编钟，绝大多数钟的音乐性能较佳，发音效果良好。尤其是两组编甬钟和一组编纽钟，音色纯正、发音清晰，正、侧鼓部音域关系正确。这些均与其调音技术有着极大的关联。在许公墓编钟的调音锉磨手法上呈现出一定的普遍性、规范性和特殊性。归纳如下：

1.普遍性。在许公墓编钟的多数乐钟上，调音锉磨的部位均集中在钟体的于口内唇上稍向内部延伸处，位置通常不超过钟腔体深度的三分之一部位。这种"内唇锉磨"调音的方法确立于春秋早期的纽钟上。而在许公墓编钟的5组乐钟上，凡是经过调音的钟无一例外地均留下了这种调音锉磨手法的遗痕，尽显其普遍性的存在。另外，在多数乐钟上的调音锉磨范围基本都向内部延及至音梁，形成深度弧缺，而且使锉磨范围延及钟壁和音梁，使音梁呈现出与钟腔弧度相应的凹弧状。

2.规范性。在许公墓编钟的大多数钟上，不仅在一致的普遍性而且具有一定程度规范性，尤其是在两组甬钟上，其调音锉磨的位置均

---

① 《中国音乐文物大系·江西 续河南卷》，大象出版社2008年版，第121页。

在钟体的两正鼓、两铣角和四侧鼓部的八个重点调音的典型位置上。这种调音的位置与方法是对西周以来磨"隧"调音传统方法的合理借鉴与运用。如M4:20（甲4）号和第M4:34（乙3）号钟①上留下了的深度弧缺见于多数钟上，彰显着一种趋于稳定性的操作规程，具有一定的规范性。

3.特殊性。许公墓编钟调音锉磨手法反映出春秋早期青铜编钟铸造技术逐步规范与日臻成熟的发展阶段，其在具有一定的普遍性和规范性的同时，伴有发展阶段中的不确定性和随意性。例如，在甲组甬钟的第2号钟上，在口内腔的两正鼓和两铣角处存在4个弧形锉磨缺口，这种锉磨部位的选择极为典型，但其钟的内腔平整无音梁设置，仅在一面的侧鼓部微存在锉磨。显示出该钟的音准良好，并在钟的正、侧鼓部的发音能够构成较为准确的小三度音程。又如，在乙组甬钟的第5号钟上，除其两正鼓、两铣角外，钟腔内四侧鼓部也呈现比较深的锉磨弧缺。这也是一种典型的调音手法，虽然该钟音梁很短，但非常清晰，并且在该钟的正、侧鼓部能够获得准确的小三度音程。这种规范的手法是该套编钟中仅有的一例，彰显着春秋时代乐钟铸造调音技术的日益成熟。再如，甲组甬钟的第5号钟与乙组甬钟的第6号钟差别甚远。在甲组甬钟第5号钟上无锉磨、无音梁，类似一个钟坯，但在正、侧鼓部可以构成较为准确的小三度音程。而在乙组甬钟第6号钟上的音梁却较长，除两正鼓、两铣角外，正面侧鼓部3处锉磨痕迹，但在背面仅1处锉磨痕迹。该钟的正、侧鼓部可以构成大二度音程。该

---

① 见本书第二章"甬钟研究"。

种现象比较少见，充分体现出发展阶段中乐钟调音手法的不确定性和随意性。

许公墓编钟的音梁结构和调音手法呈现出发展阶段的过渡性规律，并明显体现出编钟调音锉磨技术中的共性与非共性因素，属于一种很正常的现象，这恰恰说明了，从春秋初期编钟音梁铸造技术与调音锉磨技术的发展正在逐步由稚嫩走向成熟。许公墓青铜编钟正是处在这样的一个发展阶段的初期，其一方面具有初级阶段的过渡性，另一方面又具有趋向成熟的规范性。这进一步说明了其所产生的年代感，也更加证明许公墓编钟是一套精心设计、工艺水平较高、音乐性能良好、实用性较强的春秋早中期双音编钟佳作。

第三节　编钟组合

编钟组合，蕴含着丰富的编钟文化因素与意义。从商周至战国晚期，不同时期青铜编钟的组合各具特色，其不仅组合数量不一，形式不一，其音列音阶的组成内涵也不尽相同。

一般来讲，编钟组合有两种形式：一是单种钟型的自身组合形式；二是不同钟型的搭配组合形式。本书将以"一元组合"的称谓表述由单种钟型的自身组合；以"二元组合"的称谓表述由两种钟型的搭配组合；三种及以上钟型的组合形式在本书中称谓"多元化组合"编钟。

一、一元组合编钟

一元组合编钟是指由单种钟型自身组合的形式。

出现于西周时期的甬钟，从承袭商铙的编列形成3件组合形式；进入乐悬后的甬钟，严格遵循"礼"与"乐"制的规范，形成五声缺"商"的4件组合。至西周晚期应音列的发展与乐的需求而出现了8件组甬钟的编列常制，西周时期，甬钟多见一元组合编钟，至春秋晚与战国时期，编钟的编列组合方式出现了较大的变化。

1. 甬钟一元组合

（1）虢季甬钟

1990年出土于三门峡上村岭虢国墓地北区第2001号墓。该墓为一座大型长方竖穴土坑墓，墓内有重棺单椁。随葬遗物极为丰富，种类繁多，总计3200余件。乐器除编钟8件外还有编磬10件、铜钲1件。从出土青铜礼乐器铭文内容可知该墓为虢季之墓，属春秋早期。

甬钟一组8件，形制大小依次递减，造型大致相同，钟身呈合瓦形，舞上有圆柱形甬，甬上细下粗，下部附有旋及斡，旋上饰4个等距的乳钉，钲部两侧各置3排共9个柱状枚，篆部饰窃曲纹，正鼓部饰一对称的象首纹，右鼓除第1、2号钟外，均饰一鸟纹。钲部及左鼓部铸铭文，前四钟每钟各铸全铭。计53字，有"虢季作宝"等语。

8件钟均经调音，这套甬钟调音部位位于钟口内唇，有的锉磨成沟槽状，个别锉磨较重，如第3钟就锉磨出沟槽8条，两铣各1条，正、背两面各3条。经测音，每钟均可发出两个基音，正鼓音构成"羽—宫—

角"的音列组合,正、侧鼓音音列组合为"羽—宫—角—徵",音列中没有出现"商"音。符合8件组甬钟"首、末钟正鼓音为羽音"的规律,从此推断,破损失音的首钟音为"羽"音。

见图5-5所示。

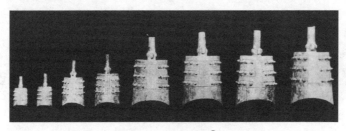

图5-5　虢季编钟①

（2）王孙诰甬钟

春秋晚期,具有典型的一元组合编钟,当属王孙诰编钟。王孙诰甬钟,共26件,由三个甬钟编列组合而成,形成8（甬钟）+ 9（甬钟）+ 9（甬钟）的组合模式。是一元组合编钟中数量最多、形式最大的一套组合编钟。

王孙诰编钟中除上层一组甬钟音列混乱以外,其余两组甬钟音列的宫音等高,即为#F宫。音列衔接,音域宽阔,最低音为#F,最高音为g^3,达四个八度加一个小二度。其音列布局较为合理,由8件较大的甬钟代替镈钟的低音区节奏功能,音列结构丰满,功能齐全。

见图5-6所示。

---

① 图片来源:《中国音乐文物大系·河南卷》,大象出版社1996年版。

图5-6　王孙诰甬钟

（3）滍阳甬钟

1986年出土于平顶山滍第95号墓中。其中3件在墓室西壁填土中发现，另4件出土于墓底。该墓为应国墓地中一座较大型墓葬，出土青铜礼器、乐器、车马器、玉石器等400余件。从青铜器铭文记载看，为应伯之墓，属西周晚期。

7件甬钟形制相同，大小递减，均呈合瓦形，舞上有柱状甬，甬下部附旋及斡，旋部一周饰4个凸出的小乳钉，钲部两侧有枚18个，两面共36个，篆部与正鼓部均饰以纤细阳线构成的云纹，舞部饰窃曲纹，右鼓部均铸鸟纹。从该钟各部位尺寸的大小、钟体厚薄、花纹形式等方面看，此7件甬钟似非一次所铸，或为拼合而成。如标本M95：1与其余六枚甬钟的形制、纹饰、颜色均有差异，且右鼓部无鸟纹。

7件甬钟有两件出土时损坏，已哑，无测音数据，其中，M95：1的正鼓音为g¹，M95：6的正鼓音f³，音域跨度达两个八度。五枚甬钟，正、侧鼓部均可以演奏出双音,但音程关系不稳定,如M95:1与M95:4的正、侧鼓音的音程均为大二度;M95:6为增二度;M95:5为大三度;M95:3的距离为纯四度,从数据来看,这套编钟的铸造和调音工艺还不统一,这套编钟的音列结构混乱,音乐性能较差,作为礼器殉葬的功能更明显一些。

见图5-7所示。

图5-7　平顶山滍阳95号墓甬钟

2. 镈钟一元组合

(1)太原赵卿墓编镈

1988年5月山西省考古研究所和太原市文物管理委员会在太原南郊金胜村配合基本建设工程中,发掘春秋晚期晋国赵卿墓及其付葬的大型车马坑。赵卿墓系一座大型土圹木椁墓,随葬遗物共达3300余件,其中镈钟19件,石磬13件。19件编镈,大多数保存较好,2、6号镈出土时已破碎,经焊接复原,不能测音。

19件编镈形制纹饰基本相同,大小依次成列。成合瓦形,中部微鼓,口平直。夔龙凤纹,纽作相对峙的飞虎形,双虎张口昂首,撕咬小龙,弓身卷尾,身饰鳞纹、云雷纹和重环纹。舞部有四组"S"形蟠龙纹带,镇部篆带环"S"形夔凤纹带。篆带及两篆间共有36个团状的蟠龙枚,钟腔内唇较厚,上有对称的两组共四个椭圆形音脊,用于调音。各件镈的调音部位主要集中在内唇和音脊上,最主要在铣角处锉磨。

赵卿墓编镈的腔体趋于浑圆状,合瓦形腔体为其带来了良好的发声性能,从测音结果分析,除18、19号镈外,其余发音良好,镈钟的正、侧鼓音都构成三度音程关系,通过敲击不同的部位,正、侧鼓所发两音振峰明显、基频明确,隔离度较好,已经具备了良好的双音功能[1],反映了春秋时期晋国礼乐文明达到的高度。赵卿墓编镈是一组规模庞大具有代表性的一元组合编镈。

见图5-8所示。

图5-8　赵卿墓编镈

（2）侯马上马墓M1004编镈

1963年开始至1987年间山西省考古研究所对侯马市上马墓群进行了14次系统发掘,揭露出1373座墓葬、3座马坑、1座牛坑和3座车马坑。出土乐器的墓葬主要集中在M13;M1004和M5218中, 其中M1004出土编镈9件,编磬10件,M5218出土编镈13件,编磬10件,编

---

① 王子初《太原晋国赵卿墓铜编博和石编磬研究》,《中国音乐考古学》,福建教育出版社2003年版,第322页。

镈独立构成的青铜乐钟体系,与编磬的组合,成为晋国新田时期,金石乐队的独特组合形式。年代大约春秋中期偏晚阶段。

在M1004的编镈被置于棺椁的南部,编镈为实用器,部分破裂,两件编镈失音,有6件较为完整的镈钟,发音性能良好,可以测音。这套编镈体呈合瓦形,9件镈钟大小相次,制作规范,镈体两侧中部微鼓,铣间平直,舞部铸有两兽,兽首相背做对峙状,构成钟钮,篆带间分布着求状枚36个。从现有测音数据来看,双音性能良好,正侧鼓音基本呈二度、三度排列,与春秋编钟成熟的双音特征基本相符。属一元化组合编钟。

见图5-9所示。

图5-9 侯马上马墓M1004编镈

(3)侯马上马墓M5218编镈

侯马上马墓M5218编镈9件成编,出土时置于棺椁的西部,保存情况较差,且多数破损严重,不能测音。

M5218编镈9件大小递减,与M1004的编镈数量、形式相同。由此可见,在晋国新田时期,9件成编的编镈,与10件编磬的组合,是一种典型的礼乐组合形式。

见图5-10所示。

图5-10　　侯马上马墓M5218编镈

3.纽钟一元组合

（1）闻喜上郭210号墓纽钟

1978年秋，由山西省考古研究所抢救发掘被盗的闻喜上郭210号墓，该墓葬为长方形土坑竖穴墓，早期被盗，出土遗物极少。其中乐器有纽钟9件，位于墓室北部棺椁之间。从墓室西南角盗洞中出土的鼎耳等青铜礼器残片来看，该墓葬的规格较高。

纽钟共9件，形制一致，大小相次，环形纽，体呈合瓦形，弧形于，无枚，篆部和鼓部饰夔龙纹，其他部位素面。该套编纽钟保存较好，且发音良好，测音数据显示，该套编纽钟是成编列的一套实用乐器。

纽钟双音性能较好，大部分呈三度关系，正鼓音构成完整的宫、商、角、徵、羽五声音列，与侧鼓音可以构成七声音列。9件纽钟独立成编、音列完善，具备了较完善体系和较高的铸造水平。由单纽钟组成，属于一元组合形式。

见图5-11所示。

图5-11　　闻喜上郭M210编纽钟

（2）闻喜上郭211号墓纽钟

1978年秋，由山西省考古研究所清理发掘闻喜上郭M211，该墓葬位于M210之东侧，长方形竖穴土坑墓，早期被盗，同时出土文物有鼎、盘、鬲等，其中乐器为纽钟9件，位于墓室的棺、椁之间，时代与闻喜上郭M210纽钟时代相当，为西周晚期。

该组纽钟共9件，形体纹饰相同，大小相次成列。环形纽，纽上部饰珠纹。体成合瓦形，弧形于，无枚，篆和鼓部饰有联珠龙纹，以连珠组成，未测音。闻喜上郭M211与闻喜上郭M210纽钟极为相似，从集中在于口和钟腔内的磋磨调音手法来看，该套编纽钟也应具备相当的音乐性能，为一套9件成编的早期编纽钟的典型代表。由单纽钟组成，属于一元组合形式。

见图5-12所示。

图5-12　闻喜上郭M210编纽钟

（3）淅川下寺1号墓编纽钟

该套编钟于1978年出土于淅川县仓房乡下寺1号墓中，该墓还出土有青铜器、玉器等449件，其中乐器除纽钟外，还有石磬和石排箫等。纽钟随葬在墓室的中部偏南，铸钟人名已被铲去，可知该钟原非墓主所有。根据后刻钟铭内容可以推断下寺1号墓纽钟后铸铭文，当在楚成王初年,该钟所铸年代下限当不晚于成王十六年,即公元前656年。

9件纽钟保存完好,体呈金黄色,无铜锈,造型相同,大小相次,合瓦形,舞上正中有长方形竖环纽,上饰蟠螭纹。舞部饰4组对称的蟠螭纹,篆部亦饰蟠螭纹,间有螺旋状枚36个。9件纽钟鼓部内壁均有凸起的长方形音梁,钟口内唇突出,铸成之后均经调音,调音痕迹明显,主要集中在音梁及钟口内唇部,多被磨成凹槽。

该组纽钟音乐性能良好,正、侧鼓音明确,多呈三度音程关系,正鼓音为徵—羽—宫—商—角—羽—商—角—羽,正、侧鼓音构成完整的七声音阶,构成典型的:宫—商—角—商角—徵—羽—徵羽的古音阶结构。

见图5-13所示。

图5-13   淅川下寺1号墓编纽钟

以上由甬钟、镈钟、纽钟均为单一钟型组合的形式,属于一元组合的组合形式。

二、二元组合编钟

西周晚期，镈钟由南方引入，与甬钟一起进入"乐悬"。编钟进入二元组合与多元组合的编列。后起之秀纽钟的诞生，也为编悬的编列注入了新生力量，纽钟与甬钟的组合丰富了二元组合形式。

1.西周晚春秋早期二元组合

西周晚春秋早期，二元组合编钟典型例子即是镈与甬钟的组合、甬钟与纽钟的组合。

如表5-3所示。

表5-3　西周晚春秋早期二元组合编钟一览表

序号	编钟名称	组合方式			时代
		甬钟	镈	纽钟	
1	眉县杨家村编钟组合	16(8+8)	3		西周晚期
2	茂县牟托1号墓编钟组合	1	3		西周晚期
3	克钟	8(存5)	1		西周晚期
4	虢仲编钟组合	8		8	西周晚期
5	礼县大堡子山秦公编钟组合	8	3		春秋早期
6	宝鸡太公庙秦武公编钟组合	8(存5)	3		春秋早期

（1）甬钟与镈钟

镈钟诞生于商末南方的湘赣地区，长时间内以单件使用。西周晚期周人把镈钟引进乐悬体系，并与甬钟构成为二元组合编钟。从出土资料显示，西周晚春秋早期，镈与甬钟构成的二元组合编钟计5例。在西周晚春秋早期，镈钟和甬钟的编列均严格遵循一定的标准规范，即镈钟3件成编，甬钟8件成编。因此，编镈（3）+甬钟（8）的组合应是西周晚春秋早期的二元组合编钟的常制。在以上5例音列中，有测音数据的分别是例1、3、5的甬钟和例1、3的编镈。各个甬钟正鼓音构成三声音列"宫—角—羽"，音位排列结构为"羽—宫—角—羽—角—羽—角—羽"，正、侧鼓音构成四声音列"宫—角—徵—羽"，音位排列为"羽—宫—角—徵—羽—宫—角—徵—羽—宫—角—徵—羽—宫"。

例如陕西眉县杨家村编钟，属二元组合编钟，其编列为：编镈(3)+编甬钟(8)+ 编甬钟(8)的组合。

音列组合：一组甬钟正、侧鼓音(♭B宫)：羽—宫—角—徵—羽—宫—角—徵—羽—宫—角—徵—羽—宫；二组甬钟正、侧鼓音(♭D宫)：羽—宫—角—徵—羽—宫—角—徵—羽—宫—角—徵—羽—宫。

编镈正鼓音：无法检测。由于镈的音列难以测定，镈钟与甬钟的组合侧重于形式，而非内容，即编钟音乐性能的效果。

（2）甬钟与纽钟

西周晚春秋早期，甬钟与纽钟的二元组合编钟仅见于虢仲编钟，1990年出土于虢国墓地第2009号墓，墓主为虢国国君虢仲[①]。虢仲甬钟和纽钟都是8件成编，即组合为甬钟(8)+纽钟(8)，虢仲甬钟与纽钟的音列存在相同点，也有不同点。

见表5-4所示。

---

① 赵世刚《中国音乐文物大系·河南卷》，大象出版社1996年版，第93、128页。

表5-4　虢仲甬钟和虢仲纽钟音列对照表

序号		1	2	3	4	5	6	7	8
虢仲纽钟	正鼓音阶名	（羽）	宫	角	羽	角	羽	角	羽
	侧鼓音阶名	—	商	徵	羽曾	徵	宫	徵	宫
虢仲甬钟	正鼓音阶名	羽	（宫）	角	羽	角	羽	角	羽
	侧鼓音阶名	—	—	徵	宫	徵	宫	徵	宫

　　虢仲甬钟与纽钟正鼓音音列一致，构成三声音列"羽—宫—角"；正鼓音音位排列情况也一样，即"羽—宫—角—羽—角—羽—角—羽"，均符合西周晚期以来8件组甬钟正鼓音音列标准。但虢仲甬钟与纽钟侧鼓音差别较大，虢仲甬钟的侧鼓依照8件组编列甬钟的侧鼓音常制，即"徵""宫"二声。虢仲纽钟的第2、4号侧鼓音分为"商"和"羽曾"，"商"的出现打破了无"商"的现象，"羽曾"是青铜乐钟上首次出现的五声之外的偏音。二者的宫音高度不同，分别为♭a、♭d，相差纯四度，彰显着二者相对的独立。同时，纽钟以优良音乐性能的进入乐悬，在一定程度上加速青铜编钟整体音乐功能的提升。

　　综上所述，诞生于西周晚春秋早期的二元组合编钟，为多元化组合编钟发展创造了条件。该时期二元组合编钟重形式而轻内容，重"礼"而轻"乐"的直接后果是音乐性能未能全面提高，更多的是"以巨为美，以众为观"观念的体现，追求礼制等级制度。

2. 春秋中期二元组合

春秋中期的组合编钟数量众多、组合规模庞大。春秋中期二元组合的编钟，见表5-5所示。

表5-5 春秋中期以二元组合编钟一览表

序号	编钟名称	组合状况		
		甬钟	纽钟	镈
1	山西长治分水岭M269编钟组合	9	9	
2	山西长治分水岭M270编钟组合	8	9	
3	山东长清仙人台M6编钟组合	11	9	
4	河南新郑李家楼编钟组合	19		4
5	河南淅川下寺M10(黻钟)编钟组合		9	8
6	河南新郑中行工地T566K17编钟		10	4
7	河南新郑金城路K2编钟组合		20	4
8	河南新郑城市信用社K8编钟组合		20	4
9	河南新郑中行工地T595K1编钟组合		20	4
10	河南新郑中行工地T606K4编钟组合		20	4
11	河南新郑中行工地T594K5编钟组合		20	4
12	河南新郑中行工地T594K7编钟组合		20	4
13	河南新郑中行工地T615K8编钟组合		20	4
14	河南新郑中行工地T605K9编钟组合		20	4
15	河南新郑中行工地T613K14编钟组合		20	4
16	河南新郑中行工地T615K16编钟组合		20	4

（1）甬钟与纽钟

春秋中期，二元组合编钟多见于纽钟与镈钟的组合。甬钟与纽钟的二元组合编钟仅有3例，有长清仙人台M6编钟、长治分水岭M270编钟和长治分水岭M269编钟。在长清仙人台M6二元组合编钟编列以甬钟（11）+ 纽钟（9）的组合方式，其甬钟编列突破春秋早期8件成编的常态，因甬钟不是实用器，无法测音。

纽钟遵循春秋中期编列常制，纽钟正鼓音构成"宫—商—角—徵—羽"五声音列，正、侧鼓音构成"宫—羽角—商—角—羽曾—商角—徵—羽"八声音列。

长治分水岭M270编钟编列为甬钟8件成编与纽钟9件成编，即甬钟（8）+ 纽钟（9）。其中甬钟8件成编符合西周晚期甬钟的编列常制，纽钟9件成编则符合春秋时期纽钟的编列常制，在某种意义上这种组合方式脱胎于西周晚期组合编钟的组合形式。

长治分水岭M269编钟编列甬钟9件成编与纽钟9件成编组合即9+9组合。春秋中期甬钟使用上发生了深刻变化，突破了8件成编的规范，出现多元化成编并存的现象。甬钟正鼓音显示"商"声，正、侧鼓音可以形成六声音列：宫—商—角—徵—羽—变宫。

（2）甬钟与镈钟

春秋中期，甬钟与镈钟的组合仅此一例，即新郑李家楼编钟构成甬钟与镈的二元组合编钟。其有：镈（4）+ 甬钟（10）+ 甬钟（10）组成。甬钟今存6件，镈为4件。甬钟与纽钟的音列一致，甬钟的正鼓音音列五声完备。

（3）纽钟与镈钟

纽钟与镈的组合始于春秋中期，其不仅数量多，而且地域集中。以河南的新郑为主要出土地。其中新郑中行工地T566K17二元组合编钟的纽钟为1组10件成编，新郑出土的其他数十套编钟的纽钟均为2组10件成编。以新郑中行工地T566K17二元组合编钟为例，其编列组合为镈（4）+ 纽钟（10）。正鼓音列组合形式：

纽钟:（G宫）……………角（b¹）—徵（d²）—羽—宫—商—角—羽—商—角—羽
镈：（G宫）…羽—宫—角（b¹）—徵（d²）

上例中，镈钟和纽钟的音列同属G宫调，两件较小的镈钟正鼓音与两件最大的纽钟音高相互重叠，镈钟和纽钟编列与音列衔接流畅、结合自然，为拓展编钟的总体音域与音乐性能提供条件。

3.春秋晚期二元组合

春秋晚期，编钟的组合形式比较丰富，二元组合编钟依然存在。如表5-6所示。

表5-6 春秋晚期二元组合编钟一览表

序号	编钟名称	组合方式			时代
		甬钟	纽钟	镈	
1	鄴子成周编钟		9	8	春秋晚期
2	仳子受编钟	9		8	春秋晚期
3	河南淅川徐家岭 M3 编钟	9		8	春秋晚期
4	河南淅川徐家岭 M10 编钟		9	8	春秋晚期
5	山东莒南县大店 M1 编钟		9	2	春秋晚期
6	山东滕州庄里西村编钟		9	4	春秋晚期
7	江苏遄郉编钟		7	5	春秋晚期
8	江苏六合程桥 M2 编钟		7	5	春秋晚期
9	山东海阳嘴子前 M4 编钟	7	2		春秋晚期
10	山东临沂凤凰岭编钟		9	4+5	春秋晚期

春秋晚期的二元组合编钟主要为镈钟与纽钟的组合、甬钟与镈的组合、甬钟与纽钟的组合三种形式。其中,纽钟与镈的组合较多。

例1: 鄬子成周二元组合编钟,其编列与音列的组合形式为: 镈(8)+ 纽钟(9)。

纽钟:($^\flat$A宫)⋯⋯⋯⋯⋯⋯⋯⋯⋯⋯徵($^\flat$e^2)—羽—宫—商—角—羽—商—角—羽
　↓　　　　　　　　　　　　　　　↓
镈:($^\flat$A宫)⋯宫—角—徵—羽—宫—商—角—徵($^\flat$e^2)

例2: 淅川徐家岭M3编钟二元组合编钟,其编列与音列组合形式为:镈(8)+ 纽钟(9)。

纽钟:($^\flat$A宫)⋯⋯⋯⋯⋯⋯⋯⋯⋯⋯徵($^\flat$e^2)—羽—宫—商—角—羽—羽曾—商角—羽
　↓　　　　　　　　　　　　　　　↓
镈:($^\flat$A宫)⋯宫—角—徵—羽—宫—商—角—徵($^\flat$e^2)

以上两种二元组合编钟中,镈钟与纽钟宫音等高,镈钟正鼓音最高音与纽钟正鼓音最低音均为徵($^\flat$e^2),两种音列叠合接法。通过徵音阶相互衔接,使得纽钟音域向下扩展到十二度,音色丰满、音阶流畅。

三、多元化组合编钟

多元化组合编钟,是由甬钟、纽钟和镈钟共同构成的大型多元化组合编钟。春秋时期数量不多,仅有6例,但其编列数量难以确定。在春秋时期组合规模较大、组合方式多样化的多元组合编钟,仅有叶县许公墓编钟与山东沂水刘家店子M1编钟2例。

如表5-7所示。

表 5-7　春秋时期多元化组合编钟一览表

序号	编钟名称	组合状况			时代
		甬钟	纽钟	镈	
1	叶县许公墓编钟	20（10+10）	9	8（4+4）	春秋早中期
2	山东沂水刘家店子1号墓编钟	19（9+7+3）	9	6	春秋中期
3	山西长治分水岭25号墓编钟	5	9	4	春秋晚期
4	辉县琉璃阁甲墓编钟	8	9	4+9	春秋晚期
5	江苏邳州九女墩3号墓编钟	4	9	6	春秋晚期
6	安徽寿县蔡侯编钟	12	9	8	春秋晚期

　　在以上多元化组合编钟中，沂水刘家店子 M1 编钟，34 件；山西长治分水岭 25 号墓编钟，18 件；河南辉县琉璃阁甲墓编钟，30 件；江苏邳州九女墩 3 号墓编钟，19 件；安徽寿县蔡侯编钟，29 件。以上编钟的编列数量均难以确定，音列组合暂无法分析。仅有河南平顶山叶县许公墓编钟的编列组合最为齐全完整，测音数据最全，是春秋时期年代最早、数量最多、形制最全、规模最大的一套多元化组合编钟的代表性作品，具有非凡的意义与价值。

四、许公墓编钟组合

　　许公墓出土编钟的钟型复杂，包括了先秦编钟的所有类型，本文称许公墓编钟为多元化组合编钟。

　　该套不同钟型的编钟不但各编组具有相对独立性和完整性，还有着相互配合的多种可能性。

　　许公墓编钟出土时，被集中地放置于墓内椁室东侧东北角处，从墓葬底部器物分布图①可以看出,钟镈出土时均未被悬挂而是放置于椁底板上,因此,其原始的编悬方式难以确知。

这套编钟由包括20件甬钟、9件纽钟和8件两种形制的镈(4件无脊镈钟+4件有脊镈钟)总计37件的多元化组合编钟群,迄今为止,在所已掌握的先秦编钟资料中是前所未见的组合类型,具有非同一般的学术意义与研究价值。但是,由于该套编钟出土时并未被悬挂,因而不免会产生对其编列是否成套的质疑。我们试从其组合现象加以分析,有助于我们更客观地认识这批编钟。

如前文所述,从许公墓编钟外部形制特征看,各组钟型都具有自身典型的特征。如:甬钟上的蝉纹纹饰,多见于商周时期的青铜器上;甬钟鼓部的两组相背C形夔龙纹,在西周晚期至春秋早期的编钟上较为常见;篆部的S形斜角云纹则见于西周中晚期。纽钟鼓部的蟠螭纹,带有突出的春秋早期特征。有脊四翼镈钟具有西周早期镈钟的纹饰与繁纽,无脊镈钟的形态与纹饰又充满了典型的中原文化色彩。特别是在它们身上具有一个极大的共同点:除4件有脊镈钟之外,其余33件钟镈上均饰有完全相同的36颗螺形枚,其整齐划一的现象,均不见于其他编钟的组合之中。

关于乐器之所以称其为一套,其外形表象的统一固然重要,但并非是唯一衡量标准。编钟在音乐性能上的内在逻辑联系,应当是衡量其是否属于同套的最核心的重要因素。不同类型的编钟组合,内在的

---

① 见本书第一章中"许公墓墓底器物图",平顶山市文物管理局、叶县文化局《河南叶县旧县四号墓春秋墓发掘简报》,《文物》2007年第9期。

文化内涵与音乐性能各有差异，反映出其音乐性能上的内在逻辑因素，组合形式非常重要。通过对许公墓编钟音律的研究发现，5组钟镈在音乐性能和音乐功能上既具有相对的独立性，又不乏互补性[①]。因此，反映出这套多元化组合的编钟有着更大的灵活性。

1.多元化组合

许公墓编钟，共37件，分为纽钟一组，9件。甬钟20件，分为甲、乙两组，每组10件。镈钟8件，分为两组，一组有脊镈钟4件。一组无脊镈钟4件。

许公墓37件编钟的组合应有多种组合形式，其不同形式的组合与搭配呈现出不同的组合现象与音列的组合形式，体现出不同的属性与风格。

（1）多元化组合形式Ⅰ

许公墓编钟的多元化组合形式为：由有脊镈（4）＋无脊镈（4）＋甬钟（10）＋甬钟（10）＋纽钟（9）组合而成。

纽钟：（D宫）……………………………徵（a1）—羽—宫—商—角—羽—商—角—羽

乙组甬钟：（D宫）……………羽（b）—宫—角—徵（a1）—羽—角—羽—角—羽曾—羽

甲组甬钟：（D宫）……………羽（b）—宫—角———羽—商—角—徵—羽—羽曾—羽

有脊镈：（D宫）…………徵（a1）———宫—角—徵（a1）

无脊镈：（D宫）··商—?—角—徵（a1）

许公墓多元化组合编钟中，宫音高皆为D宫，各自自成一体。其中，一组纽钟的音区最高，正鼓音丰满密集，音域狭窄，仅有两个八度

---

① 见本章前文音阶的分析音列。

加一个大二度。甲、乙两组甬钟位于中音区,音域横跨约为三个八度,甬钟音域宽广。有脊镈钟和无脊镈钟两组编镈的音区最低,音域大约达到一个八度加一个纯五度,并且两组镈钟通过"徵"音音域相连;有脊镈钟和无脊镈钟两组编镈与甲、乙两组甬钟通过"宫—角—徵"三音阶自然衔接;乙组甬钟与纽钟则通过"徵—羽"二音相连。在整套编钟中,纽钟和甬钟用于演奏旋律,镈钟起到烘托低音的作用,并以节奏性功能为主导。由此可见,许公墓编钟是一套精心设计的多元化组合编钟,其音乐性能良好,组合搭配合理,音色丰富,音域广阔。

(2)多种组合形式Ⅱ

许公墓编钟除多元组合以外,还可构成一元组合,二元组合的多种钟型搭配自由组合形式。

①一元组合形式

9件纽钟组成的一元化组合形式,纽钟自成一体,其符合春秋早期纽钟常制。

20件甬钟组成的一元化组合形式,可以组成10+10的组合方式。

②二元组合形式

甲:"4 +(10 + 10)"镈钟与甬钟的二元组合形式。

4+(10+10)的组合是新郑发现的郑国东周遗址中的编钟中的重要组合形式。在新郑中行郑国祭祀遗址的礼乐器坑中先后出土的9批206件编钟,除1套为"4+10"的组合(1组10件纽钟与1组4件镈同编)以外,其余均为"4+(10+10)"(2组10件纽钟与1组4件镈同编)的组合形式。[1] 这种组合形式在当时的郑国乐悬中应用普遍性和规定

---

① 河南省文物考古研究所《新郑郑国祭祀遗址》,大象出版社2006年版。

性。新郑城市信用社以及新郑金城路2号窖藏坑中出土的与此完全相同的编钟组合例证，都表明了这一相对固定的编钟组合形式，应是当时郑国的典型礼乐规范之一。许公墓编钟中的两组编镈，均能与20件10+10的甬钟组合成二元组合编钟的形式，不排除此种组合在音乐实践的使用。中原文化因素从这一组合形式中得到了进一步证明。

乙："8＋9"镈钟与纽钟的组合形式

从镈钟的编组数量来看，许公墓的镈虽有2组且形制不同，但其镈之总数为8件，这恰好是春秋战国之际楚系编镈的常见配置。如果将其与9件编纽钟组合，便形成了此时楚钟的典型组合形式。8件编镈与9件纽钟或甬钟组合成套是先秦时期编钟的一种固定组合形式，具有相当平稳的态势，而这种形式尤见于春秋中期至春秋末期的楚钟。两种钟型在音乐的演奏中各司其职，功能互补。9件小型钟主旋律，8件略大的钟镈主节奏。这种下层8件节奏型钟与上层9件旋律型钟的组合形式，在楚钟的发展历史上占有重要地位，乃至于成为楚钟规模日益发展扩大的基石。许公墓编钟中所蕴藏的楚文化内涵由此显现无疑。

目前，所见楚钟的"8＋9"组合形式见表5-8。

表5-8　楚钟"8＋9"组合形式表

序号	名　称	时　代	出土地	件　数		
				甬钟	纽钟	镈
1	𪓐　钟	春秋中期晚	河南淅川下寺M10		9	8
2	倗子受钟	春秋晚期	河南淅川和尚岭		9	8
3	徐家岭M3钟	春秋晚	河南淅川徐家岭		9	8

序号	名　称	时　代	出土地	件　数		
				甬钟	纽钟	镈
4	徐家岭M10钟	春秋晚	河南淅川徐家岭		9	8
5	鄱子成周钟	春秋末	河南固始侯古堆		9	8
6	蔡侯钟	春秋末	安徽寿县	12	9	8

　　无论是独立成组还是搭配组合,许公墓编钟组合形式的多重可能性均能找到相近时期的同类例证,体现了这批编钟的音乐性能与文化因素来源。由于许国的历史背景,促使许公墓编钟兼备中原文化与楚文化的双层因素特点,是中原文化与楚文化交流碰撞重构的产物,也是二者在长期的历史变革中所形成的文化积淀的生动展现。

第四节　小结

　　编钟的音列与组合形式的演变,是中国青铜编钟发展史中重要发展脉络曲线,它代表着每一个时期编钟音乐发展的重要信息。

　　西周晚春秋早期呈现了二元组合编钟,当时纽钟与甬钟的宫音并不同等高,镈钟的音列也尚不成熟,音乐性能不够完备,仅借助编钟组合形式体态庞大而彰显拥有者的等级与地位,多着重突出"礼"的作用。春秋早中期出现了真正意义上的多元化组合编钟,注重了音乐性能的开发、拓展与运用,于春秋晚期盛行发展。

　　许公墓37件编钟上,绝大多数编钟上已呈现明显的音梁,在钟腔内近于口处都留有三棱状内唇的残痕,并在每个编钟的四侧鼓部内面有圆凸起长条状或椭圆状音梁。显然,该套编钟在开始铸造时即为实用器，并采用了春秋早期兴起的音梁设置铸造工艺与调音锉磨技术。从许公墓编钟音梁结构的设置考察，已具备了春秋时期青铜乐钟铸造音梁设置的典型性特征，包括多数钟镈上已呈现明显音梁，音梁形状具有初级阶段的不稳定性等象征。这说明该套编钟的音梁铸造技术还处于音梁发展过程中的中早期阶段，也就是许公墓编钟产生的年代不会晚于春秋早中期前后。许公墓编钟的音梁结构和调音手法体现出的过渡性，也体现出调音锉磨技术中的共性与非共性因素，属于正常的现象。这恰恰说明了春秋至战国初期间，编钟铸造技术正在逐步由稚嫩走向成熟的过渡性含义。因此，许公墓青铜编钟是一套工艺水平较高、音乐性能良好、实用性较强的春秋早中期的双音编钟极品。

许公墓编钟的多元化组合尽显其早期性，其"4（有脊镈）+ 4（无脊镈）+ 10（甬钟）+ 10（甬钟）+ 9（纽钟）"的组合形式具有早期多元化组合编钟的基本特质，但其在音乐性能上却又注重了三种钟型音列间的联系与互补。与河南新郑出土的10套大型组合编钟相比，其具有自身不同的独特性。新郑出土的10套组合编钟中，每套编钟均存在两组编列，正鼓音音列基本一致，两组纽钟音列重复叠加，在某种程度上未能提升整套编钟的音乐性能。许公墓多元化组合编钟中各编列、音列互不重叠，又能互相自然衔接、补充，扩大了音域，增强了整套编钟的音乐性能，具有过渡时期的典型性特征。

由此得见，春秋中期到春秋晚期，多元化组合编钟的发展日渐完善，音乐性能日益丰满，多元化组合编钟逐步走向成熟。春秋许公墓多元化组合编钟即是一个不可多得的典型性实物例证。

第六章
许公墓编钟价值

在中国先秦青铜器中，"编钟"已远远超越了其自身的价值。作为"礼"与"乐"的并重之器，其不仅具有重要的"礼器"作用，更具有不可或缺的"乐器"功能。两周时期"礼""乐"并重合二为一，构建了先秦礼乐文化中一套完整的、等级森严的"礼乐制度"，在其中的"乐悬制度"，即是重要的组成部分。

周王朝"乐悬制度"的内容涵盖了用器制度、音律制度、摆列制度等，极大地操控于国家制度的实施过程中，又极大地影响了后世社会政治、经济、文化等领域的方方面面。据《周礼·春官》中记载："正乐县之位，王宫县，诸侯轩县，卿大夫判县，士特县。"[①] 即是周天子与诸侯、大夫们明确的区分用乐制度，并以这种制度上的差别达到时刻铭记与警示的效果。凡天子可置犹如皇宫状的四面摆设编悬乐器；诸侯有权使用三面摆设编悬乐器；卿大夫享用二面摆设编悬乐器；士只能使用一面摆设编悬乐器。不仅从形式上严格区分，器物上也有规定，

---

① 杨天宇《周礼译注》，上海古籍出版社2004年版，第123页。

"天子诸侯皆有镈","卿大夫士直有钟磬无镈。"就表明周王朝的乐悬制度还规定仅有周天子和诸侯有权享用编镈的乐器组合,卿大夫和士一级无权享用。因而,编悬乐器的排列方式、种类、数量等在某种意义上彰显着等级森严不可逾越的地位与权贵身份,从内心与形式上达成"乐""礼"一体,共同构建起治理国家的规范。两周时期视"礼乐制度"为朝章国典,编钟文化蔚为大观。

第一节 艺术价值

编钟是先秦时期的礼乐重器,同时兼有"礼器"和"乐器"的双重性功能,但在其演变过程中,艺术价值的体现越来越显得重要。它在乐学、律学、声学、纹饰及青铜铸造工艺等诸多领域中的价值不言而喻,已成为我们中华先秦传统文化中的重要符号与标识,也是我国古代"八音"之首,成为传统文化的重要遗产。许公墓编钟正是这种"礼"与"乐"完美结合的集大成者。

许公墓37件编钟,是我国春秋时期大型多元化组合编钟的典范,在我国青铜编钟发展史上具有里程碑式的地位,意义重大。许公墓出土的甬钟、纽钟、镈钟之文化特征与音乐性能,以及其在编列、音列、音梁结构、调音手法、组合现象和文化属性等方面,都蕴涵了丰厚的历史、艺术、科学价值与重要的学术价值。

一、甬钟

甬钟的艺术价值体现在多个方面。首先，甬钟是商周礼乐文化中最早的用器，其在形制、纹饰的设置，编列、音列的音乐内涵，以及铸造工艺等多个方面均有其独特的体现。先秦典籍《考工记》中记载的"凫氏为钟"，就是以甬钟为范例。

许公墓甬钟在三种类型编钟中地位尤为显赫，从其数量、形制纹饰、音列设置等方面上尽显其独特的典型性。

从数量方面看，甬钟以2组"10+10"的编列形式出现，占有整套编钟一半以上的数量，是该套编钟组合的重要部分。同时也呈现出一种甬钟早期发展过程中的突破现象。从西周中期至春秋早期甬钟以8件制编列常制呈现，10件制编列现象仅见于春秋中期新郑纽钟上，并集中体现在郑国祭祀坑中。甬钟10件制编列的现象在春秋时期为许公墓编钟所独有。

从形制纹饰方面看，许公墓甬钟以其典型的合瓦形钟体、较短的圆柱状甬和甬部所饰不多见的蝉纹；旋部的重环纹；舞部的夔龙纹；篆部的S形斜角云纹；以及正鼓部的顾首龙纹等，都尽显早期甬钟的形制与纹饰的典型特征，具有较强的承袭性。特别是在甬钟的正、背两面所饰形状逼真的4组36颗螺旋形枚，则是在春秋甬钟上的最早体现和唯一，充分地反映出许公墓甬钟所独有的艺术价值。

从音列方面看，由于许公墓甬钟编列的突破，使其音列呈现出了极为不同的结构。

许公墓甲组10件甬钟音列：

正鼓音列构成"羽—宫—角—羽—商—角—徵—羽—羽曾—羽"；侧鼓音列构成"商—角—徵—宫—角—徵—徵角—宫—羽—宫"。

许公墓乙组10件甬钟音列：

正鼓音列构成"羽—宫—角—徵—羽—角—羽—角—羽曾—羽"侧鼓音列构成"宫—羽曾—徵—徵角—宫—徵—宫—徵—羽—宫"。

从甲、乙两组音列排列中，既能看到传统"钟尚羽"观念的尚存，又可明显地体现出其音列的变化与突破。首先突破西周8件组甬钟以往的三声音列；进而打破了"徵不上正鼓"的传统观念；更重要的是冲破了西周钟乐中不得使用"商"音的戒律，且以"商"音在正鼓音上的形式呈现。这种传统与变革之间观念的博弈现象，生动地体现在许公墓甬钟的音列体系中，使其率先突破甬钟编列与音列的常制，在一定程度上体现出该时期甬钟超前的发展与大胆的扩张精神。从许公墓编甬钟所体现出的音乐性能的完美创新，突显出其所独具的艺术价值。

二、纽钟

中国青铜乐钟的纽钟，从其诞生之初起，已体现出其独有的艺术价值。纽钟以其自身小巧廉价的优势和良好的音乐性能，迅速成为青铜乐钟中的新宠。

许公墓纽钟9件成编，其正鼓音列结构为"徵—（羽）—宫—商—

（角）—羽—商—角—羽"。

已构成"宫—商—角—徵—羽"完整的五正声核心。在其正、侧鼓音的音列中，即使除去两个已哑的纽钟，也已是大大突破了西周编钟因不用商音而"五音不全"的格局，完整地构成了"宫—商—角—羽曾—徵—羽—商曾"的七声音列。

在纽钟的音列中，将首钟"羽"音向下扩展大二度为"徵"，将"商"设为正鼓音，并铸出"羽曾"等偏音，使其正、侧鼓音列拓展为完美的五声与七声音列，这不仅从整体音列上扩大了纽钟音域，还使之得到了丰满的音响效果。

许公墓纽钟的编列与音列完全承袭春秋早期蓬勃发展的青铜纽钟编列常制，并且具有编纽钟典型的音列特征。宽广的音域和优良的音乐性能，彰显出许公墓纽钟的独特性及其艺术价值。

三、镈钟

镈钟因其形制精美华丽、造型高贵、典雅不凡的气质而成为青铜乐钟的显贵。两周时期，镈钟的功用"礼"大于"乐"，在更大程度上体现了当时上层贵族的身份和地位。但在音乐性能上，西周晚春秋早期的编镈音列尚不成熟，因而仍未形成定制；春秋中期后，镈钟以简单的"羽—宫—角—徵"四声音列的构成，成为编钟组合中的重要组成部分。

许公墓编镈尽显了镈钟的精美华贵，但其最显著的特征即是两种形制的编镈同置一墓，这在先秦墓葬中十分罕见。虽然编镈因保存欠佳有破裂现象，但其形制与纹饰仍尽显其豪华风范，特别是一组4件有脊镈钟，繁复的镂空繁纽，典型的"四翼"造型，以及钟体上下凹陷的蟠龙纹饰，都彰显出其极高的青铜铸造工艺与其不凡的艺术价值。

一般说来，有脊镈钟因其华丽繁复的外形结构对其音乐性能有所影响，通常仅作为宫廷、宗庙陈列之用，罕见有脊镈钟上有音梁设置与调音痕迹。

许公墓4件有脊编镈上，却有着明显的音梁设置与调音手法的运用。在音梁设置方面，4件有脊镈钟音梁设置较为统一，特别是编号M4:17的音梁特别突出[①]，在镈钟内侧鼓部的典型位置上均留有明显的调音锉磨的痕迹。更为突出的是，4件有脊镈钟与4件无脊镈钟上的音梁设置与调音手法几乎一致，这在已知其他青铜编钟材料中绝无仅有，彰显出其独有的价值。

在音列方面，虽然两组编镈音高较为含混，侧鼓音列未成体系，但其正鼓音已基本可辩"宫—角—徵—羽"的音阶结构，两组编镈的音域相连，并与甬钟低音区音域相衔接，使其总体音域达到5个八度，具有明显的音乐功能。

在4件无脊编镈上设置的4组36个螺旋形枚，与同墓的纽钟和甬钟完全一致，可以看出其原设计的实用性与统一性，具有极高的艺术价值。

---

① 见本书第四章"镈钟研究"。

四、多元化组合

西周晚期至春秋晚期，青铜编钟组合的数量与形式呈迅猛发展的趋势。在编钟的组合方面，编钟的钟型一般存在着一元和二元的组合现象；多元化编钟组合形式的最早例证，即是许公墓编钟的组合。是目前发现春秋时期年代最早、形制最全、数量最多的多元化组合编钟。从全套编钟的数量看，仅次于曾侯乙墓编钟；但从年代上看，则要比曾侯乙墓编钟早出百余年。许公墓多元化组合编钟是先秦时期编钟向大型组合形成与发展中，具有转折性里程碑意义的重要标本，具有不可忽视的历史价值和艺术价值。

许公墓37件套编钟分为5组，编列组合方式为：有脊镈（4）＋无脊镈（4）＋甬钟（10）＋甬钟（10）＋纽钟（9）。在簨虡上可分为三层悬挂，上层即为一组9件纽钟，中层为甲、乙两组10+10编列的甬钟，下层为8件两组4+4编列的镈钟。许公墓编钟的5组编列组合均为D宫，自成一个有机整体。纽钟音区最高，音阶密集，音域不宽，达两个八度加一个大二度；甲、乙两组甬钟处于中音区域，音域跨度为三个八度；两组编镈音区最低，音域为一个八度加一个纯五度。5组编列间音域相连，每组之间叠合衔接，两组编镈以"徵"音相互衔接，并与甲、乙两组甬钟以"宫—角—徵"音相衔接，乙组甬钟与纽钟间以"徵—羽"音相衔接。显然，高音区的纽钟和中音区的甲、乙两组甬钟为重要的旋律钟，两组编镈以节奏功能为主导，烘托低音。形成一个音域相连、各组相互配合与互补的整体，达到至善至美的境界。整套编钟的音色丰满，音域宽广，音乐性能良好。许公墓编钟组合代表了春秋时代编钟组合的最高成就，为研究我国西周以后编钟组合的发展提供了极为重要的实物依据。

需要指出的是，在许公墓多元化组合编钟与新郑出土发掘的多套编钟组合的对照中发现，二者存在着明显的同异之处。在新郑古代郑国祭祀坑与金城路编钟的组合现象，均为10件组钟或20件组钟与4件镈钟的组合，与许公墓编钟中20件甬钟的数量与分组相同，只是编钟类型不同。10件组编钟在先秦乐钟中数量极少。在音列上，许公墓编钟中5个编列的音列，均未重叠，具有互补性特征，这种特性则少见于春秋时期的其他编钟组合中。从许公墓编钟组合与音列中彰显出春秋时期多元化组合编钟的成熟发展，为战国初期大型多元化组合编钟的巅峰之作——曾侯乙编钟的出现，提供了坚实的基础。

值得关注的是，在许公墓全套37件编钟上除4件有脊镈钟外，其余33件钟镈的正、背两面均饰有4组36个典型的螺旋形钟枚，其整齐划一的设计，既庄重华丽，又体现出一种统一的美，典型地反映出中原文化与楚越文化交融的文化属性与特征，具有极高的艺术价值。

第二节 科学价值

中国先秦青铜编钟的铸造，可以说是当时科学技术乃至整体国力的象征。人们对编钟铸造的重视程度非同一般，其不仅需要极其高超的冶金铸造技术，更需要高度发达的音乐理论水平和调音技术。

青铜编钟的铸造有着极其严格的标准，是当时唯一能够与国家标志性的"鼎"相提并论的青铜礼器,其所象征的不仅是享用者的身份地位,更多的是国家的制度与威严。

一、冶炼技术

青铜时代是人类历史上的一个重要时代,就目前考古发现所提供的资料而言,大多数学者倾向于将二里头文化时期作为中国青铜时代的开端[1]。

中国古代青铜主要包括锡青铜(主要成分为铜、锡)、铅青铜(主要成分为铜、铅)和铜、锡、铅三元青铜(主要成分为铜、锡、铅)三种[2]。在龙山文化和仰韶文化遗址中有零星的铜器出土,在龙山文化遗存中发现的青铜器是铜和锡的合金,含有一定的铅。在齐家文化遗址出土有青铜器、黄铜器、红铜器、铜镜、炼铜残片以及炼铜剩下的铜渣。在河南偃师二里头考古发掘地出土的一件铜爵,最能说明当时的青铜工艺水平,其含铜92%,锡7%,属复合范铸造而成。青铜器的金属含量虽然不能够明确地说明其年代与铸造地域的问题,但从某种程度上可以作为对其年代与铸造地域考证的参考。

许公墓编钟在2007年已被国家文物局认定为国家一级文物,所以对其金属含量的测试极为慎重。在不能直接取样的情况下,2011年10月25日下午在河南平顶山叶县县衙博物馆,对许公墓编钟及几件

---

① 朱凤瀚《中国青铜器综论》,上海古籍出版社2009年版,第23页。
② 朱凤瀚《中国青铜器综论》,上海古籍出版社2009年版,第3页。

残鼎进行了x荧光测试和比较分析。其详细数据测试结果，如表7-1所示。

表7-1　便携式x荧光分析仪（型号Niton XLZ980）测试结果[①]

数据	测试部位	成分（%）			
		Cu	Sn	Pb	Ag
1	有脊镈钟（b3）M4:16（最下排第3个）残件	74.2	17.9	6.63	0.24
2	有脊镈钟（b2）M4:11（最下排第2个）扉棱	70.5	19.7	8.46	0.23
3	有脊镈钟（b1）M4:10（最下排第1个）扉棱	72.4	19.6	7.03	0.28
4	鼎（束腰鼎）（1号）残件	71.6	20.6	6.7	0.36
5	鼎（束腰鼎）（2号）残件	70.4	21.9	6.2	0.18

测试说明：

（1）数据1针对是镈钟上部扉棱残件部位，将其断面进行初步打磨，露出金属光泽，有较为干净的质地，故结果相对接近真实成分。数据2和3是用便携荧光仪从下往上对镈钟扉棱最下面测试，由于表面氧化层去除不彻底以及样面不平，测试结果中锡含量应会比实际成分中锡含量高。数据4和5是对同墓出土鼎残件作的测试。

（2）《考工记》"六分其金而锡居一，谓之钟鼎之齐"，对其含锡量有不同解释，有研究表明，钟的锡含量12%—16%时，基频较低，弹性模量与频率变化趋势较为一致，锡高于13%，钟的音色较好，含锡量12%—16%时，强度较好，若锡量过高，则脆性大，不耐敲击，因此含锡量高于14%是合适的。携式x荧光分析仪给出是半定量的分析结果，考虑到样品面洁净程度，该编钟锡实际含量低于上面17%的测试结

---

① 测试过程参与人包括姚智辉（郑州大学历史学院副教授）、李本红（北京便携式X荧光分析仪器公司专业师）、李元之（叶县前文化局局长）以及本书作者。数据由姚智辉提供。

果，与上研究结果吻合。而编钟和鼎成分接近，也再次印证文献的记载。

（3）编钟与鼎都测得含有一定量的银且含量稳定，据分析看，银应该是矿料中带来的。在这批器物中还测得含有一定的铅，这很大的可能性是银矿作为铅的伴生矿在冶炼中带进来的。

（4）这批器物是否用当地矿料，结合当地地矿文献查找，可做进一步讨论。

根据测试发现，上表中前三项的数据与后两项的数据基本相同，但是，前三项的数据来源于编钟组合中的无脊镈钟，而后两项的数据则来源于许公墓出土的束腰鼎。若参考以上数据两种不同作用的器具，其质地相同，是否可以说明在先秦时期铜矿材料与金属合比在铸造青铜器时，并不以用器的作用而调整材料和配比，合金原料高纯铜及铝锡的科学配比只是其原料的基本要求。为保证其乐钟的音响效果及综合性能，关键的问题应是其铸造技术工艺以及钟壁厚度的科学设计，使之达到尽善尽美的程度，彰显着当时中国金属冶炼技术高超的工艺水平。

二、铸造技术

中国青铜时代起源于黄河流域，大约经历了1500年左右的时间，从公元前21世纪至公元前5世纪，相当于夏、商、周时期。

中国古代青铜器种类繁多、造型精美、纹饰华丽、铭文丰富多彩，铸造工艺复杂，在世界青铜艺术史上具有辉煌的独特地位。

商周时期青铜器制作主要采用两种基本的铸造方法：即模范法与失蜡法。模范法铸造技术是以特定处理的泥质材料为铸型，用复合范与印模块范拼合技术、泥芯支钉及芯撑应用技术，以及纹饰和铭文的刻制与翻印技术等。失蜡法也称"熔模法"，是青铜金属器物的精密铸造方法。先用蜂蜡做成铸件的模型，再用耐火材料填充泥芯和敷成外范。加热烘烤后，蜡模全部熔化流失，使整个铸件模型变成空壳，再往内浇灌熔液，铸成器物。以失蜡法铸造的器物可以玲珑剔透，具有镂空的效果。

中国失蜡铸造技术起源于焚失法，焚失法最早见于商代中晚期，这种技术在无范线失蜡法出现之后逐渐消亡。湖北随县曾侯乙墓，出土的青铜尊、盘，是中国所知最早的失蜡铸件，时代是在公元前五世纪。中国的青铜铸造配之以精湛的青铜冶炼术，创造了举世闻名的商周青铜器。在这些青铜器中，青铜编钟具有独特的精彩与内涵。

许公墓编钟不仅在铸造工艺、形制造型上精美大气，更重要的是在音律、音准、音色等方面的精确与优美。据实地考察，在许公墓出土编钟的多数钟内腔，都遗留有芯撑遗孔。如：M4:10号（b1）镈钟，镈体外部锈蚀不重，内腔上部平整，内有芯撑遗孔两周，呈内大外小圆形，上周为11个，下周为12个；M4:12（n1）号纽钟，铜锈较厚、纹饰不清，在钟腔两面的正中各有一铸范芯撑遗孔，一透一不透；M4:13（n2）号纽钟，表面纹饰清晰、铜锈较轻，钟腔一面于口正中有裂纹，长约7厘米，内腔可见铸范芯撑遗孔，一透一不透，音已哑。从以上可见，许公墓编钟的铸造方法即是采用了我国商周时期青铜器铸造中的主要制作方法之一的"模范法"铸造而成。模范法铸造工艺是采用一次铸造成形的浑铸技术，或依靠分铸铸接、焊接、机械连接等技术的综合运用。铸造过程中经常运用金属芯撑和泥芯支钉技术，以保障复杂形状铸件的壁厚均匀性。其中的泥芯支钉技术，即是运用于许公墓编钟的铸造手段之一。泥芯支钉技术则是指在泥芯上制作一定凸起高度的锥形支脚，用以控制外范与泥芯之间的距离，以保持泥芯不偏移和控制青铜器壁厚的作用。在许公墓编钟的内腔上遗留下的铸范芯撑遗孔，说明了其所运用的泥芯支钉技术的工艺手法。

许公墓编钟的铸造利用了先秦时期先进的青铜铸钟技术和声学知识，使得其合瓦形钟体产生优良的双音效果与合理的声学效果，使许公墓编钟正、侧鼓音双音关系明确、音高准确，音色明朗，在旋律的演奏上更为清晰流畅。

体现在许公墓多元化组合编钟上的青铜铸造技术，可谓集先秦青铜冶铸技术集大成者，在某种意义上甚至超出了先秦文献记载的冶铸技术水平。诚然，中国古代文明的特点是多以技术经验为主，而难以科学为主导，但在许公墓编钟的铸制中却显示出了高度科学的、系统的理性认知，是中国青铜铸造科技发展史上里程碑式的进步，具有极高的科学价值。

三、音梁设置与调音技术

中国青铜编钟的音梁是专门用于调整编钟音准与音色的铸造结构技术。音梁铸于乐钟的内腔，形成"音梁"。"音梁"的出现和使用彰显着中国编钟铸造技术走向成熟，也是先秦时期乐钟铸造工艺进入

　　　　　　　第六章　许公墓编钟价值

高峰时期的一个标志。春秋时期，由于人们对编钟规模与音乐性能的追求日益增高，要求至臻求善，音梁技术在乐钟内的运用适应了人们对改善乐钟音准与音乐性能的要求。进入春秋后，人们抛弃了西周在钟内腔磨隧的调音方法，"逐步演变成为在编钟腔体内四侧鼓部铸造一种长条状的隆起形状的音梁"，这种技术"至战国初期达到其成熟的顶峰，在曾侯乙墓编钟上形成的板块状'音梁'是其典型的标志。"①根据考古发现，出土于许公墓编钟上的音梁，即是这种"板块条形状"音梁技术的雏形。

许公墓37件编钟的绝大多数钟上已存在明显的音梁，在每个钟的四侧鼓部内有圆形凸起条状或椭圆状音梁，并在钟腔内近于口处均留有三棱状内唇的残痕。音梁一端与内唇相接，另一端呈圆形，钟腔正鼓部和两铣部存在清楚的锉磨痕迹。在正鼓部的中心部位口内侧和音梁上有多处调音锉磨痕迹，内腔上部平整，残留有铸造时所用的芯撑遗孔。特别是在4件有脊镈钟的内部可以清晰地看到四侧鼓部的音梁设计，于口侧鼓部存在略微凸起的椭圆形或不规则圆状的音梁设置。这是在已知其他有脊镈钟不常见的现象，也是能更进一步证明许公墓有脊镈钟的实用性与音乐性能的表现与实证。可见，许公墓编钟铸造时即是采用了春秋早期兴起的铸造板块状音梁的铸造工艺技术，又充分地发挥了镈钟的音乐性能。因此，从许公墓整套编钟的铸造工艺与制作设计考察，其音梁铸造工艺是在西周"磨槽调音"手法锉磨凹槽"隧"的基础上进一步的科学改良，这种改良和发展促进了

---

① 王子初《音乐考古》，文物出版社2006年版，第67页。

春秋中期至战国时期乐钟音梁技术的成熟与发展，也进一步彰显了许公墓编钟的时代特性与科学价值。

"调音锉磨"手法是中国青铜编钟铸造工艺中最能体现与音乐本体相关的技术因素的工序，也是一道极为重要且是必不可少的工序。在西周时期，编钟的调音主要是采用在钟腔内部磨"隧"的手法，以达到调音的效果。春秋初后，磨"隧"的调音手法已然完全被淘汰，取而代之的是在钟腔内唇的音梁上采用锉磨调音的手法，这种手法在许公墓编钟上获取广泛的运用，并具有一定程度的规范性。在许公墓的大多数编钟上，尤其是在两组编甬钟上，其调音锉磨的位置都是在钟体的两正鼓、两铣角和四侧鼓部的八个重点调音位置上，这种调音的位置与方法是对西周以来磨"隧"调音传统方法的科学借鉴与发展。在许公墓编钟的多数钟上，调音锉磨的部位集中在钟体的于口内唇上稍向里延伸处，位置一般不超过钟腔体深度的三分之一部位。这种"内唇锉磨"调音的方法确立于春秋早期的编纽钟上。而在许公墓编钟的5组乐钟上，凡是经过调音的乐钟无一例外地都留下了这种调音锉磨手法的遗痕，整齐划一地体现出其普遍性和规范性。其次，在多数钟上的调音锉磨范围基本都在向里延及音梁的部位，其不仅在八个典型位置上形成深度弧缺，而且使音梁呈现出与钟腔弧度相应的凹弧状。可见，许公墓编钟不仅在铸造技术上处于春秋初期青铜乐钟铸造技术逐步规范与日臻成熟的发展阶段，在调音锉磨手法上也同样具有一定程度规范性和一致的普遍性。

从许公墓套编钟的音梁设置工艺与调音手法工艺上，充分反映出我国春秋时期青铜乐钟铸造技术的普遍提高与超前的科学价值。

第三节　历史价值

　　历史价值是文物的地位象征。在许公墓出土的铜兵器中，有6件带有铭文的"戈"，也是该墓出土器物中仅有铭文的一种。在出土文物中，铭文是断代与确定器物主人的重要依据，可依照铭文确定墓葬的年代与墓主人的身份等。在许公墓出土的"铜戈"上，对照铭文内容，可划分为：许公车戈；许公走（徒）戈；许公宁用戈；许公残戈等4种。许公之戈又可分为"车兵"所用与"步兵"所用二种。其中，在标本M4:109的"铜戈"上有铭文"许公宁之用戈"字样，其直书许公之名"宁"，可以确认，该铜戈应为许公宁本人所使用。据文献记载：许国国君许公宁于公元前591年继位，至公元前547年逝世，谥号为许灵公。该墓出土器物的规格，也符合许公宁作为许国的最高军事首领，和军政合一的统帅身份。由"戈"上的铭文可判断：该墓是春秋中期许国君主姜宁之墓，该墓出土器物的最下限，应是春秋襄公二十六年。年代的认定，墓主人的确认，为历史研究提供了不可或缺的证据，具有极强的历史价值。

一、许公墓出土编钟年代考证

　　许公墓出土的37件全套编钟，均在一定程度上体现出较为鲜明的时代特性。

1. 编列与年代

西周晚春秋早期,甬钟的编列较为规范和稳定,8件成编。至春秋中期甬钟编列有所突破,许公墓甬钟的编列以"10+10"的编组形式呈现,具有明显的独特性。如前章所述,甬钟10件组组合方式极为少见,其突出体现出一种变革与突破初期的承袭性与创新性,具有明显的年代感。

纽钟9件成编,是纽钟诞生以来编列发展的常制。许公墓纽钟编列与春秋早期纽钟编列完全一致,从许公墓纽钟的编列现象分析,其至少不能推翻其具有纽钟诞生之初以来的编列形式,从而具有春秋早期性。

西周晚期,镈钟流传地域扩大至中原,进入乐悬后呈蓬勃发展的趋势。春秋中期,镈钟编列从3件制扩大为4件成编,并以四声音列位居编悬的低音部。春秋晚期,镈钟进入繁荣时期,编列以多种形态呈现,如8件、9件、13件等。许公墓8件两组形制的编镈,以4件成编,符合春秋中期镈钟4件制编列常制,体现出春秋早中期镈钟编列特点。

2. 音列与年代

西周晚春秋早期,8件制甬钟音列为三声音列"羽—宫—角",正鼓音位构成"羽—宫—角—羽—角—羽—角—羽",比西周时期4件组甬钟音域扩大了两个八度,成发展势态。许公墓甲、乙二组甬钟音列为"羽—宫—角—羽—商—角—徵—羽—羽曾—羽"(甲组);"羽—宫—角—徵—羽—角—羽—角—羽曾—羽"(乙组);音列音域呈明显的扩张变化,其中"商"、"徵"与偏音"羽曾"的出现明确的显示出其裂变与突破的现象,与春秋早期甬钟音列大相径庭。但出现在许公墓两组甬钟音列的首、末二钟上的"羽"音,却又体现出一种"钟尚羽"观念的拘泥和守旧,承袭性与裂变初期的试探性运用具有典型性,其突出的音列特点显示出明确的时代属性。

许公墓9件纽钟的音列为:"徵一(羽)一宫一商一(角)一羽—商—角—羽",符合早期纽钟音列常制,与春秋早期闻喜上郭M210纽钟(9件)和长清仙人台6号墓纽钟(9件)音列完全相同。"徵—羽—宫—商—角—羽—商—角—羽"的音列形式,是春秋早期9件组纽钟的音列常制,从音列方面体现出许公墓编纽钟音列的早期性特征。

3. 纹饰与年代

青铜器纹饰,大约至穆王时期开始出现纹饰简化和抽象现象。其中,蟠螭纹属于绞龙纹式样的一种,绞龙的形象是一上一下,下者升上、上者下覆、两体交缠,谓之绞龙。绞龙纹一般作主纹应用,或作二方连续排列或构成四方连续纹样,该纹饰初见于西周早期,盛行于春秋晚期至战国早期。

许公墓编纽钟纹饰中,出现了大量连续的构图,如蟠螭纹、夔龙纹、斜角云纹和三角雷纹等,具有春秋早期或中期时期的某些纹饰特征。其与春秋晚期至战国早期大量使用的各种抽象化的纹饰不同,也与晚期极度追捧的纹样精细、华丽与微型化有较大的出入。

许公墓编甬钟的纹饰,具有早期甬钟纹饰的特点,如甬钟的甬部装饰的蝉纹与旋纽部装饰的重环纹,常见于商周时期的青铜器上;甬钟鼓部的两组对称相背C形夔龙纹,则在西周晚春秋早期至春秋中期的青铜编钟上较为普遍；篆部装饰的S形斜角龙纹与篆带间界饰以的凸线纹，则是流行于春秋中期编钟上的常见纹饰。说明，从甬钟纹饰的运用反映出其强烈的春秋早期性时代特征。

在许公墓有脊镈舞上繁纽的透雕形纹装饰，属于凤鸟与夔龙形纹的融合体。透雕纹饰十分抽象，纹饰明显简化，虽具有承袭江西新干镈钟纹饰的遗风，但其透雕与西周时期镈的繁复扉棱透雕纹饰又有较大出入，东周以后镈钟扉棱快速消退。因此，许公墓有脊编镈钟纹饰具有明显的早期性。

综上所述，从许公墓纽钟、甬钟与镈钟的编列、音列、纹饰的考察，其所呈现出的典型性特征，反映出许公墓编钟具有较为明显的春秋早期性特征。但是，从文献资料与铭文的印证，许公墓下葬的年代应是春秋中期的襄公二十六年。至于其出土的编钟，由于缺乏钟上铭文与文献资料的相呼应，难以判断它所产生的具体时间。但是，如果把许公墓编钟的所有特征放置于整个青铜编钟发展脉络中去考察，则不难发现许公墓编钟产生的年代时间可以进一步前跨。尤其是许公墓编钟的纽钟与甬钟的编列、音列和镈钟的纹饰特征等都具有春秋早期性特征，虽然，其中两种形制的编镈呈现出的年代特征较为模糊，但结合其编列形式与音梁调音手法的呈现等综合因素而看，其年代特征也能较为明晰。综上推测，许公墓出土编钟的产生年代至迟应在春秋中期的早段。

有关许公墓4件有脊镈钟上的年代信息与地域文化属性，还有待一步的探讨研究，尤其是在除4件有脊镈钟以外，其他33件钟镈上所呈现出的36颗螺形枚，具有鲜明的统一性特征。由此牵扯出另外的一种疑惑,在以往文献与出土编钟墓葬中,从未见有出现过有脊镈钟与无脊镈钟同墓的现象。那么,许公墓的4件有脊镈钟的产生年代是否与其他钟镈时间相同?是否同时铸造或是否同属一套?这些都有待进一步的思考、探讨、求辨。

二、礼乐制度在编钟上的体现

周朝制礼作乐的过程从周武王周公开始,经成王、康王、昭王几代统治者近百年时间到周穆王时期才完成,而定型的礼乐制度是从周穆王时期到公元前500年左右,大约历时5个世纪。到春秋战国时期,周代的礼乐制度开始瓦解,出现"礼崩乐坏"的僭越局面。

1.制度体现

（1）周礼制

西周时期,"周因于殷礼,所损益可知也。"①西周初期对殷商的礼制进行了革新,形成了被后世所崇拜与推行的"周礼"。西周初期至西周中叶穆王时期建立了较为完备的礼制,周礼达到鼎盛时期。该时期确立了土地制度,职官制度、册命制度、分封制度等,并日益成熟。礼器制度、礼仪规范标准逐渐完善,并频繁举行。春秋时期的周礼,呈现由盛及衰的蜕变,但在观念上,人们更加维护着周礼的神圣。公元前713年,郑国以王命讨伐宋国后,以宋之部、防归之于鲁,郑庄公因而

---

① 杨伯峻《论语译注》,中华书局2009年版,第134页。

被称颂为知礼。《左传·隐公十年》："以王命讨不庭,不贪其土,以劳王爵,政之体也"。杜预注:"下之事上皆成礼於庭中。"杨伯峻注:"庭,动词,朝于朝庭也。九年《传》云'宋公不王'故此云以讨不庭。此不庭为名词,义为不庭之国。"霸主郑庄公认为礼的地位远远大于拓展疆土。由此可知,春秋时期知礼之士倍受尊敬,反之,失礼者下场悲惨。公元前716年,陈五父至郑国参加盟誓,临歃血而心不在盟,"必不免,不赖盟也"。不出10年时间(隐公七年)五父被蔡国所杀害。

礼制在当时成为治理国家的工具与维持强权政治秩序的手段。首先,其成为一种约束人们思想的道德规范。"经国家,定社稷,序人民,利后嗣。""礼,国之干也;敬,礼之舆也。"春秋时期人们非常重视礼的道德作用。"礼,人之干也,无礼,无以立。"礼居于个人道德修养中的核心。礼制的演化,从"政之舆也"至"人之干也"充分体现了礼的人文思维发展趋势。孔子非常看重礼的道德作用,倡导"克己复礼",进而达到"天下归仁";子产则提倡"夫礼,天之经也,地之义也,民之行也"的思想,将礼提升到了自然法则的层次,礼制的实质已成为一种宗法制度。

春秋时期,宗法制度是周王朝立国的根本,使得贵族之间的血缘组织制度与国家政权机构紧密地联系在一起,成为维护奴隶主统治的重要保证。其核心即是嫡长子继承制:"立嫡以长不以贤,立子以贵不以长"。春秋时期,诸侯国内部矛盾重重,"杀嫡立庶"屡有发生,但嫡长子继承制仍是主流。例如楚平王死后,令尹子常因"立长则顺,建善则治"主张立子西,子西认为"乱嗣不祥"坚决退让,最后仍立嫡子楚昭王。由此可见,礼制并没有废除,嫡长子的地位牢不可破。

冠礼与婚姻离不开宗庙,其宗庙制度也是礼制重要表现之一:"天子七庙,三昭三穆,与太祖之庙而七;诸侯五庙,二昭二穆,与太祖之庙而五;大夫三庙,一昭一穆,与太祖之庙而三;士一庙;庶人祭于寝"。例如楚灵公为公子时聘问郑国,欲娶妻于公孙段氏,行前"告于庄王之庙而来",迎亲时在公孙段的宗庙"人逆而出"。郑公子忽逆妇于陈,入郑后"先配而后祖",被陈针子指责为"非礼也","是不为夫妇"。

族墓制度更能够体现宗庙制度。《周礼·春官》:"冢人,掌公墓之地,辨其兆域而为之图,先王之葬居中,以昭穆为左右,凡诸侯居左右以前,卿、大夫、士居后,各以其族。凡死于兵者不入兆域,凡有功者居前,以爵等为丘封之度。""墓大夫掌凡邦墓之地域,为之图。令国民族葬。而掌其禁令,正其位,掌其度数使皆有私地域。"例如三门峡虢国墓地,该墓地北高南低分为8个区,整个墓地的墓葬按墓主人身份高低以界沟为界分区埋葬,界沟以北的M2001、M2009代表国君及其同宗族的高级贵族墓葬区,界沟以南为其他贵族墓葬区。墓地内墓葬间关系明确,方向一致,排列有序。

册命制度与宗法制度紧密相关,存在于诸侯国内乱纷争利的特殊时期。据《史记·晋世家》记载[①]:晋鄂侯死后,曲沃庄伯兴兵伐晋"周平王使虢公将兵伐曲沃庄伯,庄伯走保曲沃"。"晋小子之四年,曲沃武公诱召晋小子杀之。周桓王使虢仲伐曲沃武公,武公入于曲沃,乃立晋哀侯弟缗为晋侯。"晋侯缗二十八年,"曲沃武公伐晋侯缗,杀之,尽以其宝器略献于周厘王。厘王命曲沃武公为晋侯,列为诸侯"。曲

----

① [汉]司马迁《史记》,中华书局1959年版,第34页。

沃庄伯和武公屡次讨伐晋都，意在取而代之，但前两次失败，后一次成功。后一次曲沃武公得到了周厘王的册命，因而取得成功。春秋时期各诸侯国卿大夫因其所属国的强弱，被周天子册封也有所不同，等级与尊卑界限分明。《礼记·王制》中记载："大国三卿，皆命于天子"。公元前648年管仲助周平戎，"王以上卿之记飨管仲，管仲辞曰：'臣，贱有司也。有天子之二守国、高在，若节春秋来承王命，何以礼焉？陪臣敢辞"。直至"管仲受下卿之礼而还。"齐国国氏、高氏是周天子册命的上卿，管仲是齐桓公重臣，但不是天子所命上卿，管仲辞天子的上卿之礼在情理之中。因此，春秋时期周天子册命的上卿与各国国君册命的下卿之间存在着森严的等级。

礼仪制度成为上层社会人们日常交往的礼仪规范。春秋时期的礼仪涵盖的仪式十分烦琐，《礼记·中庸》中记载："礼仪三百，威仪三千。"《礼记·礼器》载："经礼三百，曲礼四千"。《大戴礼记·本命》载："礼经三百，威仪三千。"经礼为纲领性的礼项，"威仪""曲礼"为礼的细节。公元前537年鲁昭公聘晋"自郊劳至于赠贿，无失礼"。晋侯认为其善于礼，晋大夫女叔齐指出："是仪也，不可谓礼。"郑国的公孙挥知礼仪"善为辞令"，子大叔貌美且通晓典章制度，故执政子产每遇诸侯间外交事务先使公孙挥"为辞令"后"乃授子大叔使行之"。孔子每入庙，仍需先问礼。烦琐的礼仪要求君要有君度，臣要有臣度，其他贵族根据不同身份有不同要求，礼仪失范将受到指责。

礼器制度涉及用器，礼器在某种意义上是物化了的礼仪。礼器的核心内容为"列鼎制度"。周代礼制规定：天子用九鼎，诸侯用七鼎，大夫用五鼎，士用三鼎或一鼎。"礼器"在"礼不下庶人"的周代丧葬制度中是贵族的专利品，一般平民陪葬的则是日用陶器，不同等级的人在礼器使用上有着严格的对应等级，从西周墓葬的随葬青铜器组合中已显示出礼器组合与墓主身份息息相关。

（2）周乐制

等级森严的"礼乐制度"，是整个周王朝统治者神圣集权的法制准则，是尊崇王权地位与身份的集中表现，也是王权制度下的行为规范[1]。"普天之下，莫非王土；率土之滨，莫非王臣"（《诗经·小雅·北山》）。周天子是西周的最高统治者，土地都归其所有，子民均是其臣下，他具有至高无上的统治"天下"的权利。周公为了维护这种统治的权威，制定一整套以"礼""乐"为中心的等级森严的礼乐宗法制度，即"礼乐制度"。

周初"礼乐制度"的核心内容之一是"乐悬制度"，其反映在物质表征上即是礼乐重器"编钟""编磬"的"金石之声"。两周之际，钟磬是统治者专用的乐器，也是反映名分、等级和权利的象征。所以编钟在皇宫礼仪、军事战争、庙堂祭祀、昏冠丧葬、燕宾等场合均显示不同寻常的地位。据《诗·小雅·楚茨》记载："礼仪既备，钟支既戒，孝孙祖位。工祝既告，'神具醉止'，皇尸载起。鼓钟送尸，神保幸归。诸宰君妇，废彻不迟，诸父兄弟，备言燕私。"彰显着编钟在祭祀过程中突出作用。又如《诗·小雅·宾之初筵》："乐者，非谓黄钟、大吕、弦歌、干扬也，乐之末节也，故童者舞之。铺筵席，陈尊俎，列笾豆，以升降为礼者，礼之末节也，故有司掌之。"可见，钟磬鼓乐不仅是燕饮的衬托，

---

① 蔡仲德《中国音乐美学史》，人民音乐出版社1995年版，第56页。

更重要的是，钟鼓乐器突出的意义在于潜移默化地调和人民性情，以至起到教化与移风易俗的作用。

春秋时期，为了纪念隆重的祭祀、婚冠、丧葬、燕宾等场面，通常需要在编钟体上铸造铭文，遗留万年。"铸其新钟，以恤其祭祀，以乐大夫，以宴士庶子"。编钟有着不同凡响的意义。昭公二十一年（公元前520年），《左传》中记载："夫音，乐之舆也；而钟，音之器也，"编钟在周代乐制中起着重要作用[①]，在春秋战国时期，编钟等同于乐器的统称，在某种意义上可以认为，在整个周代的礼乐制度与编钟文化紧密相连、息息相关。

周王朝为了粉饰等级森严的礼制，在乐制上提出"礼别异，乐合同"的思想。规范在朝廷宗庙、祭祀、昏冠、丧葬、燕宾等大典中的用乐，从而促使礼从外部规定了人们的行为秩序、规范和等级，乐从内部的心理、情感等方面影响人们潜移默化地认同周王朝的礼乐制度。可见，两周时期，"礼"处于社会的中心地位，起到规范人们行为的主导作用；"乐"辅助严密的礼所维护的社会等级秩序。在"乐"的教化程度上，"乐"同样具有界限分明的等级秩序。据《礼记·乐记》中记载："乐者，通伦理者也。""故乐者，审一以定和。""宫为君，商为臣，角为民，徵为事，羽为物。"即"乐"与社会伦理关系息息相通，密不可分，音乐中"宫、商、角、徵、羽"五音与社会关系达到极致谐和，至善至美，与社会等级秩序高度统一。

"礼非乐不行，乐非礼不举"。春秋时期乐从礼仪的具体组成部

---

① 杨荫浏《中国古代音乐史稿》，人民音乐出版社1981年版，第121页。

分上升为与礼相对应相补充的重要部分。"乐也者,动于内者也;礼也者,动于外者也。乐极和,礼极顺。"相对于礼而言"礼从和"而"和从平",乐对礼起着辩证协调的作用。《乐记》中记载:"情动于中,故形于声"。"乐者,心之动也;声者,乐之象山;文采节奏,声之饰也"。认为音乐是声音与感情并重的艺术,以"文采节奏"音响形式表达人们的内心世界活动,其产生过程呈现物至—心动—情现—乐生。因此"乐者,情之不可变者也""唯乐不可以为伪"才是音乐艺术实践活动。乐的核心价值即是"同民心而出治道"。"礼节民心,乐和民声,政以行之,刑以防之。礼乐政刑四达而不悖,则王道备矣。"礼、乐、政、刑有机结合在一起,四者互为表里,达到高度统一,铸造治民目的,民心齐同,从而实现国家富强与安定①。

　　春秋时期,礼乐一体化具有社会功能和性质。"移风易俗,莫善于乐;安上治民,莫善于礼。"乐与礼交融、并举,表现形式却同异有别,各有所用,内外不同,相辅相成,以期维护统治者利益。"兴于《诗》,立于礼,成于乐。"(《论语·泰伯》)。礼与乐的交互具体表现在以礼节乐、以乐和礼、礼乐相成。以礼节乐即是礼的行为规范制约乐的标准,达到乐与礼和谐统一状态。不但国家如此,个人亦然。"天地之道,寒暑不时则疾,风雨不节则饥。教者,民之寒暑也,教不时则伤世。事者,民之风雨也,事不节则无功。"(《乐施》)因此儒家极为重视礼,要求以礼节乐。以乐和礼是指借助乐的准则调和神人、人人、天人情感,心平气和与和谐的关系。"乐"和"礼"的实践即是广泛推行乐教,以达到

---

　　①　薛永武《〈礼记·乐记〉研究》,光明日报出版社2010年版,第123页。

以乐和礼的目的和意义。音乐的价值实现在于礼乐相成①。"礼主其减，乐主其盈。礼减而进，以进为文；乐盈而反，以反为文。"（《乐化》）针对动于外的礼，其身体动作需要减，需要谦卑退让；对动于内心的乐，其情感需要和顺充积、盈盛。礼乐相济相成，礼减得其乐和以相济，从而泰然处之地欣赏音乐。乐盈得其礼节以知止，达到优柔平中而安和。

2. 礼崩乐坏

"礼崩乐坏"最早见于《论语·阳货》，"君子三年不为礼，礼必坏；三年不为乐，乐必崩。"认为春秋社会礼制崩坏所言之礼指的多为西周之礼。社会在发展，礼也随之而改变，"殷因于夏礼，所损益可知也；周因于殷礼，所损益可知也"。②春秋用礼，各阶层人的身份已较西周有了很大变化，礼乐崩坏各具其显。反映在镈钟器物上与用乐制度上的特征体现在几个方面：

（1）"商"音呈现

西周早期，甬钟和编铙是乐悬的基本组合，西周中晚期时殷商编铙渐为甬钟所取代，此时甬钟盛行，占据乐悬体制核心地位。周公制礼作乐，定下在礼乐典制中不用"商"音的规矩。西周晚期，甬钟以规范的四声音列形式"宫—角—徵—羽"进入乐悬，其"五声缺商"体现出拘泥遵循周礼的严格制度与周乐"戒商"的规范。至春秋早期，"乐悬"体系中对乐的追求使得乐悬家族有所改变，组钟的出现与其音列

---

① 王宝军、李德民《〈乐记〉的价值观及其实现路径》，《学术交流》2009年第8期。
② 蒋孔阳《先秦音乐美学思想论稿》，人民文学出版社1986年版，第207—208页。

的构成彻底改变了西周以往周乐戒律的规矩。

　　"商"音设置于纽钟的正鼓音列，冲破了周乐戒律中戒制"商"音的观念，使纽钟音列发生了根本的变化。纽钟正鼓音列五声俱全，其音列模式为"徵—羽—宫—商—角—羽—商—角—羽"。纽钟音列的改变使编钟音乐更为丰富，音域更为宽广，并由此引发了所有青铜乐钟的革新。

　　编镈的音列在春秋中期已形成定制，并以4件制的编列形成四声音列"羽—宫—角—徵"，遵循西周晚期以来甬钟音列规范，但仍然"五音缺商"，体现出周制的威慑气势与遵循，同时也与镈钟"礼"大于"乐"的身份相吻合，镈钟4件制的编列改革却又体现出打破秩序的革新。

　　春秋中期，由于受周礼乐制的限制，王室仍然位居礼乐体系核心地位，以致诸侯以"欲霸中国以全周室"，兴师问罪敌对诸侯，"苞茅不入"即是不敬罪名。周王室仍是社会秩序的维持者，礼乐制度也仍显出一定的生命力。但是，诸侯间的争霸，礼制的僭越，挟天子以令诸侯的事由不断发生。乐制的打破促使整个乐悬编钟规模日益宏大超越，由编钟所营造出的一种庄严、崇高、肃穆的气氛，是人们在寻求某种意义上对旧制的维护与展示。更由于镈以编列的形式进入中原乐悬后，编钟的组合规模日益增强、音量厚重、声势恢宏，丰富的音响更为符合春秋时期诸侯与达官贵族们争相显示的高贵与威仪的象征。所以，春秋早期在编钟音列中"商"音的呈现，即是一种秩序的打破，也是"礼崩乐坏"的一个突出表现。

　　（2）"徵"上正鼓

　　在西周礼乐制度中，乐钟的"钟尚羽"的特点与"徵不上正鼓"的观念是周乐戒律中的重要元素。西周末期甬钟在8件甬钟的正鼓音音位结构呈现为"羽—宫—角—羽—角—羽—角—羽"，由于甬钟的首、次二钟一般不用侧鼓音，成组甬钟首、末二钟正鼓音皆为"羽"，以此突出了西周乐钟的"钟尚羽"的特点。8件制的范例中其正鼓音仍是三声音列"羽—宫—角"。但在侧音鼓上出现了"徵"音，使正、侧鼓音构成了"羽—宫—角—徵"四声音列，标志着青铜乐器向完善乐律得改进。在远古的观念中，羽为北方，彰显北斗而来的坐北朝南，即城市结构以南北向为主。西周出现的"钟尚羽"，也应与之相关。与尚羽相对应是"徵不上正鼓"，在传统观念体系中，徵属南，羽属北，在南北向结构中，君王南面。与之相应，音律上"尚羽"观念和"徵不上正鼓"的历史节点，体现了青铜乐钟的乐律追求。

从殷商编铙到西周甬钟，从到春秋早期甬钟、纽钟、镈中的体系发展到战国时期曾侯乙编钟的出现，达到了青铜乐钟乐律追求的最高峰。随着青铜乐钟乐律体系的健全，僭越现象日益剧增，将甬钟的侧鼓"徵"音运用于正鼓，且将"商"音设置于纽钟的正鼓音列，使编钟音乐更为丰富，音域更为宽广，并由此引发了所有青铜乐钟的革新，冲破了周乐戒律中戒制"商"音和"徵不上正鼓"的观念，使编钟音列发生了根本的变化。

（3）礼的僭越

礼是周文化的核心。春秋时期用礼，在各阶层人的身份已较西周有了很大变化[①]。周王衰微，仅保留了名义上的天子地位，诸侯国日渐

---

① 蒋孔阳《先秦音乐美学思想论稿》，人民文学出版社1986年版，第207—208页。

独立，诸侯中的霸主地位其实已高于天子，在诸侯国中的卿大夫亦因世代执政握权，其财富或地位也都已不在诸侯之下。地位的变化带来了用礼上的改变，逐渐向上级靠拢，即所谓"僭越"。这种僭越并非在春秋才始有发生，正如（鲁）子家驹所言"诸侯僭越于天子，大夫僭越于诸侯久矣"。僭越也并非是对礼制的彻底破坏，而是礼的应时而变。春秋时代生产力大幅度提高，青铜冶炼、铸造技术得到了飞速发展，青铜礼器这一原来只有高层贵族才能够使用的重器开始向下层贵族扩散，而促进礼器扩张的主要原因即是用礼阶层的扩大。

"乐悬制度"是以大型编钟为代表的编悬乐器钟磬的悬式来界定的，其规格严密、等级划分森严，不得僭越，是礼乐制度中的核心内容。《周礼·春官·小胥》中记载："正乐县之位，王宫县，诸侯轩县。卿大夫判县，士特县。"郑玄注："宫县四面县，轩县去其一面，判县又去其一面，特县又去其一面。四面象宫室，四面有墙，故谓之宫县。"例如湖北随州擂鼓墩出土的曾侯乙墓编钟悬于两面的曲尺形钟架上，加上编磬一面，合于诸侯三面轩悬的制度。唯所空的一面非南面，这暗示战国初年周礼的破坏。春秋时期存在礼崩乐坏的现象，已成为社会主流，首先体现在使用乐、舞的普遍僭礼越规[1]。西周时期严格的用乐制度崩溃之后，公卿、大夫、士等不同层次阶层享受起天子之乐。"郑人赂晋侯以师悝、师触、师蠲；悝、触、蠲，皆乐师名。……凡兵车百乘、歌钟二肆，及其镈、磬、女乐二八"（《左传》襄公十一年）。晋大夫魏绛因助晋侯"和诸戎狄，以正诸华，八年之中，九合诸侯"之丰功，受到"金石

---

[1] 杨文胜《春秋时代"礼崩乐坏"了吗？》，《史学月刊》2003年第9期，第25—31页。

之声"的赏赐。齐国的越礼现象:"周衰,礼废乐坏,大小相逾,关中之家,兼备三归"(《史记·礼书》)。在鲁国,势力庞大的三家大夫叔孙氏、季孙氏、孟孙氏对乐制的僭越更为严重,叔孙氏在府宴上"八佾舞于庭",公然依照天子的用乐规格举乐,并将宫廷乐舞百工占为己有。种种越礼举动,引起了孔子十分愤慨地呐喊:"是可忍,孰不可忍也"(《论语·八佾》)。

在我国考古发掘中也印证了文献中的记载。1949年后在河南、安徽、山西、湖北等地发掘的春秋墓中,都可看到严重的僭越现象。如1958年在山西万荣庙前村的春秋晚期墓中出土了五列鼎、十件编磬与九件编钟①。作为重要礼器的编钟,广泛使用于人们各种大典礼仪之中,烘托出肃穆庄严的气氛,是其他乐器无法替代的。许公墓编钟的主人许公宁,一个寄居于叶、仰息于楚的国君,自己的国土早已丧失殆尽。在如此日暮途穷的境地,却仍要摆出一个公爵诸侯的礼乐排场,生动地反映了西周的"乐悬制度"在其时社会的深刻影响。许国以大型编钟为代表的编悬乐器钟磬的悬式来界定不可废弃的规格严密、等级森严的礼乐制度,即便是作为他的宗主国的楚国,似乎也不便于干涉。

随着社会经济、文化、科技的发展,人们不再迷信超自然力。日益赏目悦耳的民间俗乐作为新生事物被社会各阶层接受,诸侯、贵族抛弃严格社会等级,以俗乐替代雅乐引入宫廷。郑国音乐最先发端,即以"郑卫之音"首开其萌,依照音乐自身发展规律自成体系,社会上称

---

① 顾德融、朱顺龙《春秋史》,上海人民出版社2008年版,第415页。

之为"新乐"。从此，"乐"不再屈服礼的约束而独立，新兴的轻松愉悦的"丝竹之声"广泛流行。最终，以"钟""磬"为代表的乐悬"金石之乐"制度日渐消失，至战国末期已荡然无存。

三、中原文化与楚文化的交融

中原文化博大精深，源远流长。中原文化在某种程度上特指殷周时期形成以中原地区为基础的物质文化和精神文化的总称。中原地区在古代不仅是中国政治和经济生活的主要舞台，也是主流文化和主导文化的发源地。

西周时期，周王朝伴随着战争征伐和诸多诸侯分封，其政治经济、文化科学等逐渐扩展到江淮流域，形成以中原先进文化为主导的统治地位。追根溯源，在殷商末周朝初，荆蛮、淮夷等少数民族居住的区域，殷商文化占据重要地位。西周，周文化替代商文化的地位，与商文化、蛮夷文化一并形成以周文化因素为主体综合性文化的融合体。据文献史料记载，西周时期周成王"封熊绎于楚蛮，封以子男之田，姓芈氏，居丹阳"。熊绎居住地属于丹阳一带。楚国地处中原南部区域，地域上深受周文化的影响，彰显着浓厚的中原文化特色。据考古学考察，西周时期楚国受封不久，楚文化尚未能构成完整的文化体系，大致与中原文化相同，稍微存在差异，但没有明显的楚文化特有标识特性。春秋早期之后，楚国日益繁荣昌盛，讨伐战争频繁，成为春秋五霸之一，其政治、经济、文化势力随着国家征伐的蔓延而渗透，战国中期楚国灭越国，一统长江中下游区域。如此一来，春秋至战国时期，楚国借助北上争霸、盟会、聘问,战争、征服、灭国,掠夺、馈赠、贡献,商业往来和人才、技术的交流、引进,文化交流与互相通婚等,达到楚国境地与中原地区政治经济文化科技发展水平高度接近,呈现出楚文化与中原文化融合趋同的趋势。

虽然如此,乐器中的编钟毕竟还是存在一定的差异性。由于中原与南方两个地区地理环境与民族习俗的不同,编钟的使用各具自身特性。中原地区的编钟,西周中期出现甬钟三件成组,春秋早期纽钟、镈钟引入与改进,稍后甬钟、纽钟与镈钟组成的组合编钟盛行于各种大典中。在编钟纹饰上大多装饰正背两面相同的花纹,至春秋战国时期又流行半浮雕式的云纹、蟠虺纹等。一般说来,北方编钟形制、钟体比较粗短,枚也较短。而南方地区的编钟,在西周时期多为单件呈现,至春秋战国时期编钟编列逐渐增多。在纹饰上多为正面存在花纹背面未见花纹,正背两面花纹不同,素面钟所占比例较大。在编钟形制上钟体比较修长,甬钟的圆甬对照同时期的中原地区甬钟的圆甬显得略微细长,枚也较细长等。今天,考古界在长江中下游区域的楚、曾、蔡、吴、越等诸侯国的上层贵族墓中,均出土发掘出过诸多编钟。对照编钟的形制、编列、音列、音梁、纹饰、铭文等,可以推断这些编钟大致与中原地区出土发掘的编钟类似,应属于中原地区同期青铜编钟体系[1],体现出其文化属性的交融性。

① 陈振裕《中国先秦青铜钟的分区探索》,载湖北省博物馆、美国圣迭各加州大学、湖北省对外文化交流协会编《曾侯乙编钟研究》,湖北人民出版社1992年版,第109页。

1. 文化视域下的编钟

（1）西周晚期至春秋晚期编钟的革新

西周晚期，乐钟音乐性能的极大提高，提升了人们的欣赏能力与编钟文化的广泛推行。编钟文化受制于乐悬制度和礼乐制度的现象趋于被突破，纽钟从诞生即为9件成编，这是对乐悬制度和礼乐制度一次试探性的挑战，在某种程度上纽钟的变革引领了乐钟的革新，但并没有对整个编钟的革新产生深远的影响，直到春秋中期才显现出来革新的文化价值与内涵。

春秋中期，编钟礼乐制度体现了礼与乐在编钟演进中所起的作用。

①甬钟的变革。甬钟的变革出现在春秋中期，其编列打破8件成编，音列革新为"商"音的呈现，"宫—商—角—徵—羽"五声齐备；之后即呈现了六声、七声音列。音列的革新突破了周朝礼乐制度不用商声的限制，甬钟的音乐性能得到极大提高，强化了乐的功能，突出了编钟的文化属性。

②镈钟的变革。4件组编镈的出现是镈钟用制的一次重要转变。西周晚期，镈以三件成编，音列尚不成熟。春秋中期，镈钟音列逐渐清晰有序，以"宫—角—徵—羽"四声音列成编，编镈音乐性能显著提高。

③多元化组合编钟的形成和发展。多元化组合编钟诞生于春秋中期，其组合形式多变，即：有甬钟与镈的组合、甬钟与纽钟的组合、镈钟与纽钟的组合等不同形式、不同编列的组合。它有效地提高了编钟的音乐性能。组合使编钟的音域拓宽，音色更丰富，音列更丰满，编钟

的音乐性能大幅度提高。春秋中期，大型组合编钟出现了，许公墓编钟即是具有典型意义的大型组合编钟。大型组合编钟具有矛盾性格，既有"合制"的一面，也有革新的一面，"合制"是礼的惰性的体现，革新是乐的活力的体现。这种矛盾性格的博弈，表明了突破浪潮已经掀起，礼与乐矛盾的升级已势不可挡，西周以来的"乐悬制度"正在走向崩溃的边缘。

（2）郑国编钟革新与"郑声淫"

春秋中期，各地纽钟皆9件成编，但在郑国则不然，纽钟皆以10件成编，且规模庞大，郑国这一独特用制在春秋中期显得十分特别。笔者以为，这一突出现象与文献记载的"郑声淫"关系密切。孔子力排新兴的郑卫之音，认为"郑声淫"，因而"恶郑声之乱雅乐也"[1]。孔子之所言"淫"为何义？《书大禹谟》"罔淫于乐"，注曰："淫，过也。""郑声淫"所涉甚广，古今关注者众多，这里仅从音乐考古学的角度分析郑国编钟的"侈乐"现象，揭示郑国编钟演进的原动力。

"郑声淫"在郑国编钟上体现在多个方面：从编列上看，郑国的纽钟皆以10件成编，突破了8件、9件组编列常制，此应为"淫"的体现之一；从音列上看，8件组、9件组乐钟正、侧鼓音可构成五声、六声至七声音列，而郑国10件组乐钟的正、侧鼓音则可构成九声音列或十声音列，音列更为丰富多变，此应为"淫"的体现之二；从音域上看，以往乐钟编列的最低首音为"羽"或"徵"，郑国10件组乐钟的最低首音为"角"，使其音域更为宽广，突破"羽""徵"首音，此应为"淫"的体现

---

① ［清］阮元校刻《十三经注疏》，中华书局1980年版，第125页。

之三；从组合上看，河南新郑出土11套大型组合编钟的组合形式均为"10+10+4"，其中,2个"10"音高、音列重叠，其组合与编钟音乐性能的提高意义不大，既然音乐的意义不大，却又耗巨资组"宏"钟？这即是"以巨为美，以众为观"观念的具体体现，此应为"淫"的体现之四；在各地出土的编钟中，新郑的数量为最多，同地出土11套组合编钟，编钟总数达254件,声势浩大，规模空前，可为"淫"的体现之五。以上表明：春秋中期，郑国"乐"风极盛，僭越普遍，体现出倾国"淫"乐之风。有此五"淫"，又何畏惧"郑声淫"。

（3）许公墓编钟的变革与文化特性

许国在周初被受封为一方诸侯，在地理上位于周宗区域周边，周文化在许国占据着主导的地位。至春秋时期，许国备受郑国威迫，不得已依附楚国，故楚文化必然会渗透其政治、经济、文化各个领域。因此，许公墓编钟在其文化属性上也不可避免地受到了周宗礼乐文化与楚文化的双重影响。许公墓编钟独特的形制、编列、音列、纹饰、多元化组合等，彰显着春秋中期编钟的变革与极强的时代意义与历史文化价值。

①甬钟。从许公墓出土甬钟的纹饰所体现出文化特点看，其甬部的蝉纹，通常见于商周时期的青铜器上；旋纽部的重环纹和鼓部两组对称C形夔龙纹，在西周晚春秋早期的编钟上比较盛行。而在甬钟篆部装饰的S形斜角云纹则与西周时期编钟纹饰的比较，也为常见。但在钲部所饰的4组36个螺形枚，却体现出了完全的楚越文化的特性。这种钟枚为完全写实的河螺形，河螺为南方水域地区常见的水生动物，以"螺"形为钟枚，以往从未见于西周编钟，应为典型的、南方楚文

化的特征体现。另外，许公墓出土的甲、乙两组甬钟均为10件成编，这种编列较为少见，以往仅见于同时期出土发掘新郑东周祭祀遗址礼乐器坑的纽钟。新郑隶属中原区域，郑国的国都所在地，也是西周至春秋中原礼乐制度的最为典型的代表。新郑郑国祭祀遗址的礼乐器坑的纽钟属于2组同墓，10件成编，与许公墓甬钟在编列上完全相同。也可证实，许公墓甬钟文化属性与中原文化有着千丝万缕的关联。

②纽钟。许公墓纽钟的舞部与正鼓部的所饰的蟠螭纹、篆部所饰的斜角夔龙纹以及纽正背部装饰细雷纹，都高度地体现出厚重的商周文化特点。纽钟9件成编的编列现象与音列的承袭也具有典型的中原文化特征。然而纽钟同样呈现的螺形枚，彰显着楚越文化的特性。西周至春秋晚期，纽钟的9件成编在中原及楚、越区域最为流行，体现出中原文化和楚文化的双重属性。

③镈钟。许公墓两组镈钟最具特色。一组有脊无枚镈钟，在镈体前后左右分别置有一道扁体扉棱，扉棱并与钟纽的两端相互衔接，形成的"四翼"设置，显得豪华大气。镈钟最初始于湘赣流域一带的越人文化区域，至西周中晚期引入中原，其形制和纹饰发生改变，中原文化的因素逐渐占据主导地位，成为周礼乐体系中乐悬制度的重要组成部分。许公墓有脊镈钟的透雕形纹凤鸟与夔龙形纹完美结合，依附于有脊镈舞上繁纽。正背面皆装饰浮雕式蟠龙纹，十分抽象，与眉县杨家沟镈钟上的繁纽和扉棱的纹饰相吻合。至于镈钟的繁纽、扉棱、中脊上富有楚、越文化特色的鸟和虎的主题纹饰，逐渐被商周文化龙和凤所替代或融合，演变为夔、凤相结合的抽象透雕图案，也具有了鲜明的楚、越文化与浓厚的中原文化的双重特性。

（4）许公墓编钟多元化组合与唯一性

许公墓多元化组合编钟是融合中原文化与楚文化的集大成者，在中国青铜编钟发展史中具有非同寻常的价值和意义。由于许国所处的特殊地位、赢弱的综合国力，许人总是处于摇摆于楚、宋的两难境地，频繁的迁都与依附于楚的生存状态，使楚文化与中原文化的碰撞，造就了许公墓编钟的双重文化属性。从年代上讲，许公墓编钟的时代定位要早出湖北随州"曾侯乙编钟"100多年，是最早大型组合编钟的唯一先驱者；从形制上讲，许公墓有脊镈钟与无脊镈钟同出一墓，也是迄今为止在已知考古材料中的唯一一例；从音梁设计和调音技术上讲，在许公墓4件有脊编镈的内壁所存在清晰可见的调音设计和锉磨遗痕，是今天所见先秦有脊镈钟残留有调音痕迹的一个重要特例，也是唯一的一例；许公墓编钟的多元化组合现象，更是迄今为止所见到的唯一一套年代最早、形制最全、规模最大的多元化组合编钟。特别是两组不同形制的编镈，处在支撑低音位置，起到对整套编钟低音支持与烘托音乐的重要作用，在先秦乐悬制度文化中更显其庄严肃穆、宏伟庞大，符合中原礼乐文化的内涵。

许公墓编钟在极大程度上呈现出东周时期中原文化与楚国文化之间的碰撞与交流，体现出中原与楚越之间编钟的双重文化内涵。许公墓编钟的形制、规模、纹饰与多元化组合形式，极强地反映出春秋时期周代礼乐文化的僭越与突破的表象，也是至战国时期楚国出现宏伟壮观的大型组合编钟的雏形与思想僭越体现。从宏观的青铜编钟发展脉络上，许公墓37件多元化组合编钟具有极其重要的历史价值。

第四节　小结

许公墓的发现与编钟的出土,在中国音乐史上具有极为重要的价值,特别是对中国青铜编钟发展史的研究,具有不可替代的作用。其在艺术、科学与历史等领域均产生了较为深远的影响。

许公墓编钟的艺术价值,首先体现在其具有音乐内涵的编列与音列上。其纽钟以9件成编、甬钟以10件成编以及镈钟4件成编的形式,是典型的符合了中国青铜乐钟在编列发展中的一个重要例证。许公墓多元化组合编钟在编列数量上的突破与特性,彰显出春秋中期王公贵族根据自身审美需要,追求编钟以巨为美的恢宏气势的审美要求;在音列上,许公墓9件纽钟的音列为"微—羽—宫—商角—羽—商—角—羽",正鼓音构成五声音列,正侧鼓音构成七声音列,音列的扩大促使音域宽广,增强了纽钟的旋律感;甲、乙两组甬钟20件,其音域更为宽广,甬钟音域与有低音烘托作用的镈钟音域相连,使整套编钟音域横跨了5个八度。可见,许公墓编钟由不同钟型构成的独特的组合体系,使其音域宽广,高低音互补,音乐性能优良,构成了一套完整的艺术性能空前优越的青铜乐钟组合,具有极强的艺术价值。

许公墓编钟的科学价值,体现在其合金配比与铸造工艺上,是中国较早的青铜编钟铸造经验性卓越总结。它表明,当时的许人认识到金属成分与青铜的性能以及所铸器皿的用途之间的关系,能精确地控制铜、锡比例,得到性能各异、适于不同用途的青铜合金。合金原料的科学配比,加之钟壁厚度的合理设计,保证了其所铸编钟的音响效果及综合性能。不言而喻,许公墓编钟具有很高的科学价值,它不仅在形制纹饰、铸造工艺上要求精美、豪华，更在音律、音准、音色等方面设置精密，体现了高超的青铜乐钟设计及铸造艺术。在许公墓编钟的调音锉磨方面，其范围基本都向里延及音梁，不仅在八个典型位置上形成深度弧缺，而且使锉磨范围延及钟壁和音梁，使音梁呈现出与钟腔弧度相应的凹弧状，充分反映出此套编钟的铸造技术处于春秋初期青铜编钟铸造技术逐步规范与日臻成熟的发展阶段，显示在春秋早中期时青铜乐钟铸造水平，具有极高的科学价值。

周初的统治者吸取殷商亡国的教训，订制并实行了礼乐制度，以规范各级贵族的地位和等级，巩固奴隶主阶级的社会统治。统治阶级的所谓"制礼作乐"，制定了一整套十分烦琐的礼仪，严格规定了一套与之相配合的礼乐。不但礼治，而且乐治。"礼"处于核心地位，"乐"是维护礼的等级秩序。使礼乐合一，乐依附于礼，逐渐使得"乐"逐渐单调、枯燥、僵化。随着社会政治、经济及科技文化的发展，"乐"因自身的艺术规律而挣脱僵局，同时也迎合了社会的需求和贵族的享乐。新兴的民间俗乐逐渐兴起并广泛流行，礼乐制度中僵死的用乐制度逐渐被废弃和淡化。春秋时期出现"礼崩乐坏"的现象，在许公墓编钟的音列中明显存在。"商"音的出现即是一证。许公墓纽钟的音列排列为"五声音列"的设置，甬钟通过编钟件数的增加，在音列设计上添加了"商"音，使其正鼓音列可以构成六声、七声音列。可见"商"音的出现，表明了西周严格的"戒商"用乐制度在春秋编钟上的打破，周王朝等级森严的礼乐体系面临土崩瓦解。"僭越"现象还明显地体现在许公墓编钟的编列上，许公墓纽钟9件成编，似乎符合常制，但纽钟编列从诞生之初即僭越8件常制规范；甲、乙两组甬钟，10件成编，完全不符合西周乐制，反映出甬钟明显的变革思想；包括两种形制的8件编镈，8件编镈同出一墓的现象，率先打破了春秋中期4件组镈钟的常态，这些现象都涉嫌蕴含了"僭越"的意象。从许公墓编钟形制纹饰的斜角云纹、蟠螭纹、夔龙纹等均彰显着春秋时期厚重的中原文化特色。但是，在许公墓37件编钟其中的33件钟上所饰典型的"螺"形枚，又清楚地彰显着楚越文化的地域特色。从文化属性上分析，许公墓编钟所蕴含的文化现象，具有强烈的中原文化与楚文化的交融性。整套许公墓编钟所透射出的春秋时期"礼乐"文化、制度与青铜编钟的发展脉络之现象，彰显了该时期社会制度的嬗变与各国文化间的频繁交流与碰撞，具有重要的史学价值。

整套许公墓编钟的组合形式，是目前出土年代最早、形制最全、规模最大的多元化组合编钟，在中国青铜乐钟发展史中具有重要的里程碑式的标尺性作用，为研究中国音乐发展史，特别是中国青铜编钟发展史，提供了极为珍贵的实物资料。

结语

    2002年叶县春秋许公墓编钟的发现，是中国音乐考古史上的一件值得关注的大事件，许公墓编钟在我国青铜编钟发展史上具有十分重要的意义。对许公墓出土编钟进行深入细致的综合性研究，对于厘清许国历史在两周时期的发展脉络，以及青铜乐钟在两周时期各诸侯国间的演变之轨迹，直至包括中国古代"礼乐制度"在春秋时期的演变与发展进程的探索，都具有重要的学术价值。本文以许公墓编钟的考古发现为切入点，运用考古材料与历史文献相结合的研究方法，并参考相关学科的研究成果，对许公墓出土的甬钟、纽钟、镈钟之文化特征、编列、音列等分别进行音乐考古学分析研究，对该套编钟的音律、音梁结构、调音手法与组合现象进行了较为详细的剖析，以图阐明其蕴涵的历史、文化、艺术、科学价值以及文化属性。

    本书从较新的视角和标准，评述了许公墓青铜编钟音乐艺术价值。主要通过与历年出土的西周晚期至春秋晚期诸编钟的对比分析，考究许公墓编钟在中国青铜编钟发展史和音乐史上的艺术价值。其中的突出表现有纽钟的9件成编，音列承袭常制，纽钟整体音域宽广，音乐性能俱佳；甬钟的10件成编，音列拓展，音级数量增多，突破了8件制编列，呈现出叶县甬钟独有的编列现象；两组不同形制的镈钟，体现了组合上的独特形式。5组乐钟之间，各具特色又自成一体，衔接自然，至善至美。

本书通过对许公墓编钟在其形制音梁结构的设置、金属含量配比和铜锡定量的控制，以及其调音手法的使用和铸造、冶炼技术的进步等方面的分析，论述了许公墓编钟在科学、技术等方面的先进性。研究显示出许公墓编钟的铸造技术已处于东周早期青铜铸造技术日臻成熟的发展阶段，具有很高的学术与历史价值。

许公墓出土青铜兵器中铭文"许公宁戈"，以表明断该墓的主人应是春秋中期的许国国君许公宁。通过对许公墓编钟的综合研究，考证了其铸造的年代。把许公墓编钟与各地考古出土的诸多属于西周晚期至春秋晚期的编钟的编列、音列与纹饰进行比较剖析，确定此套编钟的铸造年代应为春秋中期早段。文章指出，许公墓编钟是中国大型青铜编钟发展史上的一个独有的重要标本，在青铜乐钟组合演变发展中起到承上启下的作用，是促使形成战国初期辉煌大型组合编钟形成的雏形，也是目前所见中国青铜编钟史上春秋时期出现的一个形制最全的组合编钟。在中国先秦青铜编钟发展史上，具有十分重要的地位，为相关的研究提供珍贵的实物史料。

春秋时期，许国地理位置十分独特，即位于"中原之中"。其北邻郑国，南邻楚国，西有秦、晋，东有曹、宋等国。许国的政治、经济、科技文化，往往随着周边一些强大的诸侯国的波动而波动。多种文化碰撞、交汇，许国深受其影响。在周初以往逐步完善起来的礼乐制度中，"乐"实质依附于"礼"。"乐"的内核即是乐悬制度，以钟磬为主要内容的乐悬制度中，编钟的分量更重。编钟的使用，显示着各级贵族的名分、等级和权利。至春秋，社会上呈现"礼制崩坏"的现象。在许公墓编钟上也有深刻的表现。如编钟的音律中"商"声的呈现和"徵不上正鼓"传统观念的突破，以及编列的打破常制等。许公墓编钟中"商"声出现在甬钟上，"徵"上正鼓，甬钟10件成编等，均突破了春秋早期8件制甬钟的常态。同时，许公墓编钟深受中原文化与楚文化的双重影响。一方面，许公墓出土的8件镈钟分二组，4件成编，不同钟型的有脊镈与无脊镈一并摆列；甲、乙二组甬钟10件成编，在音乐中承担表演旋律的功能；纽钟编列音列承袭常制，这些均在一定意义上呈现出了中原文化特性。另一方面，其甬钟、纽钟、无脊镈钟纹饰上的螺旋形枚的出现，又显示出了清楚的楚文化的特征。可知，春秋时期的许国受到中原文化与楚文化的双重影响，体现出了当时周、楚文化交融的历史真实面貌。

虽然本书对许公墓编钟进行了较为系统的综合研究，但鉴于许国在历史文献记载中的相对缺乏、许公墓出土器物较为残破、许公墓编钟研究资料相对零散、文物保护政策限制等因素，研究过程中难免存在管中窥豹仅见一斑之嫌。如对许公墓编钟金属含量的测试，只是针对镈钟上部扉棱残件部位，无法作心材取样，故所作有关其金属成分的定量分析尚存缺憾。此外，从许公墓编钟编列组合的特性所彰显出的多钟型的组合现象与其早期的编悬上的变化之关系，还须做进一步的探讨分析。特别是其整套编钟上整齐划一的36个螺旋形枚的文化属性与发展脉络，值得进行认真的解读。铸造编钟的金、锡配比与不同区域的矿料成分分析，涉及对乐钟音色的影响，对铜料的来源的追索等课题，尚有继续探讨的余地。

参考文献

一、历史文献

1.《左传》,《十三经注疏》本,中华书局1980年版。

2.《公羊传》,《十三经注疏》本,中华书局1980年版。

3.《尚书》,《十三经注疏》本,中华书局1980年版。

4.《论语》,《十三经注疏》本,中华书局1980年版。

5.《诗经》,《十三经注疏》本,中华书局1980年版。

6.《周礼》,《十三经注疏》本,中华书局1980年版。

7.《仪礼》,《十三经注疏》本,中华书局1980年版。

8.《礼记》,《十三经注疏》本,中华书局1980年版。

9.《国语》,上海古籍出版社1988年版。

10.[汉]司马迁《史记》,中华书局1959年版。

11.[汉]刘向《战国策》,上海古籍出版社1985年版。

12.[汉]班固《汉书》,中华书局1999年版。

13.[汉]许慎《说文解字》,中州古籍出版社2006年版。

14.[唐]何超《晋书音义》,中华书局1974年版。

15.[宋]陈旸《乐书》,台湾商务印书馆1986年版。

16.[宋]吕大临《考古图》,《宋人著录金文丛刊》,中华书局2005年版。

17.[宋]王厚之《钟鼎款识》,《宋人著录金文丛刊》,中华书局2005年版。

18.[清]阮元《十三经注疏》,中华书局1980年版。

19.[清]孙诒让《周礼正义》,中华书局1987年版。

20.袁珂《山海经校注》,上海古籍出版社1980年版。

21.吕不韦《吕氏春秋》,上海古籍出版社1980年版。

22.顾栋高《春秋大事表》,中华书局1993年版。

二、著作

1.陈梦家《中国铜器概述》,载《海外中国铜器图录》,北平图书馆1946年版。

2.陈梦家《西周铜器断代》,中华书局2004年版。

3.陈昌远《历史地理与中国古代史研究》,河南人民出版社2009年版。

4.陈荃有《中国青铜乐钟研究》,上海音乐出版社2005年版。

5.陈双新《两周青铜乐器铭辞研究》,河北大学出版社2002年版。

6.陈戌国《中国礼制史·先秦卷》,湖南教育出版社2002年版。

7.陈应时《中国乐律学探微》,上海音乐学院出版社2004年版。

8.崔宪《探律集》,上海音乐学院出版社2004年版。

9.戴念祖《中国的钟及其在文化史上的意义》,四川人民出版社1986年版。

10.杜石然《中国科学技术史稿》(上册),科学出版社1982年版。

11.段勇《商周青铜器幻想动物纹研究》,上海古籍出版社2003年版。

12.范文澜《中国通史》人民出版社1978年版。

13.范毓周《殷墟文化与商代文明,》江苏教育出版社2005年版。

14.方建军《地下音乐文本的读解》,上海音乐学院出版社2006年版。

15.方建军《商周乐器文化结构与社会功能研究》,上海音乐学院出版社2006年版。

16.高至喜《商周青铜器与楚文化研究》岳麓书社1999年版。

17.郭德维《楚系墓葬研究》湖北教育出版社1995年版。

18.郭沫若《两周金文辞大系图录考释》科学出版社1957年版。

19.顾德融、朱顺龙《春秋史》,上海人民出版社2003年版。

20.韩宝强《音的历程》,中国文联出版社2003年版。

21.何浩《楚灭国研究》,武汉出版社1989年版。

22.黄翔鹏《中国人的音乐和音乐学》,山东文艺出版社1997年版。

23.黄翔鹏《乐问》,中央音乐学院出版社2000年版。

24.孔义龙《西周编钟音列研究》,文化艺术出版社2008年版。

25. 李纯一《先秦音乐史》，人民音乐出版社2005年版。

26. 李纯一《中国古代音乐史稿》（第一分册），人民音乐出版社1958年版。

27. 李纯一《中国上古出土乐器综论》，文物出版社1996年版。

28. 李学勤《东周与秦代文明》，文物出版社1984年版。

29. 李学勤《中国古代文明十讲》，复旦大学出版社2003年版。

30. 李学勤《走出疑古时代》，辽宁大学出版社1997年版。

31. 李民《中原文化大典总论》，中州古籍出版社2008年版。

32. 刘清河、李锐《先秦礼乐》，云龙出版社1995年版。

33. 马承源《中国青铜器》，上海古籍出版社2005年版。

34. 缪天瑞《律学》（第三次修订版），人民音乐出版社1996年版。

35. 钱 穆《古史地理》，三联书店2004年版。

36. 容 庚《殷周青铜器通论》，文物出版社1984年版。

37. 谭其骧《中国历史地图集》，中国地图出版社1982年版。

38. 沈文倬《宗周礼乐文明考论》，浙江大学出版社1999年版。

39. 邵晓洁《楚钟研究》，人民音乐出版社2010年版。

40. 施劲松《长江流域青铜器研究》，文物出版社2003年版。

41. 史昌友《灿烂的殷商文化》，中国社会科学出版社2006年版。

42. 孙英民、李友谋《中国考古学通论》，河南大学出版社1999年版。

43. 王辉《商周文化比较研究》，人民出版社2000年版。

44. 王国维《观堂集林》，中华书局1959年版。

45. 王国维《古史新证》，清华大学出版社1994年版。

46. 王洪军《钟律研究》，上海音乐学院出版社2007年版。

47. 王美凤、周苏平《春秋史与春秋文明》，上海科学技术文献出版社2007年版。

48. 王清雷《西周乐悬制度的音乐考古学研究》，文物出版社2007年版。

49. 王子初《中国音乐考古学》，福建教育出版社2003年版。

50. 王子初《音乐考古》，文物出版社2006年版。

51. 王子初《残钟录》，上海音乐学院出版社2004年版。

52. 闻人军《考工记译注》，上海古籍出版社1993年版。

53. 徐少华《周代南土历史地理与文化》，武汉大学出版社1994年版。

54. 徐中舒《甲骨文字典》，四川辞书出版社2003年版。

55.杨华《先秦礼乐文化》，湖北教育出版社1997年版。

56.杨宽《西周史》，上海人民出版社1999年版。

57.杨荫浏《中国音乐史纲》，人民音乐出版社1995年版。

58.杨荫浏《中国音乐史稿》（上、下），人民音乐出版社1981年版。

59.杨志刚《中国礼仪制度研究》，华东师范大学出版社2001年版。

60.尹盛平《周原文化与西周文明》，江苏教育出版社2005年版。

61.印群《黄河中下游地区的东周墓葬制度》，社会科学文献出版社2001年版。

62.张光直《考古学》，辽宁教育出版社2002年版。

63.张光直《中国考古学论文集》，三联书店1999年版。

64.张光直《中国青铜时代》，三联书店1999年版。

65.张光直《美术、神话、与祭祀》，辽宁教育出版社2002年版。

66.张双棣《吕氏春秋译注疏》，吉林文史出版社1987年版 。

67.朱凤瀚《中国青铜器综论》，上海古籍出版社2009年版。

68.朱文玮、吕琪昌《先秦乐钟之研究》，南天书局1994年版。

69.太原市文物考古研究所编《晋国赵卿墓》，文物出版社2004年版。

70.江西省博物馆、江西省文物考古研究所、新干县博物馆编《新干商代大墓》，文物出版社1997年版。

71.山西省考古研究所编《上马墓地》，文物出版社1994年版。

72.湖北省博物馆编《曾侯乙墓》，文物出版社1989年版。

73.湖北省荆州博物馆编《荆州天星观二号楚墓》，文物出版社2003年版。

74.河南省文物研究所编《淅川下寺春秋楚墓》，文物出版社1991年版。

75.河南省文物考古研究所编《新郑郑韩故城的郑国祭祀遗址》，大象出版社2006年版。

76.河南省文物考古研究所、三门峡市文物工作队编《三门峡虢国墓地》，文物出版社1999年版。

77.河南博物院、台北国立历史博物馆编《新郑郑公大墓青铜器》，大象出版社2001年版。

78.河南博物馆、台北国立历史博物馆编《辉县琉璃阁甲乙二墓》，大象出版社2003年版。

79.上海博物馆青铜器研究组编《商周青铜器纹饰》，文物出版社1984年版。

80.陕西省文物局、中华世纪坛艺术馆编《盛世吉金——陕西宝鸡眉县青铜器窖藏》,北京出版社2003年版。

81.中国科学院考古研究所编《上村岭虢国墓地,》科学出版社1959年版。

82.中国社会科学院语言研究所词典编辑室编《现代汉语词典》,商务印书馆2006年版。

83.中国音乐文物大系总编辑部编《中国音乐文物大系·江苏 上海卷》,大象出版社1996年版。

84.中国音乐文物大系总编辑部编《中国音乐文物大系·湖北卷》,大象出版社1996年版。

85.中国音乐文物大系总编辑部编《中国音乐文物大系·河南卷》,大象出版社1996年版。

86.中国音乐文物大系总编辑部编《中国音乐文物大系·天津 陕西卷》,大象出版社1996年版。

87.中国音乐文物大系总编辑部编《中国音乐文物大系·北京卷》,大象出版社1996年版。

88.中国音乐文物大系总编辑部编《中国音乐文物大系·四川卷》,大象出版社1996年版。

89.中国音乐文物大系总编辑部编《中国音乐文物大系·山西卷》,大象出版社2000年版。

90.中国音乐文物大系总编辑部编《中国音乐文物大系·山东卷》,大象出版社2001年版。

91.中国音乐文物大系总编辑部编《中国音乐文物大系·湖南卷》,大象出版社2006年版。

92.中国音乐文物大系总编辑部编《中国音乐文物大系II·湖南卷》,大象出版社2006年版。

93.中国音乐文物大系总编辑部编《中国音乐文物大系·江西 续河南卷》,大象出版社2009年版。

三、论文

1.安金槐《新干青铜器的重大发现,揭开江南商代考古新篇章》,《中国文物报》1990年12月。

2.蔡全法《新郑金城路铜器窖藏性质及其若干问题》,载《河南文物考古论集（二）》,中州古籍出版社2000年版。

3.曹发展、陈国英《咸阳地区出土青铜器》,《考古与文物》1981年第1期。

4.陈双新《青铜钟镈起源研究》,《中国音乐学》2002年第2期。

5.陈昌远《许国始封地望及其迁徙的历史地理问题》,《中国历史地理论丛》1993年第4期。

6.陈朝云《商周中原文化对长江流域古代社会文明化进程的影响》,《学术月刊》2006年第7期。

7.陈公柔、张长寿《殷周青铜容器上鸟纹的断代研究》,《考古学报》1984年第3期。

8.陈荃有《繁盛期青铜乐钟的编列研究》（上）,《艺术研究》2001年第2期。

9.陈荃有《繁盛期青铜乐钟的编列研究》（下）,《艺术研究》2001年第3期。

10.陈荃有《西周乐钟的编列探讨》,《中国音乐学》2001年第3期。

11.陈 艳《许灵公墓出土编钟音乐文化因素分析》,《中原文物》2011年第2期。

12.戴念祖《中国的编钟及其在科技史上的意义》,《自然辩证法通讯》1981年第1期。

13.戴念祖《中国编钟的过去和现在的研究》,《中国科技史料》1984年第1期。

12.戴吾三、高厚《〈考工记〉的文化内涵》,《清华大学学报（哲学社会科学版）》1997年第2期。

15.方建军《两周铜镈综论》,《东南文化》1994年第1期。

16.方建军《秦子镈同出钟磬研究》,《中国音乐学》2010年第4期。

17.方建军《子犯编钟音列组合新说》,《交响》2011年第1期。

18.方建军、郑中《洛庄汉墓14号陪葬坑编磬的组合、编次和音阶》,《中国音乐学》2007年第4期。

19.冯光生《周代编钟的双音技术及钟的双应用》,《中国音乐学》2002年第1期。

20.冯光生《曾侯乙编钟若干问题浅论》,《黄钟》1988年第4期。

21.冯光生、谭维四《关于曾侯乙编钟钮钟音乐性能的浅见——兼与王湘同志商榷》,《音乐研究》1998年第1期。

22.冯卓慧《商周镈研究》,中国艺术研究院2008年博士论文。

23.高 明《中原地区东周时代青铜礼器研究》,《考古与文物》1981年第2—4期。

24.高西省《西周早期甬钟比较研究》,《文博》1995年第1期。

25.高西省《青铜钟的形制、用途及其他》,《交响》1990年第2期。

26. 何光岳《许国的形成和迁徙》,《许昌师专学报(社会科学版)》1984年第1期。

27. 黄翔鹏《中国古代音乐史的分期研究及有关新材料、新问题》,载《乐问》,中央音乐学院学报社2000年版。

28. 黄翔鹏《中国传统乐学基本理论的若干简要提示》,《民族民间音乐》1986年第3期。

29. 黄翔鹏《中国传统乐学基本理论的若干简要提示(续)》,《民族民间音乐》1986年第4期。

30. 黄翔鹏《中国传统音调的数理逻辑关系》,《中国音乐学》1986年第2期。

31. 黄翔鹏《新石器和青铜时代的已知音响资料与我国音阶发展史问题》(上、下),《音乐论丛》1978年第1、3期。

32. 黄翔鹏《先秦音乐文化的光辉创造——曾侯乙墓的古乐器》,《文物》1979年第7期。

33. 黄翔鹏《均钟考——曾侯乙五弦器研究》(上),《黄钟》1989年第2期。

34. 黄翔鹏《均钟考——曾侯乙五弦器研究》(下),《黄钟》1989年第2期。

35. 胡悦谦《安徽省宿县出土两件铜乐器》,《文物》1964年第7期。

36. 蒋定穗《中国古代编钟论纲》,《中国音乐》1995年第1期。

37. 孔义龙《河南叶县旧县4号墓编钟考察记》,《人民音乐》2007年第2期。

38. 孔义龙《西周早中期甬钟音列及其数理特征》,《中国音乐学》2005年第3期。

39. 孔义龙《西周晚期甬钟音列的定型及其设置规范》,《音乐研究》2007年第1期。

40. 孔义龙《20世纪编钟音列研究述评》,《交响》2006年第4期。

41. 孔义龙《试论春秋编镈与钮钟正鼓音列"4+10"的接合形态》,《星海音乐学院报》2007年第4期。

42. 孔义龙《试论春秋编镈与钮钟正鼓音列"8+9"的接合形态》,《星海音乐学院学报》2008年第3期。

43. 李纯一《曾侯乙编钟的编次与乐悬》,《音乐研究》1985年第2期。

44. 李幼平《楚系乐器组合研究》,《黄钟》1992年第1期。

45. 李学勤《试论楚公逆编钟》,《文物》1995年第2期。

46. 李零《楚公逆镈》,《江汉考古》1986年第2期。

47. 刘怀君《眉县杨家村西周窖藏青铜器的初步认识》,《考古与文物》2003年第3期。

48. 刘绪《晋侯邦父与楚公逆编钟》,载《长江流域青铜文化研究》,科学出版社

2002年版。

49.卢连成、杨满仓《陕西宝鸡县太公庙村发现秦公钟、秦公镈》,《文物》1978年第11期。

50.刘勇《何为"同均三宫"——"同均三宫"研究综述》,《音乐研究》2000年第3期。

51.[德]罗泰《论江西新干大洋洲出土的青铜乐器》,《江西文物》1991年第3期。

52.马承源《商周青铜双音钟》,《考古学报》1981年第1期。

53.马得志《一九五三年安阳大司空村发掘报告》,《考古学报》1955年第9期。

54.彭适凡《赣江流域出土商周铜铙和甬钟概述》,《南方文物》1998年第1期。

55.秦序《先秦编钟"双音"规律的发展与研究》,《中国音乐学》1990年第3期。

56.仇凤琴《商周镈之考古学研究》,《文物春秋》2004年第1期。

57.邵晓洁《楚钟的纹饰及其礼乐内涵》,《中国音乐学》2008年第3期。

58.孙清远、廖佳行《河南平顶山发现西周甬钟》,《考古》1988年第5期。

59.唐兰《古乐器小记》,《燕京学报》1933年第14期。

60.唐兰《西周铜器断代中的"康宫"问题》,《考古学报》1962年第1期。

61.唐兰《关于大克钟》,载《出土文献研究》,文物出版社1985年。

62.童忠良《〈考工记〉中声学知识的数理诠释》,《浙江大学学报（理学版）》1982年第4期。

63.王洪军《出土东周中原体系青铜编钟编制区域特征探讨》,《黄钟》2000年第3期。

64.王洪军《测音数据在编钟律制研究中的可信度分析》,《音乐艺术》2005年第2期。

65.王世民《春秋战国葬制中乐器和礼器的组合状况》,载《曾侯乙编钟研究》,湖北人民出版社1992年。

66.王清雷《从山东音乐考古发现看周代乐悬制度的演变》,中国艺术研究院2002年博士论文。

67.王友华《先秦大型组合编钟研究》,中国艺术研究院2009年博士论文。

68.王子初《晋侯稣编钟的音乐学研究》,《文物》1998年第5期。

69.王子初《河南叶县旧县四号春秋墓出土的两组编镈》,《文物》2007年第12期。

70.王子初《洛庄汉墓出土乐器述略》,《中国历史文物》2002年第4期。

71.王子初《河南叶县出土编钟印象》,《湖南省博物馆馆刊》待刊。

72.王子初《礼乐重器镈的发掘与研究》,载《中国音乐考古学》,福建教育出版社2003年版。

73. 王子初《太原晋国赵卿墓铜编镈和石编磬研究》,载《残钟录》,上海音乐学院出版社2004年版。

74. 王子初《郑国祭祀遗址出土编钟的考察和研究》,载《新郑郑国祭祀遗址》,大象出版社2006年版。

75. 王子初《山西太原金胜村251号大墓出土编镈的乐学研究》,《中国音乐学》1991年第3期。

76. 王子初《中国青铜乐钟的音乐学断代——钟磬的音乐考古学断代之二》,《中国音乐学》2000年第1期。

77. 王子初《音乐测音研究中的主观因素分析》,《音乐研究》1992年第3期。

78. 王子初《纽钟》(上),《乐器》2003年第11期。

79. 王子初《纽钟》(下),《乐器》2003年第12期。

80. 王子初《新郑东周祭祀遗址1、4号坑编钟的音乐学研究》,《文物》2005年第10期。

81. 王子初《石磬的音乐考古学断代》,《中国音乐学》2004年第2期。

82. 王子初,邵晓洁《叶县旧县4号墓编钟的音律分析》,《音乐研究》2008年第4期。

83. 巫鸿《"明器"的理论与实践——战国时期礼仪美术中的观念化倾向》,《文物》2006年第6期。

84. 闻人军《〈考工记〉中声学知识的数理诠释》,《浙江大学学报(理版)》1982年第4期。

85. 杨涛《先秦青铜镈研究》,《黄钟》1993年第3期。

86. 杨文胜《春秋时代"礼崩乐坏"了吗?》,《史学月刊》2003年第9期。

87. 杨书娟《商周时期青铜器上的纹饰——兽面纹浅析》,《苏州工艺美术职业技术学院学报》2011年第1期。

88. 杨晓能《商周青铜器纹饰和图形文字的含义及功能》,《文物》2005年第6期。

89. 袁艳玲《楚公豪钟与早期楚文化》,《文物》2007年第3期。

90. 殷玮璋、曹淑琴《长江流域早期甬钟的形态学分析》,载《文物与考古论集》,文物出版社1986年版。

91. 夏鼐《沈括与考古学》,《考古学报》1974年第2期。

92. 许同莘《许国史地考证》,《东方杂志》第41卷第18号。

93. 徐少华《许国铜器及其历史地理研究》,《江汉考古》1994年第3期。

94. 徐少华《古厉国历史地理及其相关问题》,《江汉论坛》1987年第3期。

95.徐少华《〈水经注·丹水篇〉错简考订——兼论古析县、丹水县的地望》,《中国历史地理论丛》1988年第4期。

96.薛艺兵《论礼乐文化》,《文艺研究》1997年第2期。

97.郑祖襄《河南淅川下寺2号楚墓王孙诰编钟乐律学分析》,《音乐艺术》2005年第2期。

98.郑荣达《刍议"同均三宫"》,《黄钟》2001年第4期。

99.邹衡《有关新干出土青铜器的几个问题》,《中国文物报》1990年12月。

100.张光直《商周青铜器上的动物纹样》,载《中国青铜时代》,三联书店1983年版。

101.张懋镕《殷周青铜器埋藏意义考述》,载《古文字与青铜器论集》,科学出版社2002年版。

102. Lothar von Falkenhausen.*Suspended Music: Chime-Bells in the Culture of Bronze Age China*,Berkeley:University of California,1994.

103.河南省平顶山市文物管理局、叶县文化局《河南叶县旧县四号春秋墓发掘简报》,《文物》2007年第9期。

104.河南省文物考古研究所《河南新郑市郑韩故城郑国祭祀遗址发掘简报》,《考古》2000年第2期。

105.河南省博物馆新郑工作站等《河南新郑郑韩故城的钻探与试掘》,《文物资料丛刊》1980年第3辑。

106.山西省文物工作委员会晋东南工作组、长治市博物馆《长治分水岭269、270号东周墓》,《考古学报》1974年第2期。

107.山西省文物管理委员会侯马工作站《山西侯马上马村东周墓葬》,《考古》1963年第5期。

108.山东大学历史文化学院考古系《长清仙人台五号墓发掘简报》,《文物》1998年第9期。

109.山东省博物馆、临沂地区文化组、莒南县文化馆《莒南大店春秋时期莒国殉人墓》,《考古学报》1978年第3期。

110.山东省文物考古研究所、沂水县文管站《山东沂水刘家店子春秋墓发掘简报》,《文物》1984年第9期。

111.山东大学历史文化学院考古系《长清仙人台五号墓发掘简报》,《文物》1998年第9期。

附录

叶公好龙　许公宝钟
——读陈艳《春秋许公墓青铜编钟研究》

王子初

　　河南叶县，古代寓言"叶公好龙"的发生地。2002年，春秋许灵公墓在这里发现，墓中出土了一套巨型编钟，震撼了学术界！叶公好龙虽脍炙人口，毕竟是寓言，编钟则为许公生前所宝，展示在人们面前的是一个真实的世界！这是陈艳的博士学位论文《春秋许公墓青铜编钟研究》选取的特定研究对象，值得关注。

　　先秦音乐史的研究，离不开对西周礼乐制度的研究。"乐悬"制度是西周礼乐制度的重要组成部分，而编钟则又是乐悬的主体。编钟在礼乐制度中被赋予的特殊含义显而易见，它不但具有礼器与乐器功能，还往往蕴含着先秦时期的政治、经济、文化、艺术、科技等方面的学术价值。叶县许公墓编钟在众多出土的先秦同类乐器中，有其独特的意义。作为陈艳的指导教师，我建议她将许公墓编钟作为其博士学位论文的选题，有着这样一些深层的考虑。

　　公元1978年，被国际学者誉为"世界第八大奇迹"的曾侯乙编钟出土了！人们由之确认了中国青铜时代一项伟大的音乐科学发明——先秦编钟的双音铸调技术的存在！曾侯乙钟铭揭示出数代学者在长达大半个世纪建立起来的一部中国先秦音乐史，实际上充斥着对先秦社会音乐生活面貌的无知和误解。气势磅礴的曾侯乙编钟，是人类创造的最伟大的青铜艺术作品！它由多达65件单体编钟组成，以甬钟、纽钟及镈等不同钟型，组合成了三层八组的恢宏构架。在目睹了它的奇姿雄貌之余，一个思考油然而生：如此一套人类青铜时代乐钟的巅峰之作，它是从哪里来的？

我在《中国青铜乐钟的音乐学断代》(《中国音乐学》2007年第1期）一文中，首次面对曾侯乙编钟提出了"大型组合编钟"这一概念。曾侯乙编钟不是某一天突然从天上掉下来的，中国青铜乐钟发展到曾侯乙编钟这样的"大型组合编钟"阶段，应该有其发展的历史踪迹可寻。山西襄汾陶寺遗址出土的红铜铃，为目前所知最早的金属铸造的乐器，时间可追溯到公元前2500年至公元前1900年。从陶寺铜铃到西汉后期青铜编钟的衰落，两千余年的漫长的演进，使青铜乐钟走过了由简单、粗糙到复杂、精致的历程，也经历了从单件到几件成编的简单组合，最后形成规模庞大的多钟型的大型组合编钟的形式。基于这一思想，我在2007年前后，指导另外一位博士研究生王友华，完成了《先秦大型组合编钟研究》（中国艺术研究院2009年博士学位论文）一文。论文通过中国青铜乐钟由粗陋的陶寺铜铃演进到气势宏伟的曾侯乙编钟的全过程，系统地阐述了大型组合编钟这一青铜乐钟的特殊形式及其深刻的社会成因，为认识先秦青铜乐钟的发展提供了一个历时研究的切入点，成为贯穿各类青铜乐钟研究的一条总纲。

学术永无止境。中国大型组合编钟的研究，有着继续向纵深发展的前景，除了宏观考察，更须有微观研究。2002年春，河南省平顶山市叶县旧县乡常庄村许公墓编钟的出土为这一研究的继续深入，提供了契机。虽然许公墓中绝大部分随葬物品已经被盗，但在墓中的青铜礼乐器部分尚存。其中包括编钟、编镈、撞钟杖首、编磬及磬架饰件、建鼓座等音乐文物56件。其中最为引人注目的，即是由甬钟、纽钟和两种形制的镈（有脊镈和无脊镈）组合而成的37件套大型青铜组合编钟。毫无疑问，在伟大的曾侯乙编钟出现的前夜，许公墓编钟忽然拔地而起，在中国大型组合编钟的发展历程上，平地又矗立出一座丰伟的里程碑！其在中国青铜乐钟史上，无疑有着不可忽视的一席之地！

许公墓编钟的出土，正为陈艳的博士学位论文提供了一个选题的天赐良机！

经过了数年的努力和艰辛，陈艳博士学位论文《春秋许公墓青铜编钟研究》终于完成了。尽管如许公墓编钟这样一个专题研究，事前我已有所考虑，但读完陈艳的论文，还是深感意外。她的研究，无论是研究方法的把握、角度的创新，还是史料的丰富，论述之详尽，均大大超乎我的预期。

就中国青铜乐钟发展史的角度，作者在对许公墓编钟的技术分析上，没有少下笔墨。许公墓全套编钟37件，可分为5组。其中，纽钟一组9件；甬钟分甲、乙两组，每组10件，共20件；编镈也分两组，每组4件，共8件（一组是椭圆体无枚有脊编镈，另一组是合瓦体有枚无脊编镈）。许公墓编钟的组合类型，在目前已知先秦编钟资料中前所未见。其规模之大，仅次于曾侯乙编钟；其年代之久远，则比曾侯钟要早出百年之久，堪称是中国音乐考古学上又一重大发现。许公墓编钟是春秋时期的组合式编钟，可以说，它代表了这个时代青铜乐钟的最高成就。它的发现，为研究西周以来的青铜乐钟发展史，提供了一个历史时期的里程碑式的标本，它保留了大量编钟在设计铸造手法、音乐音响性能等方面弥足珍贵的技术资料。

正如陈艳在书中指出的，4件成编有脊编镈是迄今为止所见有脊编镈中有残留调音痕迹的特例，此组编镈的内壁有着明显的调音设计和锉磨遗痕，这表明它们设计铸造初衷是作为实用乐器，而非明器。通过编钟音乐性能分析也可看出，尽管由于种种原因导致其音乐性能不甚完好，但从其音域的衔接与共同的调音锉磨手法上，也清楚表明这是一套地道的实用乐器。叶县编镈的一大特色，是将4件有脊镈与4件无脊镈同时摆列，却又分属两组，其一方面展示出中原组合编钟的有脊镈和无脊镈共同具备的音乐功能与实用性，同时也彰显出其与春秋时期中原礼乐文化之关联，体现了许国乐悬的特色。

作者的研究发现，许公墓纽钟以9件成编，是两周至春秋晚期中原核心地带及楚文化地区较为典型的共有组合模式，而甬钟却采用了10件成组的编列形式，构成了全套编钟中最重要的旋律钟组。这种现象，于周于楚均不多见，似为许国自身的特色。作者进一步研究发现，大量同时期出土的河南新郑郑韩故城郑国祭祀遗址出土的、多达11套编钟中的各组纽钟，却也无独有偶，均作10件成编，构成了旋律钟组。显而易见，许公墓编钟的甬钟编列，蕴含着中原地区一种典型的礼乐规制。从墓葬出土编钟的规模、性能、品种与形制等情况，可以窥见春秋时期之许国，深受周宗礼乐文化与楚文化的双重影响，从而体现在编钟独具特色的形制组合上，反映了春秋早中期极强的时代意义与历史文化价值。显然，许公墓编钟所折射出的春秋早中期青铜乐钟的某些现象，对研究我国春秋时期大型组合青铜编钟的演变历程与礼乐制度的嬗变,具有重要的历史价值。

陈艳对许公墓编钟的研究,并没有拘泥于对研究对象自身的技术分析,而是将其放置于春秋许国所处的时代背景之下。通过研究,对春秋初期、中期的中原文化与楚文化碰撞与交融,得到了一个系统、全面的认识,也对春秋时期礼乐制度由盛转衰的演变脉络,勾勒出了一个较为清晰的面貌。更重要的是,许公墓编钟的形制与组合,是我国大型青铜编钟发展史上的一个重要转折与过渡,是促使战国时期大型编钟形成的雏形,也是目前我国大型青铜编钟资料中唯一所见钟形最全的组合编钟。这些都将对重新认识春秋时期社会政治、经济、文化乃至音乐艺术、冶金科技等,起到重要的作用。

春秋许国,是一个备受大国挤压而最终寄于楚人篱下的小国,历史文献的记载较少,但由于其在周宗始封时的身份及所处的地理位置,曾有过不寻常的地位。关于许国的始封地与频繁的迁徙历程,曾引起许多专家学者的关注与探究,许公墓所在的叶县,正是春秋许国的首次迁徙之地,即《左传》所载:鲁成公十五年(公元前576年)"许灵公畏逼于郑,请迁于楚。辛丑,楚公子申迁许于叶。"许公墓编钟的出土,印证了史书有关记载的可信。考古人员发现,许公墓出土的升鼎等礼器和品种齐全的青铜乐器编钟及其规模与形制,构成了春秋时期较为典型的礼器组合,其墓主的身份当属于诸侯。墓中6件铜戈均有"许公"字样,综合历史文献记载,李学勤等学者认为该墓即是春秋许国的第十五世国君许灵公宁之墓。许公墓编钟规模庞大,钟型组合特殊,彰显了宗周礼乐文化的明显特色,同时又处在楚国音乐文化的深刻影响之下,形成南北多元化文化交融的现象。这对于了解春秋许国在诸侯争霸、战火纷飞的历史时期，面对强国在政治、经济、军事、文化等压迫，如何生存、自保，又不被完全同化的社会，具有深刻的现实意义。陈艳的研究指出，许国自迁叶以往，已经完全沦为楚国的附庸。分析许公墓编钟的文化属性，不能不受到楚国的影响。到许灵公时期，许、楚间的文化交流和相互影响的存在，并无疑义；但如果推断作为中原诸侯许国，由曾被楚国仿效转而成为全面效楚，以致全面楚化，是不正确的。事实上即使国已不存，许国文化及习俗并不会很快消亡，许公墓的编钟乐器及出土的其他青铜礼器，在相当程度上仍然顽强地坚持着中原风格，这实质上是其被楚文化所影响的认识前提。这是十分中肯的意见。

陈艳的研究也认为，许公墓编钟出土将近十年，国内外学者从考古学、科技史、礼乐制度、乐律学、冶金铸造、物理声学等领域的研究均有涉及，为我们从音乐文化史的角度考察编钟提供了丰富的资料和坚实的基础。透视许公墓编钟，也在一定程度上映射出春秋时期所谓礼崩乐坏的真实含义。当时礼乐的"礼"，仍是当时社会观念所追逐的主流，但一些经济上发展较快的大国迅速强盛起来，它们并不满足于当时"礼"所规定的社会地位，于是在用"乐"方面时时表现出"僭越"的迹象。社会政治、经济、艺术、科技的迅猛发展，也使这些诸侯大国对编钟音乐性能的完善，表现出极大的关注和热忱，对社会音乐艺术审美价值的取向，产生了重要的影响。作者对许公墓青铜编钟的研究，由此超出了编钟乐器本身，而已涉及对先秦春秋历史文化、音乐艺术与科技发展的全方位研究。

2017 年 6 月 11 日

于郑州大学音乐考古研究院

后记

　　本书终于付梓了，太多的感想一时不知从何说起。

　　《春秋许公墓青铜编钟研究》一书是在我博士论文的基础上修订而成的，从博士毕业后一直想把本书的内容重新梳理一遍，可总是被繁杂的事务裹挟着时间飞跑。虽然，近十年间没有怠慢过每一天，但还是日不暇给的疲于奔命。书稿之事一搁再搁，直至出版临近才仓促完成。回顾平生历程虽以致高端，但在新兴交叉学科研究的领域中还属后起，可算作是一代人中锲而不舍的执着追求者。出身于书香门第的我从小就对未知领域有着浓厚的兴趣，曾祖辈一代为绍兴师爷从浙江迁移至汴梁，祖父则成为民国初期汴梁省府的文吏兼省立女中的先生，书香的熏染，沐浴了家族一代代的文化传承。我成长在一个特殊的年代，见证了新中国翻天覆地的变化。1978年改革开放，我有幸成为改革开放后的第一批"天之骄子"78级大学生。宽阔的平台展示出无限的广阔领域，对未知世界的渴求支撑着坚定前行的步伐。一路走来，体味着人生的精彩与知识的魅力，坚韧倔强的性格见证了平生的追求与希望。虽不追慕大器，但求造诣晚成。

　　人生有幸，遇到无数的良师益友，尤其是在重要关口之时总能遇见哲理明辨的导师。在攻读博士时能拜李民先生与王子初二位先生为师，真是人生一大幸事，二位先生博古通今，治学严谨，德才兼备，仰若高山。追随其门下，尊其教诲，打开了中国先秦史学与音乐考古学相融汇的浩瀚之洋，崭新的领域让我受益匪浅并受用终生。在深怀感念之情的同时，唯有踏实做好学问！

在中国历史发展长河中，乐钟的铸造应始于先秦，记载散见于古籍文献中。《山海经·海内经》载："炎帝之孙伯陵，伯陵同吴权之妻阿女缘妇，缘妇孕三年，是生鼓、延、殳。始为侯（指射侯），鼓、延是始为钟，为乐风。"①《吕氏春秋·古乐篇》载："黄帝又命伶伦与荣将铸十二钟，以和五音，以施英韶，命之曰咸池。"②《世本·作篇》载："垂（或倕）作钟。"③这些传说性的记载，可追溯乐钟起源于史前文明时期。此时的乐钟应不是铜钟，而应是最初始状态的"陶钟"。

春秋时代是中国历史大变革的时代，在这个时期周王室逐渐衰微，诸侯间战乱连绵，争霸不断。周初王室的"制礼作乐"成为巩固统治的重要工具和手段，其"礼""乐"的教化直接反映在"礼乐制度"与"乐悬制度"之中，"编钟"即成为重要的"礼器"与"乐器"不可或缺的代表。在春秋中晚时期"礼乐崩坏"的现象呈现在了当时诸侯各国"乐悬"的僭越上，这种僭越不仅是对旧有礼制的抗争与颠覆，也是对旧有礼制的应时而变。另外，造成僭越的另一原因则是随着春秋时

---

① 袁珂《山海经校注》，上海古籍出版社1980年版，第464页。
② 许维遹撰、梁运华整理《吕氏春秋集释》，中华书局2015年版，第123页。
③ [晋]皇甫谧撰、陆吉点校《帝王世纪、世本、逸周书、古本竹书纪年·世本作篇》，齐鲁书社2015年版，第69页。

代社会政治、经济、科技的进步，青铜器冶炼铸造技术日渐成熟，青铜礼器这一原本只有王室贵族才能享用的重器，开始向下层贵族扩散，用礼乐器阶层逐渐扩大。西周的"乐悬制度"到春秋时期发生了重要的嬗变现象，许公墓出土编钟即是这一历史时期遗留下来的重要标本。

许公墓编钟于2002年春出土于河南省平顶山市叶县旧县乡常庄村北地许南公路西侧的澧河南岸，位于平顶山叶县旧县乡的澧河与烧车河汇合点的叶城。叶城是春秋时代楚国北方屏障的县邑，属于楚国重臣令尹兼司马叶公沈诸梁的封地，故称叶城。也是古代寓言"叶公好龙"的发生地。叶城的具体地理位置，在现今的澧河以南烧车河以东、叶县南部旧县东侧大约几十平方公里的范围内。这一区域散布着大量春秋战国至两汉时期的墓葬。1986年后陆续在此地发掘出土10余座春秋战国时期的贵族墓葬，据出土的文物印证，绝大多数属于楚国与许国的贵族墓葬[①]。许国是周王室在淮河流域分封的一个重要诸侯国，春秋时期在政治、军事和社会生活中扮演着重要角色，文献记载其与南方楚国的关系密切。许公墓的发现为研究许国历史、研究中原文化与楚文化的融合进程以至中国青铜文化在这一历史时期的发展脉络提供了重要的实证材料。特别是墓中出土的一套多达37件的多元组合青铜编钟，堪称是中国音乐考古学上又一重大发现，在中国青铜编钟发展史中具有里程碑式的价值，对勾勒我国春秋时代多元化组

---

① 平顶山市文物管理局、叶县文化局《河南叶县旧县四号春秋墓发掘简报》，《文物》2007年第9期。

合青铜编钟的演进历史具有极高的学术价值。在该套编钟上也体现出了极高的艺术、科学与历史价值，对于认识春秋时代礼乐制度变迁与科技文化的发展有着不可估量的重要意义。这也是我选题与研究的重要因素之一。

对许公墓编钟的研究，不仅是从历史学、音乐学、考古学、音乐考古学的角度，对许公墓编钟的形制、编列、音列、音梁、组合以及其文化价值、艺术价值、科学价值开展多学科、多角度、多层次、全方位的综合性研究，更重要的是将整个研究建立在西周晚至春秋晚期这一特定的中国青铜编钟迅猛发展阶段的基础上，与该阶段大部分业内已认定的、科学出土发掘的编钟进行比较研究，找出许公墓编钟自身所体现的价值与意义。从编钟所具有的"礼器"功能所反映在形制、组合、外观、纹饰上的特征，研究其所涵盖"礼制"文化内涵与历史价值；从编钟所具有的"乐器"功能所反映在编列、音列、音律、音阶等方面，研究其蕴含的艺术价值与作用；从编钟的青铜铸造技术、铜锡配比、音梁设置、调音锉磨技术等探究其所具有的先进科学价值。进而挖掘许公墓编钟所承载的历史文化、科学艺术以及先秦社会风尚、道德观念等对后世文化艺术与科学领域的深远影响。

在研究的过程中我是幸运的，我遇到了一个很好的良机，当时许公墓编钟的原件就放置在河南省平顶山叶县县衙博物馆内，经过联系在我赴叶县县衙进行考察的过程中，得到了叶县文化局、叶县县衙博物馆给予的大力支持和帮助。特别是原叶县文化局局长李元之先生，他热情好客，陪同考察，其以自身渊博之见、细心指导，并提供了很多具有价值的资料，给予研究极大的支持和无私的帮助。叶县文化局张方涛副局长，多次在工作繁忙之间抽出时间，为实地考察研究工作提供了方便的条件。在每次赴叶考察期间，县衙博物馆工作人员均给予了全方位的支持与热情的帮助，让我非常感动。许公墓编钟是国家一级文物，我在实地考察工作期间，由于总是会对编钟的某些细节产生痴迷的观察，有时一个纹饰、一个缺口、一个音梁、一个声音都能让我忘记了时间，反反复复、复复反反、对比再对比、细看再细看，不管时间有多长、时辰有多晚，他们都一直在墨守职责，安静等待，热情周到，积极配合，常常误了下班时间。为使我能近距离的仔细考察到每一件编钟的细节，常常帮我举着灯光，一站就是几个小时，工作精细负责。在赴叶县考察研究的过程中，历史学院的姚智辉副教授给予我很大的帮助，她不仅两次陪同我赴叶县实地检测青铜编钟的金属含量及配比，并与其好友北京便携式x荧光分析仪器公司的专业师李本红女士一同，带上仪器在寒冷的11月天前往考察、测试、分析研究，付出了大量的辛劳。反复的实地考察研究，使我收益颇多，才能得以高质量地完成研究工作。对大家的大力支持和帮助，我将铭记在心，永存感激。

能有今日成果还要衷心感谢在研究中曾帮助过我的诸多专家、教授与学者们，是他们的无私付出和帮助得以成就了我的梦想。衷心感谢郝本性先生在百忙之中抽出时间对研究细心指导，不辞辛劳与严谨的治学态度让我受益匪浅。衷心感谢韩国河教授、姜建设教授、安国楼教授、张民服教授、张国硕教授、王星光教授、罗家湘教授、陈朝云教授、李君靖教授、戴庞海教授、任翠萍教授以及陈隆文教授，感谢王琳副教授、岳红琴副教授、王友华副教授、冯卓慧副研究员，是你们的热心帮助和支持，让我获得了生命中的良师益友。

在书稿的编辑过程中，承蒙人民音乐出版社刘沐粟主任与张斌编辑的热心帮助与大力支持，才能得以顺利出版，在此一并表示衷心的感谢！

一项工程的完成，是一个终点，也是一个起点。祈求各位方家不吝赐教，有待日后进取。

陈　艳

2018年12月